예수냐,
바울이냐

예수냐, 바울이냐

2015년 4월 22일 초판 1쇄 펴냄
2024년 6월 10일 초판 5쇄 펴냄

펴낸곳 (주)도서출판 **삼인**

지은이 문동환
펴낸이 신길순

등록 1996.9.16 제25100-2012-000046호
주소 03716 서울시 서대문구 성산로 312 북산빌딩 1층
전화 (02) 322-1845
팩스 (02) 322-1846
전자우편 saminbooks@naver.com

제판 문형사
인쇄 수이북스
제책 은정제책

ISBN 978-89-6436-096-5 03230

값 13,000원

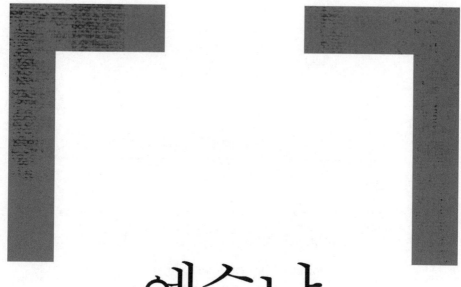

예수냐
바울이냐

문동환 지음

삼인

〔차례〕

시작하는
말

　기독교는 2000여 년 동안 바울 신학을 추종해왔다. 그리고 이것을 유일한 구원의 길이라며 온 세계에 전파했다. 바울 신학은 예수를 유대민족이 대망待望하던 메시아라고 주장함으로써 예수가 창출한 '생명문화공동체운동'을 곁길로 오도하였다. 그리고 다윗 왕조가 섬기는 일개 민족의 신을 유일신이라며 앞으로 올 메시아왕국이 온 인류를 지배할 것이라고 주장했다. 바울은 이방인들을 메시아왕국으로 인도하는 역할을 맡았다고 자처했다. 어처구니없는 민족주의다. 그 후 기독교는 이것을 그대로 답습해 유대인들이 섬기던 신이 온 인류를 다스리는 유일신이라며 예수를 믿어야만 구원을 얻는다고 주장했다. 그리고 메시아가 되는 예수의 재림을 기다리는 '대망 공동체'를 조성했다. 사리를 따져보면 참으로 어처구니없는 주장이다. 기원전 11세기에 세워진 다윗왕국의 수호신을 어떻게 온 인류의 신이라고 말할 수 있겠는가?

　그동안 기독교는 언제나 강자 편에 서 있었다. 바울은 예수가 다시 오시면 로마제국을 비롯한 이 세상 나라들은 모두 정리되고 메시아왕국이 통치하는 세상이 된다고 하였는데, 예수의 재림을 고대하던 '대망 공동체'가 로마제국의 국교가 되면서 오히려 그 제국이 하나 되게 하는 일에 공헌하게 되었다. 그리고 로마제국의 국교가 된 기독교는 천국의 열쇠를 받았다는 베드로의 권위를 이어받았다고 하면서 갖가지 권위주의적 과오를 범했다. 이에 항거한 종교개혁자들 역시 바울 신학에 바탕을 둔 권위주의에서 벗어나지 못했고, 이 세상에서 벌어지는 일들에 대하여 아무 관심도 가지지 않았다. 이 세상을 장망성 將亡城이라고 보았기 때문이다. 그러면서 이 세상 나라를 다스리는 권한은 국가를 통치하는 왕들에게 있다고 보았다. 바울이 예수가 다시 오실 때까지 그 권한을 하느님이 세상 나라에 주었다고 말한 것이 그런 결과를 초래한 것이다.

르네상스 이후 과학이 발달하고 산업문화가 장족의 발전을 하면서 영국을 위시한 서구의 국가들은 식민지 확보에 눈을 돌리게 되었다. 이에 기독교 선교사들은 배를 타고 약소민족에게로 가서 장차 망할 이 세상에 대해서는 관심을 끊고 예수를 믿어 메시아왕국으로 가도록 하라고 선전했다. 그들은 교회 확산에 기세를 올렸으며 성서를 주고 땅을 빼앗는 일에 협조하였다.

그러나 성서를 깊이 살펴보면 이와는 완전히 다른, 삶을 보람차게 하는 깊은 진리가 있음을 발견하게 된다. 있을 것을 있게 하시는 영께서 강자들이 구축한 바벨탑에 짓밟혀서 아우성치는 무리의 아픔을 자기의 아픔으로 삼고, 새로운 내일을 찾아 구하고 문을 두드리는 자들을 통하여 환희에 찬 '생명문화공동체'를 이룩하는 이야기가 있다는 말이다. 그것은 성서의 첫 대목인 창세기와 출애굽기 그리고 갈릴래아 청년 예수의 삶과 선교에서 발견할 수 있다. 산업문화가 절정에 이르러 온갖 비극을 초래하는 오늘날, 그 가르침들은 새롭게 살아야 할 소망의 길을 제시해 준다. 이 책이 의도하는 바는, 바로 오늘 이 '생명문화공동체운동'을 어떻게 재연시킬 것이냐를 생각해 보는 일이다. 이 일을 위하여 기독교의 기본 틀을 그릇되게 잡은 바울 신학 및 그의 선교와, '생명문화공동체'를 창출한 갈릴래아 청년 예수의 삶과 선교를 비교할 것이다.

이 일을 효과적으로 하려면 먼저 마당 정리를 해야 한다. 다시 말해, 예수께서 이 세상에 오기 전에 이스라엘 백성에게 있었던 일련의 설화와 역사적 사건을 검토해야 한다.

첫째 마당에서는 우선, 유대인들이 바벨론에서 포로생활을 하던 때부터 예수 당시에 이르기까지 역사의 개관을 살펴볼 것이다. 여기에서 우리는 메시아사상이 어떻게 생성되었는지 알 수 있다. 이를 통하여 예수 사건과 바울 사건이 전개된 무대를 알게 된다. 그런 다음 스스로 다윗 왕조를 회복했다고 주장한 하스몬 왕가에 관해서도 간단히 언급할 것이다. 이것은 힘의 철학이란 것이 얼마나 무의미한 것인가를 보여준다.

다음으로 우리는 계시록 사상을 알아볼 것이다. 바울의 사고방식이 이 계시록 사상에서 커다란 영향을 받았기 때문이다.

그런 뒤 우리는 예수 당시의 로마제국의 모습을 살펴볼 것이다. 무력으로 주변국들을 정복한 아우구스투스 황제는 스스로를 평화의 신이라고 하면서 이를 뒷받침할 신학까지 만들어내어, 로마의 지배하에 있던 사람들에게 자신을 숭배하도록 강요했다. 메시아사상을 견지하는 바울에게 이는 도저히 묵과할 수 없는 일이었다. 그러다가 부활하신 예수를 만나는 영적인 경험을 한 바울은 예수가 바로 메시아라고 하는 신학을 창안했다. 우리가 바울의 신학을 이해하려면 아우구스투스가 스스로를 신이라고 칭한 신학을 이해해야 하고, 또한 당시의 로마제국에 대해 예비지식을 가지고 있어야 한다.

　그다음으로 우리는 성서에 있는 하느님에 대한 두 가지 이해를 검토할 것이다. 성서에는 하느님에 대한 두 가지 이해가 나온다. 하나는 창세기와 출애굽기에 나타난 J 기자[1]의 하느님에 대한 이해이다. 그는 생명을 창조하시고 이끄시는 신을 야훼라고 불렀다. 야훼란 신의 이름이 아니라 그 신적인 존재를 설명하는 설명어이다. 앞으로 더 자세히 말하겠지만, 이 야훼는 역사에 직접 개입하시지 않고 강자들에게 억눌려 수탈당하는 약자들을 깨우치게 하셔서 그들이 새 역사의 주체가 되게 하시는 신비한 창조의 주체이시다. 갈릴래아 청년 예수는 이 전통을 이어받았다.

　하느님에 대한 또 다른 이해는 다윗 왕조에서 찾아볼 수 있다. 다윗 왕조는 야훼를 그들의 뜻을 수행하는 수호신으로 격하시켰다. 그래서 다윗 왕조의 야훼는 본래의 야훼와는 완전히 다른 전투의 신, 질투의 신, 그리고 만왕의 왕으로 변질되었다. 바울은 이 다윗 왕조가 왜곡한 이해를 그대로 신봉하였다. 따라서 이렇게 상이한 하느님에 대한 두 가지 이해를 바르게 해야 예수와 바울의 차이를 바르게 이해할 수가 있다.

　여기에서 우리는 종교를 어떻게 보아야 하는가라는 문제에 부딪친다. 예수나 석가모니 등 고등종교의 창시자들은 모두 삶의 문제를 껴안고 씨름하였다. 그들은 온몸과 마음을 다해 삶을 비참하게 만드

---

1. J 기자란 솔로몬 왕 시대의 한 무명의 사상가로 창세기와 출애굽기의 골격을 세웠다. 그가 신봉한 역사의 주이신 하느님을 야훼(Uhwist)라고 불렀는데, 독일 학자들이 이를 Jahwist라고 기록했다. 이에 따라 이 문서들을 J 문서라고 부른다.

는 문제들을 끌어안고, 그 뿌리를 찾아 문제 해결의 길을 찾고자 정성을 다했다. 그러다가 깊은 깨달음에 이르게 된 것이다. 그것을 '각'覺이라고 하는데 동학에서는 이를 '기화'氣化라고 부른다. 진지하게 삶의 진리를 탐구하는 자의 '기'氣와 있을 것을 있게 하시는 영의 '기'氣가 통한다고 본다. 그들의 깨달음은 그 깊이에서 서로 다를 바가 없다. 모두가 악을 물리치고 생명을 살리는 길이기 때문이다.

그런데 이렇게 깨달은 삶의 진리가 언어화되고 제도화되는 과정은 역시 그들의 문화를 통해서 성립될 수밖에 없다. 그것이 종교이다. 문제는 이렇게 종교화되는 과정에서 각 문화가 이를 오염시킨다는 것이다. 그리고 종교화된 것을 절대화시킴으로써 본래 생명을 회복하는 깨달음의 본질을 흐리게 한다. 예수의 경우, 구하고 찾고 문을 두드려 생명과 영의 기화를 통해 이룩한 '생명문화공동체운동'을 다윗 왕조가 조작한 유대교 전통으로 완전히 오도해버리고 말았다. 어느 정도 차이는 있겠지만, 모든 종교는 그들이 속한 문화와 전통으로 말미암아 본래의 깨달음과 정신이 오염되게 마련이다. 그런 종교를 절대화하면서 대립하고 분쟁을 벌인다. 인류의 비극 중 적지 않은 부분이 종교에 대한 이 같은 그릇된 인식으로 말미암아 일어났다. 이제 우리는 종교에 대한 그릇된 시각을 바로잡아 그 종교 창시자의 깨달음을 되찾고 인류에 기여하는 삶을 살아야 한다.

둘째 마당에서 우리는 갈릴래아 청년 예수의 삶과 선교를 그 깊이에서 살펴볼 것이다. 공관 복음서나 도마복음서를 면밀히 음미해보면 그는 틀림없이 하느님의 뜻에 따른 참된 삶의 길을 찾은 구도자였다. 생명 사랑의 화신과도 같은 그가 정치, 경제, 종교적으로 소외된 갈릴래아의 비참한 삶을 보면서 아파하시지 않을 수가 없었다. 따라서 사람들을 비참하게 하는 악의 정체를 파악하고 이를 대체하는 생명문화공동체, 즉 과부, 고아, 떠돌이들도 평화롭게 사는 새로운 공동체를 추구했음에 틀림이 없다. 그러다 가출한 것으로 보인다. 2차 세계대전이 끝난 뒤 나일 강 북쪽에서 발견된 도마복음서에 나오는, 예수께서 "나처럼 부모와 형제를 미워하지 않는 자는 내 제자가 될 수 없다."고 하신 말씀이 이런 정황을 웅변한다. 그가 제자들에게 "구하여라, 주실 것이요. 찾아보아라, 만날 것이요. 문을 두드려라, 열어주실 것이다."라고 말씀하신 구도자의 길은 자신이 추구해온 길을 제자들에게 전한 것이라고 보아야 한다.

그러다가 세례요한으로부터 세례 받은 뒤 비로소 야훼 하느님과 기화를 한다. 그리고 무엇이 삶을 비참하게 만드는지를 깨닫는다. 그것은 탐욕, 권세욕, 그리고 신의 이름까지도 오용하는 다윗 왕조의 오만함이라는 것을 깨닫고 이를 완전히 거부한다. 이는 예수의 선교 행적들에서 찾아볼 수 있다. 그는 사랑으로 나누고 용서하고 섬기는 새로운 생명문화 창출에 나선다. 다른 그 어느 곳보다 갈릴래아로 먼저 가신다. 억눌리고 소외되고 죄인 취급당하는 자들이 하느님 나라에 더 가깝다고 보신 것이다. 그의 선교는 사랑으로 섬기고 돕는 삶으로 시작해 그들이 새 사람으로 다시 일어설 수 있게끔 말로서 삶의 길을 깨우치신다. 악의 정체를 똑바로 보게 하시는 동시에 에덴동산, 곧 생명문화공동체를 이룩하는 길을 깨우치게 하신 것이다. 이것이 그의 각성교육적인 선교였다.

그렇다고 해서 도시에 사는 사람들을 완전히 무시한 것은 아니다. 예수님에게 영생의 길을 물은 부자 청년 같이 참된 삶을 추구하는 자들이 도시에도 있기 때문이다. 문제는 그들이 다윗문화의 폐악을 보지 못하는 것이다. 그래서 예수님은 채찍을 들고 예루살렘 성전에 들어가셨다. 그리하여 십자가를 지신 것은 그들로 하여금 다윗문화의 정체를 깨닫게 하려는 것이었다. 예수의 십자가란 우리들의 죄를 용서하시기 위한 대속代贖이라기보다는 마지막 각성교육이라고 할 수 있다. 탕자의 비유에서 보듯이, 하느님은 깨닫고 돌아오는 자들을 위하여 잔치를 벌이시는 아버지와 같으신 분이시라는 것이다. 따라서 그를 따르는 자들은 촛불처럼, 겨자나무처럼, 누룩처럼, 산 위의 성처럼 자라고 퍼지는 생명문화공동체의 증언자가 되었다. 이와 같은 삶을 그는 새 술이라고 불렀고 이를 위한 생명문화공동체운동을 새 부대라고 명명했다.

셋째 마당에서는 바울의 삶과 선교를 논할 것이다. 바울은 헬라문화가 융성했던 다소 출신으로 그의 집안은 다윗 전통을 이어받은 유대교도이다. 그는 그래서 아우구스투스 황제를 평화의 신이라고 하는 로마제국의 주장에 크게 반발했다. 그런 그가 십자가에 달리셨다 부활하셨다는 예수님의 영을 만나는 경험을 한다. 그러자 그는 예수님을 하느님과 본질적으로 같은 영으로, 이 세상에 오시어 우리들의 죄를 대신해 십자가에 달려 돌아가셨다가 부활하신 메시아로, 그리고 이 세상에 다시 오시어 메시아왕국을 이룩하실 메시아로 확신한다. 따라서 이를 믿는 자들만이 메시아왕국의 시민이 될 것이라고 확신하고, 이를 전파하는 일에 자신을 완전히 바쳤다. 그리고 로마황제 아우구스투스를 신으로 모시는 신학이 사용한 용어들을 역이용하여 자신의 신학 논리를 구성했다. 그러기에 이런 신학적 주장은 예수님 자신이 삶으로써 보여주고 전파하신 복음과는 크게 동떨어진 것일 수밖에 없다. 게다가 바울의 신학은 삶의 경험에 바탕을 둔 진리가 아니라, 자신의 사고에 뿌리를 둔 관념에 불과하다. 따라서 그의 선교 방법도 그의 소신을 말로 설득하는 것일 수밖에 없었다. 그리고 그가 창출한 공동체는 앞으로 다가올 메시아왕국을 기다리는 대망 공동체였다.

넷째 마당에서 우리는 예수의 삶과 선교하고 바울이 전한 복음과 선교를 비교하여 두 선교자가 어떻게 다른지를 명확히 제시할 것이다. 물론 예수의 가르침과 바울이 전한 예수의 모습에 유사점이 있다. 사랑을 강조한 점이라든지 믿음, 소망, 사랑을 공동체 삶의 원칙으로 삼으라고 한 점 등이 그런 것이다. 그러나 이런 점들을 두 선교자의 기본적인 삶과 사고의 틀에서 해석해보면 그 내용은 판이하다. 결국 바울은 새 술을 헌 부대에 넣은 셈이 되고 만다.

다섯째 마당에서 우리는 바울이 오도한 '대망 공동체'가 로마제국을 비롯한 이 세상의 권력과 손잡고 연주한 죽음의 쌍무곡雙舞曲을 파헤쳐볼 것이다. 그것은 마치 "매부 좋고 처남 좋고"라는 속설처럼 교회가 이 세상 권력과 공생하는 좋은 길이기도 하다. 우리는 먼저 로마제국과 콘스탄티누스 대제가 도와서 조성된 공교회의 쌍무곡을 살펴볼 것이다. 그런 뒤 종교개혁자 루터와 칼뱅이 어떻게 이 세상 권력과 서로 도우면서 공존했는지 살필 것이다. 그런 다음 식민지 국가들과 교회의 선교사들이 어떻게 서로 발맞추어 세력을 확대해 갔는지 언급하고 식민지주의 패권국인 영국과 미국이 어떻게 하느님을 오용했는지 살필 것이다. 이를 위해 두 나라에 대하여 검토할 것이다. 이 국가들은 마치 다윗 왕조의 문화를 찬양하는 것과도 같았다. 그리고 이렇 듯 빗나간 종교가 어떻게 한국에 들어와서 한국 교회를 병들게 했는 지, 또 인류를 죽음의 골짜기로 몰고 가는 산업문화의 현장은 어떠한 지, 그리고 이 무서운 질곡에서 우리를 구출할 '생명문화공동체'를 이 룩해가는 교육과정은 무엇인지를 알아볼 계획이다. 다행히 이 교육과 정은 예수의 삶과 선교에서 명확하게 볼 수 있다. 따라서 우리는 예수 의 선교를 회상하면서 그 교육과정을 논해야 한다. 생명문화공동체운 동이란 종교와 민족을 초월하여 예수의 삶과 가르침을 따르는 운동을 의미한다.

마지막 맺는 마당에서는 오늘날 세계 방방곡곡에서 일어나는 '생 명문화공동체운동'을 예로 들면서 이야기를 마무리할 것이다. 이상의 여러 마당들을 전개하는 과정에서 앞서 언급했던 것을 반복하는 일이 있을 수도 있다. 그 마당에서의 논지를 밝혀가는 과정에서 피할 수 없 는 것들이 있기 때문이다. 독자들의 관용을 빈다.

필자가 이 일에 감히 펜을 든 것은 대화를 하기 위함이다. 오도된 종교의 교리와 제도에서 벗어나 인류의 평화를 위한 대화를 하기 위 함이다. 기독교를 따르는 이들뿐 아니라 생명을 소중히 여기는 모든 동지들과도 대화해야 한다. 인류의 앞날을 위해 이것은 매우 중요하 다. 인류의 평화란 민족 간의 화합을 전제조건으로 하기 때문이고, 민 족 간의 화합이란 그들이 신봉하는 종교 간의 화합을 전제조건으로 하기 때문이다.

사실 성서를 그 깊이에서 이해하는 것은 쉬운 일이 아니다. 따라서 그동안 수많은 성서학자들이 정밀한 방법으로 성서를 해석했다. 특히 바울 신학에 대한 서구 학자들의 연구 서적은 엄청나게 많다. 그들은 복음서란 구전으로 전해진 것을 편집한 것이므로 역사적 가치가 없다고 보았으며, 따라서 바울 서신을 가지고 연구를 했다. 아마 바울에 관한 신학 서적을 한데 모으면 웬만한 도서관을 꽉 채우고도 남을 것이다.

신약성서를 전공하지 않은 필자가 바울을 논한다는 것은 격에 맞지 않는 일이다. 그러나 2차 세계대전이 끝나면서 신약성서 연구에 일대 변화가 일어나기 시작했다. 오랫동안 서구의 식민지로 수탈당하던 나라들이 해방전쟁을 벌이기 시작했기 때문이다. 특히 남미 국가들에서 미국의 신식민지주의에 대한 강렬한 저항이 일어났다. 그 과정에서 남미의 교회들은 복음서와 출애굽 전통의 새로운 의미를 발견했다. 다름 아닌 약자의 편에 서서 약자의 해방을 돕는 야훼 하느님을 발견한 것이다. 동시에 복음서를 통해서 예수가 어떤 분이시며 그의 가르침이 어떠한 것인지를 충분히 알 수 있다고 보았다. 그러면서 소위 해방신학이 출현하였다. 그 뒤를 이어 흑인해방 신학, 여성해방 신학, 민중신학 등으로 확산되어갔다. 또 그즈음, 이집트에서 기원후 30년대에 도마가 쓴 것으로 추정되는 도마복음서가 발견되면서 복음서의 중요성은 날로 더해지게 되었다. 그러자 서구의 신학자들도 그들의 신학을 재검토하고 복음서의 중요성과 해방신학의 중요성을 인정하기에 이르렀다.

그런 가운데 미국의 일부 신학자들 사이에서 바울 신학을 재건하려는 운동이 시작되었다. 그들에 의하면, 당시 로마황제 아우구스투스를 평화의 신으로 옹립하면서 황제를 구세주로 승격시키는 복음을 조작해 로마제국 역내에 널리 퍼트렸는데, 이때 바울이 이 그릇된 복음에 대응해 갈릴래아 청년 예수를 평화의 구주로 선포했다는 것이다. 그러므로 바울의 공로를 인정해야 한다는 것이다. 이를 위해 루터교회의 신학자 마커스 보그Marcus J. Borg와 로마교회의 신학자 존 도미니크 크로산John Dominic Crossan이 『첫 번째 바울의 복음The First Paul』이라는 책을 저술했다. 이 책에선 바울의 본 모습에 대해 퍽 진보적인 사도라고 평가했다. 물론 여기에선 로마제국의 신학과 대결한 바울을 가리키는 것이다.

그러나 바울이 제시한 예수가 과연 갈릴래아의 예수냐 하는 것이 문제다. 그래서 필자는 보그와 크로산이 제시한 예수가 갈릴래아 청년 예수인지를 알아보려는 것이다. 여기서 필자의 견해를 피력하자면, 바울은 예수를 계시록적인 메시아로 오인했고, 예수가 언젠가 재림해서 메시아왕국을 이룩할 것이라 믿고, 예수를 믿으면 이방인까지도 메시아왕국의 시민이 될 수 있다고 주장하면서 예수를 기다리는 대망 공동체를 조성했다는 것이다. 공교롭게 이 사상은 로마황제 콘스탄티누스 대제의 영향으로 기독교 신학의 지반이 되고 말았다. 기독교가 세상의 정치와 결합하면서 엉뚱한 종교로 변질되어 예수가 이룩해 놓으신 생명문화공동체운동과는 아무 관계도 없는 종교가 되고 만 것이다. 필자는 이 점을 밝혀냄과 동시에 어떻게 하면 생명문화공동체운동을 다시 재건할 수 있을지를 생각해보고자 한다. 산업문화가 인류를 죽음의 골짜기로 몰고 가는 오늘날, 이것은 시급한 일이라고 판단하기 때문이다.

필자가 전공한 것은 성서학이 아니라 교육학이다. 그래도 어느 정도 성서를 공부하기는 했으니 교육학적인 측면에서 성서를 이해해보려 한다. 교육학적 관심의 초점은 생명이다. 그리고 인간의 삶에 바람직한 변화를 가져오는 것을 그 과제로 삼고 있다. 따라서 언제나 삶을 주시한다. 그리고 역사를 주시한다. 무엇이 삶을 해치는지, 어떻게 해야 삶을 새롭게 할 수 있을지를 항상 추구한다. 성서의 관심도 역시 초점은 생명이다. 요한복음 10장 10절에서 예수는 "내가 온 것은 양으로 생명을 얻게 하고 더 풍성히 얻게 하려는 것이라"고 말씀하셨다. 그리고 생명을 창조하신 야훼의 관심사도 약자를 도와 정의와 평화가 강물처럼 흐르는 '생명문화공동체'를 이룩하는 것이다. 그러니까 성서를 읽는 과정에서도 무엇이 삶을 해치는 것인지, 어떻게 해야 삶을 새롭게 할 수 있을 것인지를 항상 추구해야 한다. 생명은 교육학과 성서의 공통된 관심사이다.

교육학에서는 삶에 변화를 초래하는 것을 경험이라고 본다. 삶을 해치는 것도, 삶을 재생시키고 피어나게 하는 것도 우리가 겪는 경험이다. 사람(生徒)을 돕는 길이란 사랑으로 삶을 깊이 있게 이해하고 수용하면서 행동과 말로써 이롭게 하는 일이다. 어떤 법과 제도를 설정해놓고 그것을 절대화하여 강요하는 것은 삶을 새롭게 할 수 없다. 율법의 무용화가 바로 그 까닭이다.

특히 삶의 경험에서 나오지 않은 관념론은 삶의 주체성을 파괴한다. 다윗 왕조가 조성한 수호신, 전투의 신, 질투의 신, 전지전능하신 신, 유일신, 메시아사상은 모두, 강자들이 자의로 해석한 관념이다. 이런 관념론은 아무런 역사적 근거가 없는 빈말일 뿐이다. 바울이 예수를 하느님의 독생자라 하며 본질적으로 하느님과 같다고 한 것도 머릿속에서 나온 관념에 불과하다. 힘의 철학에 사로잡힌 자들이 이런 관념을 만들어서 백성들에게 강요하며 백성들을 다스렸다.

사람의 삶에서 문화는 매우 중요하다. 사람의 생각은 그들이 살고 있는 문화영역에서 직접적인 영향을 받기 때문이다. 어항 속의 물고기는 어항 속의 물만 마시며 살듯이 사람은 그들이 처한 문화를 호흡하면서 살게 마련이다. 따라서 성서를 이해하는 일에서도 삶의 자리의 문화가 어떤 것인지를 살펴봐야 한다. 그 문화가 사람의 삶을 길들이고 해치는 것일 때는 악으로 보고 배격해야 한다. 반대로 사람의 삶을 피어오르게 하는 것일 때에는 선으로 보고 장려하여야 한다.

앞으로 성서를 검토하는 작업에서도 이와 같은 교육학적인 원칙을 적용할 것이다. 그리고 생명을 살리는 문화공동체 창출에 관심을 집중할 것이다. 그런 과정에서 예수의 삶과 선교에 대하여 반복하여 언급할 수도 있다. 독자들의 이해를 구한다.

이 늙은이의 글을 독자들이 읽기 쉽도록 수정해준 권오인 님께 감사드린다. 그리고 필자의 원고를 읽고 의견을 주신 민중교회의 여러 목사님들과 나와 더불어 성서 공부를 한 평신도들의 반응은 필자의 생각을 정리하는 데 많은 도움을 주었다. 이를 주선한 최이팔 목사에게도 고맙다는 말을 전한다. 그리고 이 책을 출판하는 과정에 여러 가지로 협력해준 김상근, 김성재 두 동지 목사에게도 감사의 말을 전한다. 늙은이가 책을 쓰느라고 책상에 붙어 있는 것을 안쓰럽게 생각하여 여러모로 도와준 나의 딸 영미와 영혜, 그리고 그들의 남편 의길과 랍Rob에게도 고맙다는 말을 해야겠다. 그리고 무엇보다도 필자의 책을 여러 차례 출판해주신 삼인 출판사에게 깊은 감사를 드린다.

마지막으로 이 책을 나의 아내 혜림에게 드린다. 그녀는 낯설고 말도 안 통하는, 한국전쟁의 상흔이 채 가시지 않고 박정희 독재가 짓누르고 있던 한국에 와서 아무런 불평도 없이 나와 삶을 나누었다. 그리

고 생존을 위해 주한 미군들에게 몸을 파는 천대받는 여성들을 위하
여 "두레방"이라는 쉼터를 만들어 그들의 친구가 되어주고 그들이 필
요로 하는 도움을 줌으로써 그들로 하여금 사랑의 공동체를 경험하게
해주었다. 이 운동은 현재 동남아로 확산이 되고 있다. 갈릴래아의 떠
돌이들을 찾아가시어 그들에게 생명문화공동체를 이룩해주신 예수님
에 관한 이 책이야말로 두레방을 창출한 내 아내에게 드리는 것이 옳
다고 생각한 것이다.

                                                          2015년 5월
                                                          문동환

첫째 마당

●

마당 고르기

이 글의 목적은 예수와 바울의 삶과 선교를 비교하고 그것이 오늘을 사는 우리에게 어떤 의미가 있는지를 살피는 것이다. 이 문제를 바르게 이해하기 위해서는 먼저 마당을 바르게 고르는 수고가 필요하다.

첫째 마디:

바벨론에서 예루살렘으로

1 │ 메시아사상과 하스몬 왕가

기원전 586년, 유대 나라는 바벨론 왕 느부갓네살의 침공으로 멸망했다. 그 후 약 50년 동안 유대인들은 바벨론의 포로가 되어 살았다. 기원전 538년에 페르시아 왕 고레스가 바벨론 제국을 격파했다. 고레스는 자신의 제국을 확장하면서 피정복자들에게 그들의 종교를 그대로 유지하게 하는 관대한 정책을 시행했다.[2] '제2이사야'라고 불

---

2. 당시 페르시아의 종교는 조로아스터교(마즈다이즘, Mazdaism), 즉 아후라 마즈다

린 시인은 환희의 시를 써서 이스라엘 백성들이 사는 고장에 유포시켰다. 하느님이 고레스에게 기름을 부어 다윗왕국을 회복시켜주실 것이라고 확언했다. 그리고 예측했던 대로 고레스는 이스라엘 백성에게 예루살렘으로 돌아가 성전을 재건하고 성곽을 수축해 야훼께 예배드리라고 윤허했다. 수많은 이스라엘 백성이 예루살렘에 돌아와 성전을 재건하고 성곽을 수축하여 메시아의 도래를 대망했으나 메시아는 오지 않았다.

오히려 기원전 332년, 마케도니아에서 일어난 알렉산더 대왕의 회오리바람과도 같은 정복전쟁이 온 천하를 뒤덮었다. 알렉산더 대왕이 서거하면서(BC 332), 마케도니아는 그의 부하 네 사람에게 분배되었다. 이스라엘은 이집트를 중심으로 통치한 프톨레미(프톨레마이오스) 왕조와 시리아를 지배하던 셀류커스(셀레우코스) 왕조의 통치를 받게 되었다. 그러다 셀류커스 왕조의 안티오쿠스 4세가 등극하면서(BC 215~164) 문제가 발생했다. 그는 예루살렘에 군사통치부를 설치하고 성전 안에 제우스 신상을 세우고 모두 그 앞에서 제사 드리기를 강요했다(BC 175). 그리스화를 독촉한 것이다. 사제들을 위시해 이에 부화뇌동하는 자들이 날로 늘어났다. 유대인의 앞날에 짙은 먹구름이 뒤덮이게 되었다.

(Ahura Mazda)를 믿는 종교이다. 아후라 마즈다라는 창조주 아래 스펜타 마이뉴(Spenta Mainyu)라는 건설적인 신과 앙그라 마이뉴(Angra Mainyu)라는 파괴적인 신이 있어서 투쟁을 하는데 결국 스펜타 마이뉴가 승리하여 역사를 심판하게 된다. 스펜타 마이뉴는 땅 위의 철물을 녹여서 강처럼 흐르게 하고 죽은 사람들까지 부활시켜 그 강을 건너게 한다. 그런데 악한 자들은 그 죄로 인해 다 타게 되므로 심한 고생을 하고, 선한 자는 마치 따뜻한 우유 강을 건너는 것처럼 강을 건너 모두 구원을 받는다는 것이다.

안티오쿠스 4세는 자신을 위한 축제를 열어놓고 모두 참가하라고 강요했다. 이에 항거하는 사제 맛다디아와 그의 용감한 다섯 아들이 주도하여 반셀류커스 왕조 운동을 개시했다. 이 운동에 메시아왕국을 갈망하는 무리들이 대거 가담하면서 마침내 예루살렘을 점령했다. 그리고 다윗 왕조가 통치하던 지역을 거의 다 회복하고 하스몬 왕가를 이룩했다(BC 146~116).

다윗 왕조를 회복한 왕족들은 그리스 문화를 따라서 호화롭게 살며 다시 타락하기 시작했고 결국 힘의 철학에 사로잡혀 망동을 한 다윗 왕조의 전철을 밟게 되었다. 하스몬 왕가 말엽, 살로메 여왕(BC 67~76)의 큰아들 히르카누스와 작은 아들 아리스토불루스가 치열한 권력 다툼을 벌이던 중 수세에 몰린 히르카누스가 유대인 저항세력을 무너뜨리려고 진격해 오는 로마군에게 예루살렘 성문을 열어주는 어처구니없는 망동을 했다. 그 대가로 형식적인 대사제의 직분을 얻게 되었지만,[3] 그는 권력에 도취한 자의 추태를 보이고 말았다.

패망한 이스라엘은 로마제국의 분봉왕分封王으로 임명된 헤롯 대왕 밑에서 시달림을 당했고 그가 죽자 로마 총독의 치하에서 수탈을 당했다.

2 | 다니엘서의 영향

셀류커스 왕조의 안티오쿠스 4세가 예루살렘 성전에 제우스 신상

---

3. 안병무, 『갈릴래아의 예수』, 한국신학연구소, 1990.

을 세우고 있을 때, 두 가지 대응이 동시에 일어났다. 맛다디아 사제와 용감한 그의 다섯 아들을 중심으로 일어난 다윗 왕조를 회복하려는 움직임과는 별도로 계시록적인 운동도 일어났다. 이 계시록적인 사상이란 그들이 기대하는 메시아왕국의 도래가 암울해지자 이에 대처하려고 형성된 다른 형태의 예언서 운동이다. 이에 따르면, 하느님께서는 얼마 동안 권세를 이방 나라에게 줘서 이스라엘 백성들의 반성과 회개를 촉구하다가, 때가 되면 친히 역사에 개입하신다는 것이다. 친히 이 세상 나라들을 제거하시고 그의 뜻이 이룩되는 새로운 내일을 창출하신다는 주장이다. 다니엘서가 대표적으로 이 범주에 속하는 계시록적인 예언서이다.

다니엘서는 이스라엘을 정복한 바벨론의 왕 느부갓네살 시대에 하느님께서 계시하신 것이, 성실하게 하느님을 섬기는 다니엘을 통해서 전개되는 이야기이다. 이야기는 느부갓네살이 유대인 중 늠름하고 총명한 청년 넷을 택하여 자신의 궁에 살면서 자신을 섬기도록 했다는 걸로 시작하고 있다. 이 네 사람은 유대의 전통을 성실하게 지킴으로써 그들을 시기하고 미워하는 신하들의 고발로 활활 타오르는 불가마 속에 던져지기도 하고, 사자 굴에 던져지기도 한다. 그러나 하느님은 그들을 그런 난관에서 구해내심으로 야훼만이 참다운 신이라는 것을 선언한다.

어느 날, 느부갓네살 왕이 놀라운 꿈을 꾸었으나, 꿈의 내용을 기억하지 못했다. 그는 온 나라의 점성가, 점쟁이, 무당, 마술사 들을 불러 그 꿈을 알아내고 해석하라고 명하였다. 그러나 아무도 그것을 알아내지 못했다. 그때 다니엘이 그 꿈을 제대로 이야기하고 해석해냈다. 꿈의 내용은 이러했다. 느부갓네살 왕이 꿈에 머리는 금이요, 가슴과 팔은 은이며, 배와 허벅지는 놋쇠요, 정강이는 철이요, 발은 쇠와 흙이 섞여서 된 신기한 동상을 보았다. 이 꿈을 밝힌 다니엘은 그 꿈의 해석도 한다. 그 꿈의 해석이란 앞으로 전개될 역사를 말하고 있었다(실제로는 이미 이루어진 일들이다).

금으로 된 머리는 느부갓네살 왕이다. 하느님이 그에게 온 천하를 다스리는 놀라운 직책을 주었다는 의미이다. 은으로 된 가슴과 팔은 그의 뒤를 따를 메디아 왕조이다. 놋쇠로 된 배와 허벅지는 파사 왕 고레스이다. 철로 된 정강이는 알렉산더 대왕이고, 쇠와 흙으로 된 발은 프톨레미와 셀류커스 왕조이다. 이렇게 나라들이 갈라져 서로 힘이 없을 때 하느님은 행동을 개시하신다. 사람이 던지지도 않은 돌이 날아와 그 발에 부딪혀 동상을 산산이 부수고 가루로 만든다. 놀랍게도 그 돌은 자라서 온 천하를 뒤덮게 된다. 이러한 제국들이 그간 이스라엘 백성들을 지배해왔으나, 이제 그리스 제국이 둘로 갈라진 오늘날 하느님이 행동을 개시하시어 이 세상 나라들을 쳐부수고 영원한 하느님 나라를 이룩하신다는 것이다.

그다음으로 다니엘이 환상을 보았다. 환상 중에 두 뿔을 가진 숫양이 나타났다. 두 뿔 중 하나가 더 길다. 긴 뿔을 가진 숫양이 세차게 뛰어 돌아다니니 당할 자가 없었다. 곧이어 뿔 네 개를 가진 숫염소가 나타났다. 두 눈 사이에 왼쪽 뿔이 하나 있었다. 숫염소가 숫양을 격파하고 동서남북을 쏜살같이 돌아다니면서 모두를 짓밟았다. 그러다가 그 뿔이 꺾이고 거기에 네 뿔이 새로 돋아나 사방으로 뻗어나갔다. 그 뿔 하나에 작은 뿔이 새로 돋아나면서 광란을 부렸다. 거룩한 곳을 욕되게 하고, 더러운 것을 제에 올리는가 하면, 하늘 군대에도 도전했다. 이 숫양의 두 뿔은 메디아와 파사의 임금이다. 숫염소는 그리스이

다. 눈 사이에 돋은 뿔은 알렉산더 대왕이다. 그 뿔이 꺾이면서 돋아
난 네 뿔은 알렉산더 대왕이 정복한 땅을 나누어 가진 네 장군이다.
그 뿔 하나에서 나타나 난동을 부린 작은 뿔은 안티오쿠스 4세이다.
다니엘서 작가는 이 꿈이 하느님을 훼방하고 신전에 제우스 우상을
세우니 종말이 다가왔다는 징조라고 말한다.

　작가는 이 글을 느부갓네살 왕 때에 쓴 것으로 분장했다. 예수가
오셨을 당시에 유대인들은 이 계시록 사상에 큰 영향을 받았다. 바울
도 이 계시록 사상의 신봉자였다. 따라서 하느님이 행동을 개시하시
기를 갈망했다. 이 역시 다윗 왕조가 조작한 야훼 사상이 낳은 어처구
니없는 망상이다. 앞으로 설명하겠지만 창세기와 출애굽기의 야훼 하
느님은 직접 역사에 개입하시지 않는다. 하느님께서 역사에 개입하신
다는 것도 어처구니없지만 무엇 때문에 이방 나라에 권세를 주었다가
친히 그들을 멸절하시고 다윗 왕조를 회복하신다는 것인가?

3 ｜　신성화된 로마제국의 횡포

　엄청난 군사력으로 지중해 일대를 손안에 넣은 로마제국은 그들
의 황제를 신격화하는 일에 치중했다. 오랫동안 지중해 연변을 혼란
하게 한 권력투쟁은 옥타비아누스가 안토니우스와 클레오파트라의
연합함대를 격파함으로 종지부를 찍었다(BC 30). 로마 원로원은 옥타
비아누스에게 아우구스투스(황제)라는 직위를 수여했다. 황제의 자리
에 앉은 그는 기존의 사원들을 수리하고 승리의 월계관을 전시하여
자신의 승리를 축하했으며, 곳곳에 새 사원을 지어 자신을 숭배하게

했다. 큰 도시마다 원형극장과 운동경기장을 세운 뒤 화려한 경기를 펼치면서 자신의 공로를 칭송하게 하였다. 앞서 안토니우스와 대결하기 위하여 악티움이라는 항구에서 출항할 때부터 그는 그곳에 자신을 위한 사원을 지으라고 명령할 정도였다. 이렇게 그는 자신을 위한 바벨탑을 쌓기 시작했다.

그는 천하를 정복하고 난 뒤 많은 전리품을 풀어 로마 시민들에게 막대한 혜택(grace)을 주었다. 정복한 땅 이집트 등에 거대한 농장을 만들고, 패전한 나라 백성들을 노예로 삼아 농작물을 생산하여 로마 시민에게 공급하도록 했다. 원로원 의원, 분봉왕, 장군 들에게 여러 지역을 나누어 주어 황제의 이름으로 로마 시민에게 은혜(grace)를 베풀게 함으로 황제를 신으로 믿고(faith) 복종하게(obedience) 했다.

시인 비르길Virgil은 유려한 시로 황제를 신격화하여 로마 시민들에게 영향을 끼쳤다. 비르길은 구약의 어용 예언자 역할을 하였다. 그가 죽은 뒤 아우구스투스 황제는 그의 딸에게 명하여 비르길의 시집을 출판하게 했다. 그러고는 지존의 신 주피터가 그의 딸 비너스에게 "로마로 하여금 시공을 초월하여 온 세계의 주Lord가 되게 하라"고 명하였다고 기록하게 했다. 천하를 정복한 로마황제 아우구스투스를 평화를 지켜주는 신으로 자리매김하려는 속셈이었다. 모든 사람이 그를 막대한 시혜를 베푸는 신으로 믿고 복종하게 하였으며, 그와 올바른 관계를 형성하는 자들은 로마 시민이 되게 했다. 이렇게 해서 아우구스투스 황제를 평화의 신으로 모시는 신학까지 만들어졌고, 바울은 이에 크게 분개했다.

사실 당시 로마제국에 사는 자들에게 로마황제는 평화의 왕이었다(Pax Romana). 그때까지 지중해 연변은 끊임없는 전쟁으로 주민들

의 삶은 하루도 편안한 날이 없었다. 그런 상황에서 옥타비아누스가
천하를 평정하자 로마 시민에게는 전에 경험하지 못한 평화가 찾아왔
고 전에 없던 혜택이 하사되었다. 이는 로마 시민들에게만 국한되지
않았다. 어느 나라 백성이나 로마황제를 모시면 모두 로마 시민이 되
어 이 혜택을 누릴 수 있게 된 것이다. 자연스럽게 그들은 황제를 평
화의 신(Lord of Peace)으로 모시게 되었다. 따라서 그에 관한 소식은 복
음(gospel)이 되었고, 그의 다스림은 곧 정의(justice)가 되었다. 그러므
로 그를 믿고(faith), 순종(obedience)해야 한다. 그렇게 할 때 그들은 신
이 된 황제와 올바른 관계에 서게 되고, 자신들의 죄(sin)를 용서받아
그와 하나가 된다(atonement).

황제가 어느 도시로 왕림(parousia)하면 모두가 나팔을 불며 환영했
다. '파루시아'(parousia)라는 말은 계시문학에도 없는 로마제국의 문
화에만 있는 용어이다. 바울은 예수의 재림을 이 용어로 표현했다. 로
마황제 신학으로부터 정의(justice), 평화(peace), 강림(epiphany), 복음
(gospel), 은총(grace), 구원(salvation), 죄(sin), 속죄(atonement) 등의 용어
들이 전용됐다. 이 용어들은 바울 신학에서 중요한 역할을 한다.[4]

그러나 약소민족들에게는 평화의 신이라 불리는 로마황제가 억압
과 수탈을 가하는 감당할 수 없는 폭군이었다. 약소민족들은 로마가
부과하는 무거운 세금을 바쳐야 했다. 항거하면 로마 군대의 말발굽
에 짓밟혔다. 십자가란 반란자들을 징벌하기 위한 참혹한 형틀이었
다. 반란은 메시아사상을 신봉하는 갈릴래아 청년들 사이에서 자주

---

4. 위에 기록한 로마제국의 설화는 보그(M. J. Borg)와 크로산(J. D. Crossan)의 저서
    *The First Paul*에서 인용한 것이다.

일어났다. 예수가 태어나기 4년 전, 나사렛에서 멀지 않은 곳에서 2000명의 반란군이 십자가에 달리는 참극이 벌어지기도 했다. 특히 이스라엘의 곡창지대인 갈릴래아의 농민들의 삶이란 비참하기 그지 없었다. 로마와 헤롯왕이 부과하는 무거운 세금에 성전 세까지 더해져 농민들의 허리는 부러질 지경이었다. 잦은 흉년으로 지주에게 씨앗이라도 빌리면 그 이자가 엄청나게 높아서 농민들은 소작농으로 전락하든가 날품팔이로 입에 풀칠을 해야 했다. 그래서 많은 청년들은 열심당에 가담하여 반로마운동을 했고 젊은 여성들은 몸을 파는 신세가 되었다. 적지 않은 사람들은 세리 등 죄인 취급을 받는 천직에 종사하는가 하면, 병든 자들은 거지가 되어 방랑을 하게 되었다. 이런 사람들은 율법을 지킬 수가 없기에 사회에서 완전히 죄인 취급을 받았다.

둘째 마디:

하느님 이해에 관한 두 개의 흐름

1 │ 출애굽 공동체의 하느님 이해

출애굽 공동체의 신에 대한 이해를 밝힌 사람은 주로 J 기자이다. J 기자란 솔로몬 시대에 출애굽 사건을 중심으로 '하비루Habiru'들에 관한 설화를 수집하여 편집한 자이다. 그가 하느님의 이름을 '야훼' 라고 불렀다. 독일 말로는 '야웨스트'라고 한다. 그래서 하느님을 야 훼라고 부른 문서들을 야웨스트Jahwist의 첫 자 J를 따서 J 문서라고 부 른다.

J 문서의 야훼를 출애굽 공동체의 하느님이라고 보아야 한다. 학

자들은 J 문서가 기록된 때를 솔로몬 시대로 본다.[5] 창세기 3장에서 아
담과 이브가 선악과의 유혹을 받는 장면을 "보기에 탐스럽고 먹으면
지혜 있게 할 것 같았다"라고 표현했다. 이것은 마치 솔로몬이 아름
다운 여인에게 유혹받는 장면을 연상시킨다. 솔로몬은 자신을 세계에
서 가장 지혜 있는 왕이라고 선전하지 않았던가? J 기자는 당시 유포
되어 있던 신화들을 수정해서 창세기 2~11장에서 그의 원 역사를 조
성했다.[6] 거기에서 야훼 하느님의 역사 운영의 의도를 엿보도록 했다.

창세기 2장에 야훼 하느님이 아담을 창조하신 이야기가 기록되어
있다. 야훼 하느님은 마른 땅에서 물을 솟아나게 하시고, 진흙을 빚어
아담의 육체를 만드셨다. J 기자에게 야훼 하느님은 무에서 유를 창조
하신 절대신이 아니었다. 이미 땅이 존재해 있었고, 그 땅에서 샘이
솟게 하시고, 그 흙을 빚어서 아담의 육체를 만들었다는 것이다. 육체
는 결국 흙으로 돌아갈 물질이다. 진흙으로 된 아담의 육체에 하느님
이 생명의 영을 불어넣어 산 사람이 되게 하셨다고 J 기자는 말한다.
인간이란 흙으로 돌아갈 육체와 하느님의 생명의 영으로 이루어졌다
는 것이다. 따라서 사람들의 삶에는 두 개의 지향성이 있다. 육으로
말미암는 각자위심各自爲心의 경향과 생명 사랑의 영으로 삶을 새롭게
하는 경향이다.

야훼 하느님은 아담을 위하여 맑은 강이 흐르고 여러 과일나무가
서 있는 에덴동산을 마련해 주셨다. 육신에 필요한 것을 마련해 주신
것이다. 그러나 아담은 이것으로 만족하지 못하였다. 생명의 영으로

---

5. Norman K. Gottwald, *The Hebrew Bible* (Philadelphia : Fortress Press, 1926), p.137.
6. 창세기 1장의 창조설화는 이스라엘 백성들이 바벨론에 잡혀간 뒤 유일신 사상이 조
    성되면서 그들의 역사를 편집한 P 기자들이 만든 이야기이다.

산 사람이 된 그는 서로 위하고 아끼는 배우자가 필요했다. 생명이란 서로 위하고 아끼는 데서 기쁨을 찾고 열매를 맺을 수 있다. 그래서 하느님은 아담이 혼자 있는 것을 안쓰럽게 보시고, 아담의 갈비뼈를 가지고 여자를 만들어 주셨다. 그 여자를 본 아담의 입에서 인류의 첫 시가 흘러나왔다.

> 드디어 나타났구나.
> 내 뼈에서 나온 뼈요,
> 내 살에서 나온 살이로구나.
> 지아비에게서 나왔으니 지어미라고 부르리라!(창 2: 23)

사랑하는 남자와 여자는 둘이 하나라는 것이다. 생명의 영이란 사랑으로 하나가 되어야 기쁨과 보람을 느낄 수가 있다. 따라서 이 생명이 풍성한 아름다운 낙원에서 서로 껴안고 노래를 부르는 공동체가 야훼 하느님이 이룩하시려는 새로운 내일의 표상이다. 그가 이끄실 역사의 지향이기도 하다. 이러한 환희의 동산은 솔로몬 시대의 그림이 아니다. 솔로몬 시대에는 다윗과 솔로몬의 계속된 정복 전쟁과 도성과 궁궐을 짓는 노역으로 말미암아 억압과 수탈당하는 자들의 불평불만이 가득 차 있었다. 그리고 솔로몬의 아들 르호보암 때에 와서는 나라가 둘로 갈라지고 말았다. 따라서 이 에덴동산은 솔로몬 시대를 표현하는 그림일 수가 없다. 이 환희에 찬 에덴동산은 야훼 하느님의 역사 운영의 목표이다.

그런데 이 동산에는 생명과일이 열리는 나무와 선악과가 열리는 나무가 있었다. 고난을 통하여 생명의 영이 살아나 생명나무의 에덴

동산을 되찾을 수 있는가 하면, 육의 유혹으로 말미암아 삶에 비참한
일이 벌어질 수도 있다. 인류의 삶에는 두 개의 가능성이 있다는 뜻이
다. 아담과 이브의 삶이 이것을 보여준다. 각자위심各自爲心에 사로잡
힌 육신으로 말미암아 오만한 생각이 든 그들은 하느님이 따먹지 말
라는 열매를 먹고 에덴동산에서 추방당했다. 그리고 "드디어 나타났
구나!" 하고 감격의 노래를 불렀던 그들 사이에 간격이 생겼다. 야훼
하느님께서 추궁하시자 그들은 선악과를 따먹은 책임을 서로에게 돌
리면서 불화를 조성했다. 아담은 책임을 이브에게 돌렸고, 이브는 뱀
에게 책임을 돌렸다. 인간과 인간, 인간과 자연 사이에 균열이 생긴
것이다. 결국 그들은 추방과 함께 생명나무에 접근할 수 없게 되었다.
    그다음에 따르는 이야기가 중요하다. 그 열매를 따 먹으면 죽는다
고 했는데 그들은 죽지 않았다. 오히려 야훼 하느님이 가죽옷을 만들
어 입혀주신다. 그리고 남자에게는 이마에 땀을 흘리면서 땅을 가꾸
어야 먹을 것이 생기고 여자에게는 아기를 낳는 곤고困苦를 겪을 것이
라고 선언하신다. 야훼 하느님은 인간에게 새로운 과제를 주셨다. 역
사를 계속하라는 것이다. 그것은 그들의 잘못을 깨닫고 "드디어 나타
났구나!"라고 했던 사랑의 공동체를 다시 회복하라는 것이기도 하다.
생명나무가 있는 에덴동산에 이르는 길을 찾으라는 것이다. 그리고
야훼 하느님은 그들에게 두 아들을 주셨다. 가인과 아벨이다. 가인은
강자의 상징이요, 아벨은 약자의 상징이다. 역사는 강자와 약자의 대
결로 이어진다.
    J 기자는 먼저 강자의 이야기를 한다. 가인이 동생 아벨을 살해했
다. 그러자 힘만을 자랑하는 거인족이 나타나 사회는 힘의 철학으로
혼란에 빠진다. 결국 노아 시대에 홍수가 일어나 약육강식을 일삼는

자들은 다 멸절되었다. 육의 욕망대로 살면 이렇게 된다는 것을 보여주는 것이다. 그리고 시날 평야에서는 강자의 후손들이 벽돌 만드는 기술을 발명했다. 그들은 오만불손해져서 하늘에까지 닿는 탑을 쌓으며 자신들을 신격화하고 영구집권하려고 하였다. 그러나 그들의 기도와 행위는 허무하게 끝이 난다. 힘의 철학에 사로잡힌 그들이 서로 분쟁하며 갈라지고 말았던 것이다. 이것이 강자들의 역사이다.

여기에서 한 가지 짚고 넘어가야 할 것이 있다. 힘을 무기로 오만불손한 행동을 일삼는 강자들을 야훼 하느님은 친히 징벌하시지 않았다. 하느님은 역사에 개입하시는 것이 아니라 오히려 악행을 일삼는 자들이 스스로 깨닫고 돌아서기를 기다리신다. 그렇다면 '노아 홍수 이야기는 어떻게 이해해야 하는가?'라는 질문이 나올 수 있다. 하느님이 분노하셔서 홍수로 인류를 멸절했다는 기록이 있기 때문이다. 당시 홍수 이야기는 여기저기에 이미 존재해 있었다. J 기자는 그것을 무시하지 못한 것 같다. 그러나 J 기자는 야훼 하느님을 그렇게 생명을 무시하는 하느님으로 그리기를 원하지 않았다. 그래서 J 기자는 홍수가 끝난 뒤 노아가 야훼께 제사를 드리자 다음과 같은 야훼의 선언을 기록했다.

사람은 어려서부터
악한 마음을 품게 마련,
다시는 사람 때문에
땅을 저주하지 않으리라.
다시는 전처럼
모든 짐승을 없애버리지 않으리라.

땅이 있는 한
뿌리는 때와 거두는 때,
추위와 더위,
여름과 겨울,
밤과 낮이 쉬지 않고 오리라. (창 8 : 21~22)

사람이 악한 마음을 품는 것은 자연스러운 일이다. 때문에 땅 위의 모든 생물을 멸하는 것은 생명의 근원이신 야훼 하느님이 할 일이 아니다. 악한 자들은 그들의 죄로 말미암아 패망하는 것이다. 이것은 하느님에 대한 이해에서 놀라운 발전 요소이다. 앞으로 하느님이 악한 자들을 징벌하시는 것이 아니라, 그들이 망하는 것은 권력에 도취한 강자들의 오만 때문에 분열되어 망한다는 것이다.

창세기 18장에는 하느님께서 죄악에 관여하여 소돔과 고모라를 멸하시는 이야기가 있다. 일견, 위에서 말한 인정 많으신 하느님과 대치되는 이야기처럼 보인다. 그러나 그 이야기를 자세히 살펴보면 새로운 면을 알 수가 있다. 당시에 소돔과 고모라가 망한 이야기도 두루 유포되어 있었다. J 기자는 그것을 새롭게 해석하였다. 야훼 하느님이 아브라함에게 아들 이삭을 얻게 될 것을 알리고 고모라가 심히 악해서 가서 보고 심판하시려 한다는 이야기를 한다. 그러자 아브라함은 그 도성에 의인이 있다면 어찌 의인을 악인과 같이 심판하실 것이냐고 하면서 의인 40명만 있으면 용서해달라고 청한다. 야훼 하느님은 의인 40명만 있으면 용서할 것이라고 대답하신다. 그러자 아브라함은 그 숫자를 점점 줄인다. 결국 의인 5명만 있으면 어떻게 하시겠느냐고 묻는다. 야훼 하느님은 의인 5명만 있어도 멸하지 않겠다고 대

답하신다. 야훼의 인정 많으신 면모를 그린 것이다,

약자의 후손은 어떻게 되는가? 야훼 하느님은 약자 아벨 대신 셋 Seth을 아담과 하와에게 주셨다고 J 기자는 말한다. 그리고 셋의 후손이 야훼를 예배할 것이라고 선언한다(창 4: 25~26). 인류가 육肉으로 말미암아 타락할 것이나, 약자의 후손들 속에 있는 야훼의 생명의 영이 고난을 통해 깨어나서 야훼와 기氣가 통함으로 그를 예배하게 된다는 것이다. 그리고 그들을 통해 다시 그의 뜻이 이루어지는 낙원을 이룩하시겠다는 것이다. 그들이 에덴동산에 들어가게 되리라는 것이다. 그리고 노아의 식구가 이 셋의 후손이요, 야훼 하느님과 계약을 맺은 아브라함도 강자들에게 쫓겨난 셋의 후손이라고 J 기자는 말한다. 이렇게 힘의 철학이 난무하는 과정에서 수많은 약자들이 밀려나서 떠돌이가 된다. 하느님은 이 부평초와도 같은 떠돌이들을 통하여 그가 원하시는 새 내일을 창출하시겠다는 것이다.

이제부터 J 기자는 약자 떠돌이들에게 관심을 집중한다. 창세기 12장 1~3절은 하느님이 떠돌이 아브라함에게 주신 약속을 통해 어떻게 인류 역사를 운영할지를 명확히 보여준다. 떠돌이 아브라함이 야훼 하느님의 약속을 믿고 충성스럽게 살아가면 그에게 비옥한 땅을 주실 것이요, 창성하는 후손을 주실 것이요, 그들을 통하여 민족들이 서로를 축복하면서 살게 하시겠다고 한다. 3절의 '축복하다'는 단어를 상호형으로 모음을 찍으면 '서로 축복을 한다'는 뜻이 된다. 야훼 하느님은 어느 한 민족의 하느님이 아니라 온 인류의 하느님이라는 것이다.[7] 이 약속에서 J 기자가 본 야훼 하느님의 역사 경륜을 알 수

---

7. Gerhard von Rad, *Genesis: A Commentary* (Philadelphia: Westminster John Knox Press, 1973), p.159.

있다. 아브라함은 떠돌이들의 상징적인 대부라는 것을! 아브라함의 일생 동안 이 약속이 하나도 이루어지지 않았으나 아브라함은 그 약속을 믿고 의심하지 않았다. 이 약속은 한참 후에 이집트에 모여든 수많은 '하비루'들을 통하여 성취된다.

강자들로 말미암아 떠돌이가 된 '하비루'들은 수많은 민족으로 구성되어 이집트 나일 강변으로 모여들었다. 스스로 신이라고 자처하는 바로 왕은 그들을 노예로 혹사시키면서 부귀영화를 누렸다. 이런 바로 왕 밑에서 '하비루'들은 수백 년 동안 처절한 노예의 삶을 살았다. 이들 중에서 가장 처참한 삶을 사는 자들이 과부와 고아였다. 당시 이집트 남자들은 어여쁜 여인을 보면 그대로 놔두지 않았다. 그래서 아브라함도 이집트로 들어갈 때 자기 아내를 누이동생이라고 말했다. 아내 사라가 예뻐서 살해당할까 봐 그런 것이다. 그런데 당시에 많은 남자들이 노역을 하다가 죽었다. 따라서 과부들이 많을 수밖에 없었다. 그 과부들과 고아들의 운명이란 처참하기 그지없었고, 따라서 그들의 원성은 하늘에 닿았을 것이다. 동시에 그들 사이에서 강한 반항정신이 생겨났다. 고아들을 껴안은 과부에게는 무서울 것이 없었다. 아기를 죽이라는 바로의 명령에 항거하는 산파들을 보아도 이를 알 수 있다.

J 기자는 이 '하비루'들이 어떻게 새 역사의 주체가 되는지에 관한 이야기를 아기 모세가 나일강에 버려지는 이야기로부터 시작한다. 이 '하비루'들의 세력이 급격히 늘어나는 것을 보고 바로 왕은 걱정이 되어 태어나는 남자아이들을 다 죽이라고 산모들에게 명령하였다. 그러나 산모들은 이 명령에 따르지 않았다. '하비루' 여성들은 강해서 산파가 오기 전에 이미 해산해 버린다는 것이다. 이렇게 하여 모세는 무

사히 태어나 어머니와 누나의 보호로 얼마를 지내다가 마침내 나일 강에 버려졌다. 그것은 죽음을 상징한다. 그러나 누나 미리암은 아마도 바로의 공주가 자주 나오는 강가에 모세를 버렸으리라. 그리고 공주가 아기를 귀엽게 껴안는 것을 보고 미리암은 모세의 어머니를 유모로 추천한다. 그래서 모세는 어머니의 젖을 먹으면서 바로의 궁중에서 자라났다.

물론 이것은 J 기자가 쓴 설화이다. 그러나 이 설화에는 의미가 있다. 노예생활을 하는 '하비루' 중 누군가는 이 쓰라린 삶의 문제를 심층으로 생각하고 살 길을 모색하는 자가 있어야 한다고 본 것이다. 비록 바로의 궁중에서 자라났으나 동족들이 노예로 고생하는 것을 본 모세는 괴로웠다. 궁중에서 호화롭게 살고 있는 그는 마음이 너무 아팠다. 그리고 바로의 궁중에서 살았기에 바로 왕이 자행하는 악의 뿌리가 얼마나 깊고 무자비한가를 잘 알고 있었다. 그의 속에 있는 하느님의 생명의 영이 몸부림을 치기 시작한 것이다. 모세는 나이가 들면서 그런 문화 속에서는 '하비루'에게 아무런 희망이 없다는 것을 깨달았다. 그는, 왜 이런 참극이 벌어져야 하는가?라고 물었다. 그는 끈질기게 찾았다. 정의롭고 평화로운 공동체를 이룩할 길은 없는 것인가! 그의 속에 있는 하느님의 생명의 영은 이렇게 몸부림을 쳤다.

그는 마침내 깨달았다. 탐욕과 권세욕에 도취해 있는 바로가 변하기란 불가능하다는 것을 알고 그 길로 궁궐을 떠났다. 그리고 항거해 보았다. '하비루'를 박해하는 바로의 군병을 쳐 죽인 것이다. 그러나 그 행동은 역효과를 냈다. '하비루'들은 오히려 그를 경원하였고, 그를 가까이하다가는 화를 입을 것이라고 생각하였다. 동시에 바로 왕의 분노가 그를 위협했다. 그는 폭력으로 새 내일을 창출할 수 없다는 것을 깨달았다. 혼자의 '각'覺과 '단'斷으로는 아무것도 이룩할 수 없음을 발견한 모세는 미디안 광야에 가서 40년이란 기나긴 세월 동안 아픈 심정으로 새 내일에 관한 길을 구하고 찾았다. 40년이라는 긴 세월이 지나는 동안 이집트 노예들 사이에서도 놀라운 현상이 일어났다. 생존을 위해 아부하면서 살아가던 떠돌이들 속에 있던 생명의 영이 깨어난 것이다. 마침내 그들은 아우성치기 시작했다. "우리도 인간이다. 우리도 인간답게 살 권리가 있다."

그동안 야훼 하느님은 그의 영을 받은 떠돌이들이 고생하는 것을 보고 아파하셨다. 그러면서도 기다리셨다. 그들 속에 있는 그의 영이 각覺을 하고 악을 거부하면서 새 내일을 향하여 아우성 치고 투쟁하기를 기다리셨다. 야훼는 그들이 스스로 깨닫고 새 역사의 주체가 되기를 기다리시는 미래지향적인 영이시다. '하비루'들이 집단적으로 아우성치고 저항하자 때가 이르렀다고 보신 야훼는 떨기나무 불꽃 속에서 모세를 만나셨다. 이 두 아파하는 영이 불타오르는 떨기나무에서 하나가 됐다. 동학에서는 이것을 기화氣化라고 부른다. 이 기화를 통하여 모세는 야훼 하느님에게서 한 새로운 경륜을 받는다. 아우성치는 '하비루'들을 이끌고 탈주하여 젖과 꿀이 흐르는 가나안 땅에 가서 과부, 고아, 떠돌이들이 안심하고 사는 정의와 평화의 에덴동산을 이룩하라는 것이다. 모세는 하느님의 경륜의 대행자가 되었다. 이렇게 야훼 하느님은 그가 뜻하시는 새 내일을 각覺과 단斷을 한 떠돌이들을 통하여 창출하시려는 것이다. 그리고 새 내일을 창출하려면 이에 필요한 경륜이 있어야 한다. 아무 경륜 없이 이집트로 돌아가서는 아무것도 이룩할 수 없다. 그리고 그것은 끈질기게 구하고 찾아 야훼와 기화함으로 얻는 것이다.

우리는 출애굽기 3장 13~15절에서 모세가 야훼와 기화하는 이야기를 읽을 수 있다. 모세는 시나이 산에서 야훼의 부름을 받자 그에게 물었다. "제가 이집트에 있는 떠돌이들에게 하느님을 만났다고 하면 그들이 그 하느님이 누구냐고 물을 텐데 무어라고 대답합니까?" 그러자 하느님은 "나는 야훼이다"라고 말씀하셨다. 히브리어는 자음으로 기록되었는데, 이에 주격 모음을 찍으면 '스스로 존재하는 절대자'라는 뜻이 된다. 야훼의 절대권을 강조한 다윗 왕조에서는 주격 모음을 쳐서 "나는 나이다."라고 해석했다. 하느님을 절대자라고 믿었기 때문이다. 그러나 이것을 미래형으로 모음을 찍으면 "나는 내가 지향하는 나이다."(I will be who I will be)라고 번역할 수 있다. 출애굽 공동체가 이해한 하느님은 있어야 할 미래를 있게 하시는 미래형의 영이라는 것이다.[8]

모세는 있어야 할 것을 있게 하시는, 역사의 주가 되시는 야훼가 주신 새 경륜을 가지고 이집트의 노예들에게 가서 이 야훼의 경륜을 전하였다. 전에는 그를 멀리하던 떠돌이들이 이에 호응하여 바로의 제국을 박차고 나와서 과부와 고아와 떠돌이들이 안심하고 사는 정의와 평화가 강물처럼 흐르는 생명공동체를 이룩하였다. 있을 것을 있게 하시는 야훼와 계약을 하고 그의 뜻을 받드는 공동체를 이룩한 것이다. 여기서 우리가 다시 주목해야 할 것은, 새 내일을 창출함에 있어서 야훼 하느님이 직접 개입하여 그의 능력을 휘둘러서 악의 세력을 쳐부수고 새 내일을 창출하시지 않았다는 것이다. 떠돌이들이 깨

---

8. Martin North, *Exodus: A Commentary* (Philadelphia: Westminster Press, 1962), pp.44~45.

닫고 일어나기를 아픈 마음으로 기다리다가, 그들이 깨어나자 그들로
하여금 역사의 주체가 되게 하시는 분이다. 결코 친히 악한 자들을 심
판하시는 분이 아니다.

　그런데 모세가 바로 왕 앞에서 행한 '열 가지 재앙' 이야기를 들어
야훼 하느님도 폭력을 행하시지 않았느냐고 반문할 수가 있다(출7~11
장). 그러나 여기에 나타난 야훼는 이때까지 J 기자가 말한 야훼와는
완전히 다르다. J 기자가 믿은 야훼는 악한 자들을 직접 심판하시는
분이 아니다. 하느님을 향하여 반역을 한 바벨탑도 스스로 분열되었
다고 기록했다. 노아 홍수 뒤에 야훼 하느님은 이 세상에 다시는 재앙
을 내리지 않겠다고 말씀하셨다. 사람의 악행 때문에 생명을 해치는
것은 그의 뜻이 아니라는 것이다. 그런데 나일 강을 피가 되게 하셨다
고 기록했다. 나일 강이 피가 되면 그 강물을 마시는 사람을 포함하여
물고기 등 모든 생물이 죽을 것이다. 이집트에 있는 모든 맏아들을 죽
인다는 것 역시 야훼의 뜻일 수가 없다. 소돔과 고모라를 멸하실 때
거기에 의로운 자가 5명만 있어도 멸하지 않겠다고 하시던 분이다. 그
런 그가 이집트에 있는 모든 맏아들을 죽인다는 것은 생각할 수가 없
다. 그리고 모세가 어떻게 바로 왕 앞에서 계속해서 열 가지 재앙을
행할 수가 있었겠는가? 반역자로 금방 처형 받았을 터인데. 이것은 선
민사상을 강조한 후세의 역사가들이 삽입한 것임에 틀림없다.

　그 후에도 홍해를 갈라놓아 이스라엘 백성을 무사히 건너게 하시
고 이집트 군병을 말살했다는 기사도 있다(창 14장). 출애굽한 노예들
이 가나안 땅으로 가는 도중에 야훼 하느님이 여러 가지로 역사에 개
입하신 이야기도 있다. 밤에는 불기둥, 낮에는 구름기둥으로 인도하
셨다느니, 만나를 내리셨다느니, 바위에서 물이 터져 나오게 하셨다

느니, 원수들을 무찌르고 여리고 성을 무너지게 하셨다느니 하는 갖
가지 설화가 있다. 많은 학자들은 이 이야기들은 믿을 수 없는 설화라
고 치부했다. 그러나 월터 브루그만Walter Brueggeman은 여기에 새로운
의미를 부여했다. 이스라엘 백성들이 느부갓네살 왕에게 패망해 바벨
론에 붙잡혀 갔을 때 야훼 하느님이 그곳에서 이스라엘 백성들을 건
져내 가나안 땅으로 인도해내신 설화를 출애굽 사건에 부가한 것은,
야훼 하느님은 선민 이스라엘을 극진히 사랑하시므로 이제 이스라엘
백성들이 진심으로 회개하면 또다시 이렇게 건져내리라는 것을 강조
하기 위해 사제들이 추가한 것이라고 주장했다. 그는 이것을 연계적
서사구조(paradigmatic reuse of narrative)라고 보았다.[9]

그리고 이 야훼 하느님이 출애굽 공동체와 계약을 맺으셨다. 이집
트에서 그들이 겪은 어떤 악한 제도나 행태도 이 새 공동체 안에서는
재생되어서는 안 된다는 것이다.[10]

첫째, 이스라엘 백성들은 야훼 외에 다른 신을 섬겨서는 아니 된
다. 야훼 하느님이 그들을 이집트의 종살이에서 구출했기 때문이다.

둘째, 우상을 섬겨서는 아니 된다. 당시 왕들은 다 수호신을 가지
고 있었다. 그 수호신들은 모두 우상으로서 우상이란 강자들이 자신
의 탐욕을 채우기 위해 만들어낸 거짓 신이다. 그런 우상을 가져서는
안 된다는 말이다.

---

9. Walter Brueggeman, *An Introduction of the Old Testament* (Westminster John Knox Press, London, 2003), pp.54ff.
10. 이 십계명은 가나안 땅에 정착한 뒤 조성한 것으로 보인다. 안식일법 등은 농경민족
에게나 해당되는 법이기 때문이다. 그러나 이들은 모두 이집트에서 겪은 일들이어서
그런 일들을 그들 사이에서 재연해서는 안 된다는 결의로 보아야 한다.

셋째, 야훼 하느님의 이름을 함부로 부르지 못한다. 야훼 하느님의 이름은 생명을 살리는 일에만 사용해야 하고 자신의 탐욕을 채우는 일에는 절대로 사용해서는 아니 된다.

넷째, 안식일을 기억하여 거룩하게 지켜야 한다. 사람이란 이마에 땀을 흘려야 먹을 것을 얻는다. 그러나 일을 하는 것이 삶의 목적이 될 수는 없다. 그 열매를 먹으면서 삶을 즐기는 것이 삶의 축복이다. 그런데 노예들이 일만 하고 삶을 즐기지 못하는 것은 하느님의 뜻이 아니다. 삶이 축복이 되게 하라는 것이다.

다섯째, 부모를 공경하라는 것이다. 삶에서 가장 소중한 생명은 하느님 야훼가 흙으로 된 몸에 하느님의 생명의 영을 넣어서 태어난 것이다. 이것을 전해주시고 북돋아주시는 부모를 공경하는 것은 생명을 지극히 사랑하시는 야훼를 높이는 일이다.

여섯째, 살인하지 못한다. 살인이란 소중한 생명을 해치는 일이요, 이는 생명의 근원이신 야훼에게 반항하는 것이다.

일곱째, 간음하지 못한다. 간음이란 "드디어 나타났구나!" 하고 감격했던 아담의 환희를 짓밟는 잔악한 행위이다. 이 역시 야훼를 향한 반역이다.

여덟째, 도둑질하지 못한다. 생명을 위하여 이마에 땀을 흘리면서 생산한 것을 도둑질하는 것은 다른 생명을 해치는 일이다.

아홉째, 이웃에게 불리한 거짓 증언을 하지 못한다.

열째, 이웃의 집을 탐내지 못한다. 문제는 탐욕이다. 탐욕은 우상을 만들게 하고, 야훼의 이름도 오용을 하고, 힘을 함부로 써서 생명을 죽이고, 훔치고, 간음하고, 거짓 증언을 하게 한다.

이 모든 것은 그들이 이집트에서 신물 나게 경험한 일이어서 잘 아는 일이다. 야훼만 섬긴다는 것은 그가 창조하고 사랑하시는 생명을 위해 이룩하신 에덴동산을 다시 세우는 것이다. 이것이 산 제사다. 따라서 그들은 자신들을 구해내어 정의와 평화가 강물처럼 흐르는 에덴동산을 이룩해주신 야훼만을 섬기기로 결단을 내렸다. 출애굽한 '하비루'들은 가나안 땅에 들어가 그곳에 살고 있던 '하비루'들과 동맹을 맺어, 이집트를 등에 업고 힘없는 농민들을 수탈하는 도읍의 왕들에 대항해 투쟁하였다. 동맹을 이룬 모든 민족들은 모세가 이끄는 출애굽 공동체가 섬기는 야훼를 섬기면서 왕이 없는 정의와 평화의 공동체를 이룩했다. J 기자는 이것을 에덴동산의 회복이라고 암시했다.

여기서 또 한 가지 밝혀야 할 것이 있다. 있을 것을 있게 하시는 야훼 하느님은 어느 한 민족만을 그의 선민으로 삼으시는 편협한 분이 아니라는 것이다. 하느님은 모든 민족이 서로 축복하면서 살기를 원하시는 분이다. 아브라함에게 주신 세 번째 약속도 아브라함의 후손을 통하여 민족들이 서로 축복하면서 사는 생명공동체를 이룩하라는 것이었다. 출애굽 공동체도 다민족 공동체였다. 그들은 가나안 땅에 들어가서도 그곳에 있는 '하비루'들과 더불어 야훼를 섬기는 평화공동체를 이루었다. 따라서 어느 민족이나 모두 그들 속에는 하느님의 생명의 영이 있어서, 악을 악으로 보고 새 내일을 찾아 구하고 찾고 문을 두드리면, 하느님은 그들의 영과도 기화하여 새 내일을 창출하게 하시는 분이다.

인류 역사는 이와 같은 예를 수없이 우리에게 보여준다. 동이족의 정신을 밝혀준 묵자도 이웃을 네 몸처럼 사랑하고, 이웃 동네를 네 동네와 같이 생각하고, 이웃 나라도 남의 나라로 생각하지 말라고 했다.[11] 조선왕조 말에 동학을 창시한 최제우가 가르친 "사람을 하늘처

럼 섬겨라"라는 사인여천事人如天의 가르침도 그 영과 기화하여 깨달은
진리이다.[12] 불교도 그렇다. 강한 부족들에게 둘러싸인 석가족 부족장
의 장남으로 태어난 석가모니는 괴로움에 둘러싸인 삶에서 해탈하는
길을 찾아 가출하여 고행의 길에 들어섰다. 그는 보리수나무 밑에서
구도의 길을 찾다가 각覺을 하고 참된 삶의 길을 가르치신 분이다. 그
깨달음이란 모든 곤고困苦는 탐욕에서 나오는 것이요, 참된 삶의 길이
라는 것은 대자대비라는 것이다. 이 모두가 구하고 찾음으로 기화의
경지에 이른 것이다.

따라서 출애굽 공동체는 왕을 가지지 않고, 출애굽 전통을 소중히
여기는 판관들의 지도하에 생명 사랑의 정신으로 살았다. 판관 기드
온이 용맹하게 공동체를 수호하자 백성들이 그를 왕으로 모시려 했
다. 기드온은 이를 거부하면서 야훼 하느님 외에 어느 누구도 왕이 되
어서는 아니 된다고 언명했다(판 8: 22~23). 이 점에서 아비멜렉의 이
야기는 퍽 흥미롭다. 아비멜렉이라는 자가 무뢰한들을 이끌고 스스로
왕이 되자, 요담이라는 어른이 그리심 산에 올라가서 세겜 시민들에
게 다음과 같이 외쳤다.

"하루는 나무들이 모여서 자기들을 다스릴 왕을 세우기로 하고 올리
브 나무에게 청을 드려보았소. '우리 왕이 되어주게나!' 그러나 올리
브 나무는 사양을 했소. '내 기름은 모든 신과 사람을 영화롭게 하는
것, 그런데 나 어찌 기름을 내지 않고 자리를 떠나 다른 나무들을 내

11. 기세춘, 『묵자』, 도서출판 나루, 1992, pp.71ff.
12. 유병덕, 『동학·천도교』, 교문사, 1976, pp.52, 70, 146.

려다보며 으스대겠는가?' 그래서 나무들은 무화과나무에게 청을 드려보았소. '자네가 와서 우리 왕이 되어주게나.' 그러나 무화과나무도 사양했소. '나 어찌 이 훌륭한 과일을 내지 않고, 나 어찌 이 달콤한 맛을 내지 않고 자리를 떠나 다른 나무들을 내려다보며 으스대겠는가?' 그래서 나무들은 포도나무에게 청을 드려보았소. '자네가 와서 우리 왕이 되어주게나.' 그러나 포도나무도 사양했소. '내 술은 모든 신과 사람을 흥겹게 해주는 것, 그런데 나 어찌 이 술을 내지 않고 자리를 떠나 다른 나무들을 내려다보며 으스대겠는가?' 그래서 모든 나무는 가시나무에게 청을 드려보았소. '자네가 와서 우리 왕이 되어주게나.' 그러자 가시나무는 그 나무들에게 이렇게 대답하는 것이었소! '너희가 정말로 나를 왕으로 모시려는가? 정녕 그렇거든 나에게 와서 내 그늘 아래 숨어라. 그러지 않았다가는 이 가시덤불이 불을 뿜어 레바논의 송백까지 삼켜버릴 것이다.' 그러니 이제 여러분이 아비멜렉을 왕으로 삼는 것을 어찌 떳떳한 일이라 하겠소? 그러고도 어찌 아무 잘못이 없다고 하겠소? 그러고도 여룹바알과 그의 집안에 잘해 드렸다고 하겠소? 그것이 어찌 그의 업적에 보답하는 것이 되겠소?" (판 9: 8~16)

이 이야기에서 우리는 왕에 대한 출애굽 공동체의 자세를 명확히 볼 수 있다. 물론 판관들도 농민군을 이끌고 침입하는 적들을 물리치는 전투를 했다. 그러나 이것은 철저한 방어전이었다. 탐욕에 사로잡혀서 힘을 오용하고 약자들을 수탈하는 일은 없었다. 사무엘이 백성들의 강한 요청으로 사울을 왕으로 모시기로 했으나, 사울도 방어전을 지휘하는 역할을 했을 뿐이다. 다른 왕들처럼 자기를 위한 도성을

쌓고 궁전을 지어 보좌에 앉아서 백성을 억압하고 수탈하는 일은 하
지 않았다.

여기에서 J 기자가 그린 야훼에 대하여 생각하고 넘어가야 한다.
이 야훼는 J 기자의 머리에서 나온 관념이 아니다. 출애굽 전통을 음
미하면서 그들 역사 안에서 이룩된 영적인 실체를 그린 것이다. 그리
고 그 영이 지으신 인간이 흙으로 돌아갈 육체와 참된 삶을 추구하는
인간의 영의 몸부림을 볼 뿐만 아니라, 그 영들의 아우성이 결국 에덴
동산을 창출하는 역사적인 사건을 보면서 이를 묘사한 것이다. 이 놀
라운 출애굽의 역사를 토대로 깨달은 것을 기록한 것이다. 그러기에
이 이야기는 그냥 인간의 머리에서 만들어낸 관념이 아니다. 이것은
인류 모두에게 해당되는 설화이다.

이 J 기자의 역사 해석이 옳은 것인지 아닌지를 판별하기 위해서
는 이와 같은 역사가 되풀이되는지 아닌지를 찾아보면 알 수 있다. 이
런 하느님 이해, 이런 역사적인 일이 재연된다면 J 기자의 역사 이해
는 진리가 된다. 앞으로 설명하겠지만 예수의 삶과 선교에서 우리는
J 기자의 역사 이해가 적중하였음을 발견할 수 있다.

2 | 다윗 왕조 전통의 하느님 이해

1) 하느님의 뜻에 버성긴 다윗 왕조

다윗 전통의 하느님은 강자들이 조작하여 만든 신이다. 농민혁명
군의 부대장이던 다윗이 블레셋에서 철기 만드는 법을 배운 뒤 전투
에 능한 부하들을 데리고 예루살렘 성을 공략하고 왕이 되었다. 왕이

된 그는 다른 왕들처럼 그의 수호신이 필요했다. 그는 출애굽 공동체의 하느님 야훼를 그의 수호신으로 만들기로 작정했다. 그리고 출애굽 공동체가 야훼와의 계약을 새긴 석판을 모셔놓은 법궤를 예루살렘으로 가지고 와서 천막 안에 안치하고 친히 제사를 드리면서 그를 자신의 수호신으로 만들었다. 사실 수호신이란 왕의 뜻을 섬기도록 왕이 조작한 우상으로서 야훼에 대한 말할 수 없는 모독이다.

그러나 요시야 왕 때 신명기 역사가들은 야훼 하느님이 얼마나 다윗 왕조를 사랑하시느냐 하는 전통을 세우려고 거짓 예언자 나단에게 어처구니없는 선언을 하도록 한다. 다윗 왕이 주변 부족들을 정복하고 송백으로 된 궁중에 살면서 야훼 하느님이 천막에 사시는 것이 민망스러워 야훼를 위해 성전을 짓겠다고 하자 거짓 예언자 나단은 야훼 하느님의 말씀이라고 하면서 이렇게 말한다.

"나는 양떼를 따라다니던 너를 목장에서 데려내다가 내 백성 이스라엘의 영도자로 삼았다. 그리고 나는 네가 어디를 가든지 너와 함께 있으면서 모든 원수들을 네 앞에서 쳐 없애버렸다. 세상에서 이름난 어떤 위인 못지않게 네 이름을 떨치게 해주리라. 또 나는 내 백성 이스라엘이 머무를 곳을 정해주어 그곳에 뿌리를 박고 전처럼 악한들에게 억압당하는 일이 없이 안심하고 살게 하리라. 지난날 내가 위정자들을 시켜 내 백성 이스라엘을 다스리게 하던 때와는 달리 너희를 모든 원수에게서 구해내어 평안하게 하리라. 나 야훼가 한 왕조를 일으켜 너희를 위대하게 만들어주리라. 네가 살 만큼 다 살고 조상들 옆에 누워 잠든 다음, 네 몸에서 난 자식 하나를 후계자로 삼을 터이니 그가 국권을 튼튼히 하고 나에게 집을 지어 바쳐 나의 이름을 빛낼 것이며,

나는 그의 나라를 영원히 든든하게 다지리라. 내가 친히 그의 아비가
되고 그는 내 아들이 되리라. 만일 그가 죄를 지으면 나는 사람이 제
자식을 매와 채찍으로 징계하듯 치리라. 그러나 내가 일찍이 사울에
게서 내 사랑을 거두었지만 그에게서도 그처럼 내 사랑을 거두지는
않으리라. 네 왕조, 네 나라는 내 앞에서 길이 뻗어나갈 것이며 네 왕
위는 영원히 흔들리지 아니하리라."(삼하 7 : 8~16)

이것이야말로 어처구니없는 조작이다. 온 인류를 돌보시는 야훼
를 다윗의 후손과 이스라엘 백성을 섬기는 종으로 만든 것이다. 정의
란 찾아볼 수 없다. 사울은 하느님의 영을 거슬러서 하느님의 심판을
받았으나, 다윗의 후손이 죄를 지어도 그렇게 사랑을 거두지 않겠다
는 것이다. 야훼를 정의가 없는, 편애하시는 우상으로 만들었다.

그 후 솔로몬이 야훼의 성전을 지어 야훼의 법궤를 어두운 방에 안
치하고, 야훼는 어두운 곳을 좋아하신다고 하면서 그 방에 계시라고
한다. 그리고 그에게 절기에 따라서 제사를 올린다. 그러나 솔로몬은
이방 나라에서 온 아내들이 가지고 온 우상들을 섬기는 신전도 만들
고 제사도 드렸다. 야훼가 다른 우상들과 똑같은 위치에 있는 것이다.
그러나 다윗은 하느님이 자기를 돌보시는 목자라고 칭송한다.

"야훼는 나의 목자,
아쉬울 것 없어라.
푸른 풀밭에 누워 놀게 하시고
물가로 이끌어 쉬게 하시니
지쳤던 이 몸에 생기가 넘친다.

그 이름 목자이시니
인도하시는 길, 언제나 곧은 길이요,
나 비록 음산한 죽음의 골짜기를 지날지라도
내 곁에 주님 계시오니 무서울 것 없어라.
막대기와 지팡이로 인도하시니
걱정할 것 없어라."(시 23 : 1~4)

이것은 완전한 조작이다. 그리고 하는 말이 이렇다.

"원수들 보라는 듯 상을 차려주시고,
기름 부어 내 머리에 발라주시니,
내 잔이 넘치옵니다.
한평생 은총과 복에 겨워 사는 이 몸,
영원히 주님 집에 거하리이다."(시 23 : 5~6)

야훼는 그를 이끄시고 보호하시는 목자라는 것이다. 그리고 원수
앞에서 승리의 잔치를 벌여주신다는 것이다. 야훼는 그의 몸종과도 같
게 된다. 그리고 이스라엘 백성도 그가 이끄시는 양이라고 노래한다.

"어서 와서 야훼께 기쁜 노래 부르자.
우리 구원의 바위 앞에서 환성을 올리자.
감사 노래 부르며 그의 앞에 나아가자.
노랫가락에 맞추어 환성을 올리자.
야훼는 높으신 하느님,

모든 신들을 거느리시는 높으신 임금님,

깊고 깊은 땅 속도 그분 수중에,

높고 높은 산들도 그분의 것,

바다도 그의 것. 그분이 만드신 것,

굳은 땅도 그분의 손이 빚어내신 것,

어서 와 허리 굽혀 경배 드리자.

우리를 지으신 야훼께 무릎을 꿇자.

그는 우리의 하느님,

우리는 그의 기르시는 백성,

이끄시는 양떼."(시 95: 1~7)

하늘과 땅과 그 안에 있는 모든 것을 지으신 야훼를 찬양하면서 그런 신이 이스라엘을 지키시는 바위요 선한 목자라고 노래한다. 야훼 하느님을 토기장이가 진흙을 빚듯이 마음대로 빚어서 그를 섬기는 우상이 되게 했다. 이렇게 하자 이스라엘 백성들은 이에 세뇌되어 야훼가 계시는 성전과 성전이 있는 예루살렘을 가장 거룩한 곳으로 높이고 사랑하게 되었다. 그곳에는 그들의 목자이신 야훼 하느님이 계신다고 믿었기 때문이다.

이렇게 강자가 만든 우상은 압도적인 힘을 가진다. 그리고 이것이 시온 산을 수도로 만든 다윗 왕에 대한 충성심을 기르는 길이 되기도 했다. 예루살렘에 대한 이스라엘 백성들의 지극한 추모심은 시편을 읽어보면 곳곳에서 발견할 수 있다.

"야훼 집에 가자 할 때,

나는 몹시도 기뻤다.

우리는 벌써 왔다.

예루살렘아,

네 문 앞에 발걸음을 멈추었다." (시 122: 1~2)

이렇게 예루살렘 성전을 찾은 그들은 외친다.

"만군의 야훼여,

계시는 곳 그 얼마나 좋으신가!

야훼의 성전 뜰 안을 그리워하여

내 영혼이 애타다가 지치옵니다.

나의 마음, 나의 이 몸이

살아 계신 하느님께 기쁜 소리 지르옵니다.

나의 왕, 나의 하느님, 만군의 야훼여,

당신의 제단 곁에는

참새도 깃들이고

제비도 새끼 칠 자리 얻었사옵니다.

당신 집에 사는 사람 복되오니,

길이길이 당신을 찬미하옵니다.

주님께 힘을 얻어 순례 길에 오른 사람 복되어라.

메마른 골짜기를 지나갈 적에

거기에서 샘이 터지고 이른 비가 복을 내려주리라.

그들은 오르고 또 올라

시온 산에서 마침내 하느님을 뵙게 되리라.

야훼, 만군의 하느님,
내 기도를 들어주소서.
야곱의 하느님, 귀를 기울이소서.
우리 방패이신 하느님, 보소서.
손수 복을 내리신 우리 임금을 굽어보소서.
주의 집 뜰 안이면 천 날보다 더 나은 하루,
악인의 편한 집에 살기보다는
차라리 하느님 집 문간을 택하리이다.
야훼 하느님은 성채이며 방패이시니
은총과 영광을 내려주시고
흠 없이 사는 사람에게 아낌없이 복을 내려주십니다.
만군의 야훼여,
당신께 의지하는 사람은 복되옵니다."(시 84: 1~12)

만군의 야훼와 임금님 그리고 성전이 완전히 하나가 되어 있다. 그
들이 바벨론에 잡혀가 비애 속에서 살 때에도 그들의 마음은 예루살
렘 성전을 그리워하면서 애타는 심정으로 이렇게 노래했다.

"암사슴이 시냇물을 찾듯이,
하느님, 이 몸은 애타게 당신을 찾습니다.
하느님, 생명을 주시는 나의 하느님,
당신이 그리워 목이 탑니다.
언제나 임 계신 데 이르러
당신의 얼굴을 뵈오리이까?

'네 하느님이 어찌 되었느냐?'
비웃는 소리를 날마다 들으며
밤낮으로 흘리는 눈물,
이것이 나의 양식입니다.
축제의 모임, 환희와 찬미 소리 드높던 그 행렬,
무리들 앞장서서 성전으로 들어가던 일,
생각만 하여도 가슴이 미어집니다."(시 42: 1~4)

야훼가 예루살렘 성전에 계신다고 믿은 그들은, 멀리 바벨론에 와서 그곳 사람들부터 너희 하느님이 어디 있느냐고 조롱을 받자 가슴을 찌르는 듯이 아팠다. 이방 신들이 지배하는 땅에 온 그들은 하느님은 멀고 먼 곳에 계시는 것으로만 알아 애를 태웠다. 그리고 옛날 예루살렘에서 야훼를 섬기던 것을 회상하면서 눈물을 흘렸다. 출애굽 공동체에서 야훼 하느님은 언제 어디서나 그들과 같이 계셨는데 말이다. 이렇듯 강자가 조작하고 강요한 문화와 전통은 이스라엘 백성들의 생각을 완전히 병들게 했다.

2) 그들이 그린 야훼의 허상

그들이 우상화한 야훼는 일견 실로 선하고 자비롭다. 그러나 그들이 그린 야훼의 다른 면은 극히 잔혹하고 무자비하다. 그것이 우상의 진면목이기도 하다. 시편 135편에서 그들은 이렇게 노래한다.

"야훼의 이름을 찬미하여라.
야훼를 섬기는 사람들아, 찬미하여라.

야훼의 집, 우리 하느님의 집 울 안에서
그를 모시는 사람들아,
야훼, 어지신 분, 야훼를 찬양하여라.
상냥하신 분, 수금 타며 그 이름 찬양하여라.
야곱을 당신 것으로 삼으시고
이스라엘을 소중하게 간직하신 야훼시다."(시 135 : 1~4)

이 얼마나 아름다운 찬양인가? 그러나 그 뒤에 이어지는 시구들을 들어보라.

"뭇 민족을 치시고 힘센 왕들을 죽이셨으며,
아모리 왕 시혼과 바산 왕 옥과
가나안 왕을 모두 죽이시고
그들 땅을 우리에게 물려주시어
당신 백성 이스라엘로 하여금
대대로 물려받게 하셨다."(시 135 : 10~12)

이것이 정말 찬양 받으실 하느님인가? 이스라엘을 위하여 주변 왕들을 몰살하고 그 땅을 빼앗은 하느님이 정말 높이 찬양을 올려야 할 분인가? 시편 2편에는 그들이 믿는 야훼 하느님의 잔혹함을 더 명확히 밝혀 주고 있다. 이 시는 이스라엘 왕의 대관식 때 부르던 시이다.

"어찌하여 나라들이 술렁대는가?
어찌하여 민족들이 헛일을 꾸미는가?

야훼를 거슬러, 그 기름 부은 자를 거슬러

세상의 왕들은 들썩거리고

왕족들은 음모를 꾸미며

'이 사슬을 끊어버리자!'

'이 멍에를 벗어버리자!' 한다마는

하늘 옥좌에 앉으신 야훼,

가소로워 웃으시다가

드디어 분노를 터뜨려 호통치시고

노기 띤 음성으로 호령하신다.

'나의 거룩한 시온 산 위에

나의 왕을 내 손으로 세웠노라.'

나를 왕으로 세우시며 선포하신 야훼의 칙령을 들어라.

'너는 내 아들,

나 오늘 너를 낳았노라.

나에게 청하여라.

만방을 너에게 유산으로 주리라.

땅끝에서 땅끝까지

너의 것이 되리라.

저들을 질그릇 부수듯이

철퇴로 짓부수어라.'

왕들아, 이제 깨달아라.

세상의 통치자들아, 정신을 차려라.

경건되이 야훼께 예배드리고

두려워 떨며 그 발아래 꿇어 엎드려라.

자칫하면 불붙는 그의 분노,

금시라도 터지면 살아남지 못하리라.

그분께 몸을 피하는 자 모두 다 복되어라."(시 2: 1~12)

이 시들에서 다윗 왕조가 야훼의 모습을 어떻게 변조했는지를 명확히 볼 수 있다. 야훼는 다윗 왕조의 능하신 아버지와도 같으신 분이다. 따라서 유대 나라 왕들은 즉위하면서 야훼의 사랑하는 아들이 된다. 땅 위의 모든 왕들은 다 그에게 순복하여야 한다. '딴 생각을 하지 마라. 야훼는 만방을 그의 아들인 이스라엘 왕에게 맡겼다. 철퇴로 그들을 쳐부수고 그들의 땅을 빼앗으라.' 그러니 모든 왕들은 군말 말고 야훼를 경배하고 섬기라는 것이다. 이것은 출애굽 전통이 말하는 야훼가 아니다. 이는 갖가지 우상을 마음대로 사용하는 이집트 같은 제국들이나 하는 짓이다.

여기서 우리는 다윗 왕조의 세 가지 어처구니없는 주장을 본다. 첫째, 야훼는 철퇴를 휘두르는 만왕의 왕이라는 것이다. 둘째, 그 왕이 다윗을 섬기는 수호신이라는 것이다. 따라서 폭력행사를 주저하지 말라고 한다. 그래서 이스라엘 왕들의 폭력 행사야말로 그지없이 포악했다. 이방 족속들을 정복할 때는 여자들과 아이들까지 몰살시켜야 한다는 것이다(삼상 15: 2~3, 신 20: 16~17). 이것이 다윗 왕조의 문화이다. 모두가 이 문화에 세뇌되어 노래하고 춤추었다.

3) 아합 왕의 바알 신과 엘리야의 대결

다윗과 솔로몬의 그릇된 전통을 이어받은 르호보암이 오만불손하게 되자, 아히야 선지자가 여로보암을 왕으로 삼아 갈릴래아 지방을

중심으로 북방국 이스라엘을 조성했다. 얼마 동안은 예언자들이 주도
하여 왕권이 제대로 형성되지 않았다. 기원전 878년 아합 왕이 즉위
하면서 다윗 왕조처럼 왕권을 굳건히 하려고 사마리아 언덕 여리고에
도성을 건설하고 시돈의 엣바알 왕과 동맹관계를 맺었다. 그리고 그
의 딸 이세벨을 아내로 삼고 야훼 대신 바알 신을 섬기게 되었다. 그
는 야훼를 섬기는 자들을 처형하기 시작했다. 말하자면 두 우상의 대
결이 시작된 것이다. 생각해보면 그것은 당연한 일이기도 하다. 다윗
왕조의 야훼도, 아합 왕의 바알도 다 왕의 수호신이요, 우상이기 때문
이다. 이 대결은 치열한 것이었다.

이 대결에서 먼저 이세벨이 야훼를 섬기는 예언자들을 몰살시키려
했다. 엘리야는 자기만이 살아남았다고 생각했다. 그 엘리야가 갈멜
산에서 바알의 사제들과 대결하여 대승을 거두고 바알의 사제들을 몰
살했다.(삼하 18:30) 그러나 이세벨의 반격으로 엘리야는 야훼의 산 갈
멜로 피신한다. 그가 갈멜 산에 올라가 야훼의 바위 앞에 서자 강한 바
람이 불어서 바위들을 산산조각 나게 했다. 그러나 야훼는 거기에 계
시지 않았다. 큰 지진이 일어났다. 야훼는 거기에도 계시지 않았다. 그
러자 불이 타올랐다. 야훼는 거기에도 계시지 않았다. 힘의 격투가 일
어나는 곳에 하느님은 계시지 않는다는 것이다. 갈멜 산에서 일어난
놀라운 사건도 두 우상 사이에서 일어난 일로 야훼와는 아무런 관계
가 없다는 것이다. 그러자 조용한 침묵 속에서 야훼의 음성이 들려왔
다. 온 인류의 주가 되시는 야훼는 우상들의 격투와는 아무 관계가 없
으시다는 것이다. 그리고 그는 아무도 모르게 행동하신다는 것이다.

그런 야훼 하느님은 엘리야더러 다마스쿠스에 가서 하사엘에게 기
름을 부어 사마리아의 왕으로 삼고, 님시의 아들 예후에게 기름을 부

어 이스라엘의 왕으로 삼고, 엘리사에게 기름을 부어 그의 후계자가
되게 하라고 분부를 한다. 그는 온 인류의 하느님이시요 다윗이 수호
신으로 만든 우상과는 아무 관계가 없다는 것이다. 그리고 그는 모든
나라들을 이끄시는 분이라는 것이다.

4) 아모스를 통한 왕조들의 심판

웃시야가 유대의 왕이고 여로보암이 이스라엘의 왕이었을 때 드
고아에서 양을 치던 아모스가 북방국 벧엘에 나타나서, 수호신을 섬
기면서 폭행을 일삼는 열강들을 향하여 서슬이 퍼런 야훼의 심판을
전했다.

"야훼, 시온에서, 예루살렘에서
큰 소리로 부르짖으시니
양떼 풀 뜯던 목장이 탄다.
가르멜 산마루의 풀이 시든다."(암 1 : 2)

이렇게 외친 아모스는 다마스쿠스를 시작으로 주변 나라 모두를
향하여 그의 불같은 심판을 언명한다.

"나 야훼가 선고한다.
다마스쿠스가 지은 죄,
그 쌓이고 쌓인 죄 때문에
나는 다마스쿠스를 벌하고야 말리라.
쇠꼬챙이가 박힌 타작기를 돌리며

길르앗 주민을 짓바순 죄 때문이다.

하자엘의 대궐에 불을 질러

벤하닷의 궁궐들을 살라버리리라.

다마스쿠스 성의 빗장을 부수고

아웬 평야에 군림한 자,

베데덴에서 왕권 잡은 자를 죽이고

아람 백성을 키르로 잡아가게 하리라." (암 1: 3~5)

이렇게 시작한 아모스는 가사와 블레셋, 띠로, 에돔, 암몬, 모압 등 주변 나라들의 죄상을 일일이 예거하면서 그들에게 내릴 야훼의 심판을 외쳤다. 그 죄상이란 그들의 포악한 힘의 남용이었다. 야훼의 관심사는 그들의 종교행위가 아니다. 그들의 폭력이었다.[13] 유대 나라라고 예외가 아니었다. 주변 나라들을 향한 이 분노에 찬 야훼의 심판을 듣는 이스라엘 백성들은 신이 나 박수를 쳤으리라. 야훼 하느님이 그들의 적수들을 하나도 남기지 않고 심판하신다는 것이 아닌가!

그러나 아모스의 선포는 마침내 이스라엘을 향해서도 쏟아진다.

"나 야훼가 선고한다.

이스라엘이 지은 죄,

그 쌓이고 쌓인 죄 때문에

---

13. 출애굽 전통을 이어받은 예언자들은 그릇된 종교행위보다 그들의 포악한 행위를 보고 분노했다. 그리고 하느님의 엄한 심판을 선포했다. 하느님의 엄한 심판을 선포한 것은 출애굽 전통의 야훼와는 일보 후퇴한 것이다. 폭력으로 약자들을 억압 수탈하는 것에 대한 예언자들의 심정이 이렇게 표현된 것이다.

나는 이스라엘을 벌하고야 말리라.
죄 없는 사람을 빚돈에 종으로 팔아넘기고,
미투리 한 켤레 값에
가난한 사람을 팔아넘긴 죄 때문이다.
너희는 힘없는 자의 머리를 땅에다 짓이기고
가뜩이나 기를 못 펴는 사람을
길에서 밀쳐낸다.
아비와 아들이 한 여자에게 드나들어
나의 거룩한 이름을 더럽힌다.
저당물로 잡은 겉옷을
제단들 옆에 펴놓고 그 위에 뒹굴며,
벌금으로 받은 술을
저희의 신당에서 마신다."(암 2: 6~8)

이렇게 그들의 죄상을 밝힌 야훼는 그들의 비참한 앞날을 예언하
셨다.

"보아라, 내가 너희를
무거운 짐을 싣고 뭉그적거리는
송아지 꼴로 만들리라.
아무리 걸음이 빨라도 달아나지 못하고
아무리 힘이 세어도 그 힘을 써보지 못하고
아무리 장사라도 목숨을 건지지 못하리라.
아무리 활 잘 쏘는 군인이라도 별 수 없고

아무리 발이 빨라도 살아날 길 없고
아무리 말을 잘 타도 목숨을 건지지 못하리라.
그날이 오면,
아무리 용감한 장사라도 맨몸으로 도망치리라." (암 2: 13~16)

야훼 하느님은 그에게 드리는 제사도 귀찮아하신다고 선언을 했
다.

"너희의 순례절이 싫어 나는 얼굴을 돌린다.
축제 때마다 바치는 분향제 냄새가 역겹구나.
너희들이 바치는 번제물과 곡식제물이
나는 조금도 달갑지 않다.
친교제물로 바치는 살진 제물은 보기도 싫다.
거들떠보기도 싫다.
그 시끄러운 노랫소리를 집어치워라.
거문고 가락도 귀찮다.
다만 정의를 강물처럼 흐르게 하여라.
서로 위하는 마음 개울같이 넘쳐흐르게 하여라." (암 5: 21~24)

이렇게 아모스는 야훼 하느님이 원하시는 것이 정의라는 것을 명
확히 말한다. 그리고 그의 이름을 높여 제사를 드리면 그가 지켜주실
것이라고 생각하는 수호신 사상을, 야훼 하느님은 질색하신다는 것도
명확히 밝혔다.

5) 다윗 왕조의 패악을 질타한 이사야와 미가 선지

이런 분위기가 남쪽 몇몇 선지자들에게 큰 영향을 미쳤다. 제1이사야가 그런 예언자요, 그 뒤를 농촌의 예언자 미가가 따랐다. 이사야는 야훼를 모신다고 하면서 역겨운 짓을 하는 다윗 왕조를 보며 피를 토하는 것과 같은 심판의 말을 쏟아냈다.

"하늘아 들어라, 땅아 귀를 기울여라.
야훼께서 말씀하신다.
 '자식이라 기르고 키웠더니
도리어 나에게 반항하는구나.
소도 제 임자를 알고
나귀도 제 주인이 만들어준 구유를 아는데
이스라엘은 아무것도 알지 못하고
내 백성은 철없이 구는구나.'"(사 1: 2~3)

야훼는 그를 우상화하면서 악한 일만 하는 다윗 왕조에 대하여 분노하신 것이다. 이렇게 운을 뗀 이사야는 다시 분노를 쏟아낸다.

"아! 탈선한 민족, 불의로 가득 찬 백성,
사악한 종자, 부패한 자식들,
야훼를 떠나고 이스라엘의 거룩하신 분을 업신여기고
그를 배반하여 돌아섰구나."(사 1: 4)

그는 이스라엘이 야훼를 업신여기고 배반했다고 선언하면서 그들의 처참한 모습을 그린다. 그는 분노의 심정을 이렇게 표현한다.

"소돔 고관들아, 야훼의 말씀을 들어보아라.
고모라 백성들아, 우리 하느님의 법에 귀를 기울여보아라.
야훼께서 말씀하신다."(사 1 : 10~11a)

스스로 야훼를 자기의 목자라고 하는 다윗 왕조를, 자기들이야말로 선민이라고 으스대는 이스라엘 백성들을 소돔과 고모라에 비유한다. 얼마나 배신했으면 그렇게 분노하실까? 그리고 그들이 드리는 제사가 구역질난다고 질타하신다.

"무엇하러 이 많은 제물들을 나에게 바치느냐?
나 이제 숫양의 번제물에는 물렸고
살진 짐승의 기름기에는 지쳤다.
황소와 어린 양과 숫염소의 피는 보기도 싫다.
너희가 나를 보러 오는데
도대체 누가 너희에게 내 집 뜰을 짓밟으라고 하더냐?
더 이상 헛된 제물을 가져오지 마라.
이제 제물 타는 냄새에는 구역질이 난다.
초하루와 안식일과 축제의 마감 날에
모여서 하는 헛된 짓을 나는 더 이상 견딜 수 없다.
너희가 지키는 초하루 행사와 축제들이 나는 정말로 싫다.
귀찮다. 이제는 참지 못하겠구나.
두 손 모아 아무리 빌어보아라.

내가 보지 아니하리라.

빌고 또 빌어보아라.

내가 듣지 아니하리라.”(사 1:11b~15a)

이렇게 분노를 토한 이사야는 왜 야훼가 그렇게 분노하시는지를 밝힌다.

　“너희의 손은 피투성이,

　몸을 씻어 정결케 하여라.

　내 앞에서 악한 행실을 버려라.

　깨끗이 악에서 손을 떼어라.

　착한 길을 익히고 바른 삶을 찾아라.

　억눌린 자를 풀어 주고,

　고아의 인권을 찾아주며,

　과부를 두둔해주어라.”(사 1: 15b~17)

야훼를 분노케 하는 일이란 그들이 저지른 악행이다. 그 악한 길을 버리고 바른 삶을 살라는 것이다. 과부, 고아, 떠돌이들을 보살펴 주라는 것이다. 그것이 바로 출애굽 정신이다.

　“오라, 와서 나와 시비를 가리자.

　너희 죄가 진홍같이 붉어도 눈과 같이 희어지며

　너희 죄가 다홍같이 붉어도 양털같이 되리라.

　너희가 기꺼이 순종하면

땅에서 나는 좋은 것을 먹게 되리라.

그러나 너희가 기어이 거역하면

칼에 맞아 죽으리라."(사 1 : 18~20)

이렇게 분노하신 야훼는 다시 한 번 그들에게 기회를 주신다. 가던 길에서 돌아서서 그와 옳고 그른 것을 밝히자는 것이다. 그러면 그들의 죄를 다 용서하시고, 땅에서 나는 좋은 것들을 먹게 해주겠다고 호소한다. 제사를 드리는 것이 아니라 가던 길에서 돌아서면 된다는 것이다. 그러나 그들은 야훼의 말씀을 듣지 않는다. 패악한 다윗 왕조의 문화에 세뇌된 그들의 귀에는 이사야의 이 피 끓는 호소가 들리지 않는다. 따라서 이사야는 분노에 찬 음성으로 야훼의 심판을 선언한다.

"아! 너희가 비참하게 되리라.

집을 연달아 차지하고

땅을 차례로 사들이는 자들아!

빈터 하나 남기지 않고

온 세상을 혼자 살듯이 차지하는 자들아!

만군의 야훼께서 내 귀에 대고 맹세하신다!"(사 5 : 8~9a)

이렇게 운을 떼신 이사야는 폭풍과도 같은 노한 음성으로 이렇게 말씀하셨다.

"아, 너희가 비참하게 되리라.

나쁜 것을 좋다, 좋은 것을 나쁘다,

어둠을 빛이라, 빛을 어둠이라,
쓴 것을 달다, 단 것을 쓰다 하는 자들아!
아, 너희는 비참하게 되리라.
지혜 있는 자로 자처하는 자들아!
유식한 자로 자처하는 자들아!
아, 너희가 비참하게 되리라.
술이 센 자들아!
독한 술을 잘 빚는 자들아!
뇌물에 눈이 어두워 죄인을 옳다 하고
옳은 사람을 죄 있다 하는 자들아!
지푸라기가 불길에 휩쓸리듯
검불이 불꽃에 스러지듯
너희의 뿌리는 썩고 꽃잎은 먼지처럼 흩날리리라.
만군의 야훼의 가르침을 저버리고
이스라엘의 거룩하신 분의 말씀을
거역하였기 때문이다."(사 5: 21~24)

여기서 한 가지 짚고 넘어가야 할 것이 있다. 이사야 역시 이스라
엘 백성들을 향해 야훼만을 섬기고 우상을 섬기지 말라고는 한마디도
하지 않는다. 그가 문제 삼은 것은 그들의 악행이다. 그들의 패악한
문화이다. 처참하게 수탈당하는 농촌에서 분노를 터뜨리는 미가 선지
자의 목소리는 더 서슬이 퍼렇다.

"망할 것들!

권력이나 쥐었다고
자리에 들면 못된 일만 꾸몄다가
날이 밝기가 무섭게 해치우고 마는
이 악당들아,
탐나는 밭이 있으면 빼앗고
탐나는 집이 있으면 제 것으로 만들어
그 집과 함께 임자도 종으로 삼고
밭과 함께 밭주인도 부려먹는구나.
나 야훼가 선언한다.
나 이제 이런 자들에게 재앙을 내리리라.
거기에서 빠져 나갈 생각은 마라.
머리를 들고 다니지도 못하리라.
재앙이 내릴 때가 가까이 왔다."(미 2 : 1~3)

이렇게 입을 뗀 미가는 이스라엘의 장로, 사제, 예언자들에게 서슬 퍼런 야훼의 선고를 전한다. 예루살렘의 지도자들에게 전한 엄중한 심판의 말이다.

"이것은 내 말이다.
야곱의 가문의 어른들은 들어라.
이스라엘 가문의 지도자들은 들어라.
무엇이 바른 일인지 알아야 할 너희가
도리어 선을 미워하고 악을 따르는구나!
네 겨레의 가죽을 벗기고

뼈에서 살을 발라내며,

내 겨레의 살을 뜯는구나.

가죽을 벗기고 뼈를 바수며

고기를 저미어 냄비에 끓이고

살점은 가마솥에 삶아 먹는구나.

그런데도 야훼께서

부르짖는 너희 기도를 들어주실 성싶으냐?

그렇게 못된 짓만 하는데

어찌 외면하시지 않겠느냐?"(미 3: 1~4)

계속해서 미가는 예루살렘의 지도자라는 자들이 한 짓을 꾸짖는
다.

"너희는 백성의 피를 받아 시온을 세웠고,

백성의 진액을 짜서 예루살렘을 세웠다.

예루살렘의 어른이라는 것들은 돈에 팔려 재판을 하고

사제라는 것들은 삯을 받고 판결을 내리며

예언자라는 것들은 돈을 보고야 점을 친다.

그러면서도 야훼께 의지하여,

'야훼께서 우리 가운데 계시는데,

재앙은 무슨 재앙이냐?' 하는구나!

시온이 갈아엎은 밭이 되고,

예루살렘이 돌무더기가 되며,

성전 언덕이 잡초로 뒤덮이게 되거든,

그것이 바로 너희 탓인 줄 알아라."(미 3: 10~12)

미가도 그들의 그릇된 삶만을 문제 삼는다. 소위 종교의식에는 관심이 없다. 그러나 이스라엘의 왕들과 기득권자들은 예언자들의 말을 듣지 않았다. 여전히 야훼와 더불어 이방 신들까지 섬기면서 악행을 일삼았다. 그들은 그들의 악랄한 문화 속에서 허우적거렸다.

6) 요시야 왕의 종교개혁 그리고 예레미야와 에스겔

히스기야 왕은 종교개혁을 하려다가 끝마치지 못했다. 그 뒤를 따른 무나셋 왕은 다시 악행과 우상숭배로 일대 혼란을 초래했다. 그 이후 농민혁명을 통해 요시야 왕의 시대가 전개되었다. 왕이 된 그는 성전을 수리하다가 성전 벽에서 율법서를 발견했다. 이 율법서는 출애굽 전통을 이어받은 북방국 이스라엘의 예언자들의 신랄한 질책에 영향을 받은 몇몇 사제가 선민인 이스라엘이 정치적, 종교적 그리고 사회적으로 어떻게 살아야 할지를 요단강 건너기 전 모세가 말한 것을 기록한 글이다. 이 문서는 북방국 이스라엘 말기에서 바벨론 포로시대에 이르기까지 계속 가필 편집한 율법서다. 히스기아 왕이 이 법전에 따라서 종교개혁을 하려다 이루지 못하고 폭군 무나셋 왕이 그 뒤를 잇자 사제들이 이 문헌을 성전 벽에 숨겨둔 것으로 보인다.

이 율법서에는 두 가지 상반된 야훼 이해가 병존한다. 하나는 출애굽 전통에 따라서 과부, 고아, 떠돌이, 약자들을 보호하라는 법을 제시한다. 도망 나온 노예에게도 새 기회를 주고 지시한다. 악의 없이 실수로 사람을 죽인 자에게도 도피처를 마련해준다. 특히 흥미로운 것은 이 율법서가 말하는 왕 제도는 다윗 왕조의 왕과는 확연히 다르다. 왕은 군비를 강화해도 안 되고 탐욕으로 금과 은을 많이 소유해도 안 된다는 것이다. 언제나 율법을 좌우명으로 삼고 야훼의 뜻에 맞게 나라를 다스려야 한다고 말한다.

다른 하나는, 선민사상을 강조한다. 성전을 중심으로 한 제도와 예배의식에 대해서도 자세히 정해놓았다. 그리고 우상숭배와 이방인들에게 대한 엄격한 규제를 만든다. 그리고 이방인들의 도성을 공격할 때 실시해야 하는 규정은 잔혹하다. 여자들과 아이들은 물론 동물까지도 멸절해야 한다는 것이다. 그리고 이 법을 준행하면 야훼 하느님이 축복하실 것이지만, 어기는 경우에는 엄한 징벌을 내리실 것이라고 한다. 야훼는 질투하시는 하느님이시기 때문이라고 언급한다.

이 율법서를 발견한 요시아 왕은 일대 종교개혁을 단행했다. 그런데 그가 한 일은, 성서의 기록을 보면, 우상숭배를 엄금하고 예루살렘 성전을 제외한 모든 신전들을 파괴한 것뿐이다. 본래 예루살렘 성전이란 야훼 하느님을 다윗 왕조의 수호신으로 만들고 이스라엘 백성들이 야훼에게 제사를 드리도록 하려고 세운 성전에 불과하다. 더욱이 요시아 왕은 군사력을 약화시킬 수도 없다. 적과 대결을 해야 하니까. 과부, 고아, 떠돌이, 약자들의 권리를 보호한 흔적도 찾아볼 수 없다.

그러나 신명기를 중시한 역사가들은 신명기의 취지에 따라서 이스라엘 역사를 재구성하였다. 이스라엘 백성들을 야훼의 선민으로 부각시키기 위해 출애굽 노정에 각가지 놀라운 기적들을 삽입했다. 그리고 판관들의 설화를 수집해 야훼의 뜻을 어기면 하느님이 이방 민족을 내세워 이스라엘 백성들을 징계하시고, 회개하면 힘센 판관을 앞세워서 이스라엘 백성들을 구출하신다고 편집했다. 야훼를 질투하시는 신으로 묘사한 것이다. 이와 같이 질투하시는 하느님의 모습을 우리는 신명기 32장 43절 , 32장 35절, 민수기 11장 1절, 예레미야서 14장 22절, 48장 10절, 미가서 5장 15절에서 본다. 이는 출애굽 공동체의 하느님과는 너무나 다른 모습이다. 이것은 서로 경쟁하는 수호신들 사이에서 일어나는 투쟁이요, 질투이다. 출애굽기의 야훼 하느님은 그런 분이 아니시다. 그의 관심은 억눌린 약자에게 있다. 그들이 깨닫고 일어나 새 내일을 구하러 아우성치기를 기다리시는 분이다. 이사야나 미가의 경우를 보라. 이스라엘 백성들이 이방의 신을 섬겼기 때문에 분노하신 것이 아니라, 그들의 악랄한 행위 때문이라고 하지 않는가. 그들이 탐욕과 권세욕을 채우기 위해 약자들을 수탈하고 과부, 고아, 떠돌이 같은 약자들을 보살피지 않았기 때문이다.

요시야 왕의 종교개혁을 주시하던 예레미야도 그 개혁이 정곡을 찌르지 못하자 다시 외치기 시작했다. 그는 성전에 와서 야훼께 제사를 드리려는 자들을 가로막고 야훼의 분노를 전했다.

"나 만군의 야훼가 이스라엘의 하느님으로서 말한다. 너희는 생활 태도를 고쳐라. 그래야 나는 너희를 여기서 살게 하리라. 이곳은 야훼의 성전이다, 야훼의 성전이다, 야훼의 성전이다, 한다마는 그런 빈말을 믿어 안심하지 말고 너희의 생활 태도를 깨끗이 고쳐라. 너희 사이에 억울한 일이 없도록 하여라. 유랑인과 고아와 과부를 억누르지 마라. 이곳에서 죄 없는 사람을 죽여 피를 흘리지 마라. 다른 신을 따라가 재앙을 불러들이지 마라. 그래야 먼 옛날에 너희 조상에게 길이 살라고 준 이 땅에서 너희를 살게 하리라. 그런데 너희는 그런 빈말만 믿어 안심하고 있다. 그러다가는 모두 허사가 된다. 너희는 훔치고 죽이고 간음하고 위증하고 바알에게 분향하고 있다. 알지도 못하는 다른

신들을 따라가고 있다. 그리고 나의 이름으로 불리는 이 성전에 찾아
와 나의 앞에 나서서 살려 주셔서 고맙다고 하고는 또 갖가지 역겨운
짓을 그대로 하고 있으니, 나의 이름으로 불리는 이 집이 너희 눈에는
도둑의 소굴로 보이느냐?"(렘 7: 3~11a)

이 예언의 초점은 '이곳은 야훼의 성전이다, 야훼의 성전이다 하
는 빈말을 믿지 말라'는 것이다. 야훼의 성전에 와서 예배를 드리면 야
훼 하느님이 돌보신다는 말을 믿다가는 허사가 된다는 말이다. 야훼
가 계시는 성전이 아니라 야훼의 이름으로 불리는 성전이라는 말 자
체가 그것을 뜻한다. 야훼의 성전이란 헛된 말이라는 것이다. 이것은
요시야 왕의 종교개혁의 핵심을 완전히 부정하는 말이다. 그리고 이
야훼의 성전에 나와서 '살려주셔서 고맙다고 하고는 또 갖가지 역겨
운 짓을 그대로 하고 있으니 나의 이름으로 불리는 집이 너희들에게
도둑의 소굴로 보이느냐?'고 질책한다. 즉 야훼를 다윗 왕조를 섬기
는 수호신으로 만들고 그 수호신을 섬기는 성전이 완전히 무의미하다
는 것이다. 그러고 보면 요시야 왕까지를 포함하여 모든 왕이 다윗 왕
조의 조작된 언어와 문화에 사로잡혀서 무엇이 야훼의 뜻인지를 판단
하지 못했다는 것이다.

그러자 예레미야는 야훼의 명에 따라 목에 소 멍에를 메고 시드기
야 왕을 찾아갔다. 그는 소돔 왕, 모압 왕, 띠로 왕의 신하들과 함께 바
벨론과 대결할 논의를 하고 있었다. 그들에게 예레미야는 야훼의 지
시라고 하면서 바벨론 느부갓네살 왕에게 항복하라고 선언했다. 야훼
하느님이 지금 그를 세우기로 했으니 그의 멍에를 메라는 것이다. 그
렇게 하여 예레미야는 시드기야 왕과 백성들의 미움을 사게 되었다.

그러나 그의 말대로 예루살렘은 느부갓네살 왕의 군대에게 함락
되고 백성 중 우수한 사람들은 다 바벨론으로 붙잡혀 갔다. 붙잡혀 간
무리들이 예루살렘에 돌아올 것을 기대하고 있자 예레미야는 그들에
게 편지를 썼다. 돌아올 생각을 하지 말라고, 거기서 아들, 딸들을 결
혼시키고, 과일 나무를 심고 오래 살 생각을 하라고, 그것이 야훼의
뜻이라고 선언했다.

여기서 우리는 예레미야도 야훼 하느님이 역사에 친히 개입하시
는 것으로 생각함을 알 수 있다. 야훼 하느님이 바벨론을 내세워서 이
스라엘을 징계하시는 것으로 보았기 때문이다. J 기자의 사고에 의한
다면 이스라엘이 바벨론에 망하는 것은 그들의 그릇된 삶의 자세로
말미암는 자업자득일 뿐이다. 그리고 강자들 사이에 이루어지는 약육
강식의 원칙에 따르는 것일 뿐이다.

그렇지만 예레미야는 다음과 같은 야훼의 약속을 전한다.

"앞으로 내가 이스라엘과 유다의 가문과 새 계약을 맺을 날이 온다.
나 야훼가 분명히 일러둔다. 이 새 계약은 그 백성의 조상들의 손을
잡아 이집트에서 데려 내오던 때에 맺은 것과는 같지 않다. 나는 그들
을 내 것으로 삼았지만, 그들은 나와 맺은 계약을 깨뜨리고 말았다.
귀담아들어라. 그날 내가 이스라엘 가문과 맺을 계약이란 그들의 가
슴에 새겨줄 내 법을 말한다. 내가 분명히 말해둔다. 그 마음에 내 법
을 새겨주어, 나는 그들의 하느님이 되고 그들은 내 백성이 될 것이
다. 내가 그들의 잘못을 다시는 기억하지 아니하고 그 죄를 용서하여
주리니, 다시는 이웃이나 동기끼리 서로 깨우쳐주며 야훼의 심정을
알아드리자고 하지 않아도 될 것이며, 높은 사람이나 낮은 사람이나

내 마음을 모르는 사람이 없으리라. 이는 내 말이라, 어김이 없다."(렘 31: 31~34)

이번에는 새 계약을 그들의 마음에 새겨주어 야훼의 뜻을 훤히 알게 한다는 것이다. 따라서 서로 깨우쳐줄 필요도 없게 된다. 이것은 무엇을 말하는 것인가? 그것은 오랜 고생을 겪어야만 마음에 변화가 온다는 것이다. 그 쓰라린 고생을 통해야만 그들 속에 있는 하느님의 영이 깨어나 악을 악으로 보고 동시에 하느님의 뜻을 명확히 알게 된다는 것이다. 야훼께 제사를 드림으로써 문제가 해결되는 것이 아니라, 고생을 통하여 하느님의 뜻을 깨닫게 되어야 한다는 것이다. 고생이 교육적인 역할을 하는 것이다. 사실 시편을 보면 하느님께 호소하는 기원이 많고 많다. 그러나 열심히 기원하면 하느님이 응답해 주실 것이라고 생각하지 말고 고난을 통하여 하느님의 심정을 깨달아야 한다고 예레미야는 강조했다. 이것은 이집트의 노예들이 오랜 고생을 통하여 악을 악으로 보고 정의와 평화가 강물처럼 흐르는 새 내일을 갈망한 것과 같은 깨달음의 과정이다.

에스겔 선지자도 똑같은 선언을 했다.

"너희는 내 이름을 뭇 민족에게 멸시받게 했지만 나는 야훼다. 내 이름이 다시는 멸시받지 않고 오히려 드날리게 하리라. 주 야훼가 하는 말이다. 너희에게서 나의 거룩함을 드러내면, 뭇 민족은 이를 보고 내가 야훼임을 알게 되리라. 내가 너희를 뭇 민족 가운데서 데려 내오고 모든 나라에서 모아 고국으로 데려다가 정화수를 끼얹어 너희의 모든 부정을 깨끗이 씻어 주리라. 온갖 우상을 섬기는 중에 묻었던 때를 깨

끗이 씻어주고 새 마음을 넣어주며 새 기운을 불어넣어주리라. 너희
몸에서 돌처럼 굳은 마음을 도려내고 살처럼 부드러운 마음을 넣어주
리라. 나의 기운을 너희 속에 넣어주리니, 그리 되면 너희는 내가 세
워준 규정에 따라 살 수 있고 나에게서 받은 법도를 실천할 수 있게
되리라. 너희는 내가 너희 조상들에게 준 땅에서 살면서 나의 백성이
될 것이요 나는 너희의 하느님이 될 것이다.ˮ (겔 36 : 23~28)

에제키엘도 같은 결론에 도달했다. 예언자들이 아무리 야훼의 뜻
을 전해도 들은 척도 하지 않던 사람들이 오랜 고난을 통해서 마음이
깨끗해지고 변화가 온다는 것이다. 돌 같은 마음이 살 같은 마음이 되
고, 야훼의 기운이 그들 속에 불어넣어져 하느님의 뜻을 명확히 알아
그대로 사는 새사람이 된다는 것이다. 하느님이 마음의 변화를 일으
키는 교육적인 목적으로 고난을 어떻게 사용하시는지를 밝혔다. 특
히 돌 같은 마음을 도려내고 살 같은 마음을 넣어준다는 것은 인상적
이다. 장차 이스라엘 백성들도 이집트의 '하비루'들처럼 모진 고난의
골짜기를 통과함으로써 새로운 생명공동체를 이룩할 것이라는 말이
된다.

7) 바벨론 포로들의 하느님 이해

그러나 바벨론에 사는 대부분의 이스라엘 백성들 마음에는 아무
런 변화가 일어나지 않았다.

(1) 포로들의 환상

바벨론에 잡혀간 뒤에도 다윗 왕조의 영화를 그리는 사제들과 예

언자들은 아직도 깊은 잠에서 깨어나지 못했다. 그들 나름의 환상을 가지고 있었다. 그들은 이스라엘이 패망한 것은 야훼의 뜻에 역행하여 약자들을 수탈하면서 악행을 일삼았기 때문이었는데, 그들은 우상을 섬기고 이방인들과 섞여서 살았기 때문이라고 생각했다. 이제라도 우상을 섬기지 않고 야훼만을 섬기며 그의 법을 지키고 이방인들과 섞여 살지 않으면, 야훼 하느님이 그들을 이방 땅에서 다시 불러 모으셔서 그들의 조상보다 더 잘 살게 해주실 것이라고 믿었다(신 30: 1~10). 이렇게 하여 메시아사상이 탄생했다. 따라서 그들은 야훼만 섬기고 율법을 정리하여 이를 준수하는 동시에 이방인과 별리하여 살려고 노력했다. 여전히 그들은 다윗 왕조가 만든 선민사상에 사로잡혀 있었다. 그릇된 문화에서 해방되지 못한 것이다. 그들이 기대한 미래를 이사야 11장에서 명확히 볼 수 있다.

"이새의 그루터기에서 햇순이 나오고
그 뿌리에서 새싹이 돋아난다.
야훼의 영이 그 위에 내린다.
지혜와 슬기를 주는 영,
경륜과 용기를 주는 영,
야훼를 알게 하고 그를 두려워하게 하는 영이 내린다.
그는 야훼를 두려워하는 것으로 기쁨을 삼아
겉만 보고 재판하지 아니하고
말만 듣고 시비를 가리지 아니하리라.
가난한 자들의 재판을 정당하게 해주고
흙에 묻혀 사는 천민의 시비를 바로 가려주리라.

그의 말은 몽치가 되어 잔인한 자를 치고
그의 입김은 무도한 자를 죽이리라.
그는 정의로 허리를 동이고
성실로 띠를 두르리라."(사 11 : 1~5)

이렇게 이새의 뿌리에서 메시아가 나온다는 것이다. 그 메시아의
모습을 아름답고 정의로운 자로 그린 시인은 그 나라가 얼마나 아름
다운 나라일지를 이렇게 읊는다.

"늑대가 새끼 양과 어울리고
표범이 숫염소와 함께 뒹굴며
새끼 사자와 송아지가 함께 풀을 뜯으리니
어린아이가 그들을 몰고 다니리라.
암소와 곰이 친구가 되어
그 새끼들이 함께 뒹굴고
사자가 소처럼 여물을 먹으리라.
젖먹이가 살무사의 굴에서 장난하고
젖 뗀 어린아이가 독사의 굴에 겁 없이 손을 넣으리라.
나의 거룩한 산 어디를 가나
서로 해치거나 죽이는 일이 다시는 없으리라.
바다에 물이 넘실거리듯
땅에는 야훼를 아는 지식이 차고 넘치리라."(사 11 : 6~9)

이렇게 아름다운 내일을 그린 시인의 속내는 무엇인가?

"장차 어느 날엔가

야훼의 집이 서 있는 산이

모든 멧부리 위에 우뚝 서고

모든 언덕 위에 드높이 솟아

만국이 그리로 물밀듯이 밀려들리라.

……

'자, 올라가자, 야훼의 산으로,

야곱의 하느님께서 계신 성전으로!

사는 길을 그에게 배우고 그 길을 따라가자.

법은 시온에서 나오고,

야훼의 말씀은 예루살렘에서 나오느니.'

그가 민족 간의 분쟁을 심판하시고

나라 사이의 분규를 조정하시리니,

나라마다 칼을 쳐서 보습을 만들고

창을 쳐서 낫을 만들리라.

……

오, 야곱의 가문이여,

야훼의 빛을 받으며 걸어가자."(사 2: 2~5)

이 시인들은 아직도 선민사상에 사로잡혀 있다. 따라서 이스라엘
이 종교적인 제국이 되는 것이다. 시온 산이 모든 멧부리 위에 우뚝
솟고, 만국이 그들 밑에 와서 경배한다는 것이다. 모두가 예루살렘에
와서 야훼의 말씀을 듣는다. 이스라엘이 야훼를 이용해 모든 나라들
을 거느린다. 그렇게 함으로써 나라들이 칼을 쳐서 보습을 만들고 창

을 쳐서 낫을 만들 것이란다. 그것이 야훼의 경륜이요, 뜻이란다. 하지만 이는 선민사상의 허무한 꿈이다. 이 시들은 모두 바벨론에 잡혀간 뒤에 조작된 것들로 제1이사야가 읊은 것처럼 편집한 것이다.

(2) 고레스 왕 시대의 하느님 이해

관대한 종교정책을 가진 페르시아 왕 고레스가 바벨론을 향해 진격해오자 제2이사야라고 알려진 시인이 감격에 찬 시로 새 내일을 그렸다. 하느님이 고레스에게 기름을 부어 이스라엘 백성을 해방시키려 하시니, 모두 노래하고 춤추며 예루살렘으로 돌아가 성전을 짓고 야훼를 섬기면서 메시아를 대망하라고 말한다.

"야훼께서 당신이 기름 부어 세우신
고레스에게 말씀하신다.
'내가 너의 오른손을 잡아주어
만백성을 네 앞에 굴복시키고
제왕들을 무장해제 시키리라.
네 앞에 성문을 활짝 열어 젖혀
다시는 닫히지 않게 하리라.'"(사 45 : 1)

"내가 바로 너를 지명하여 불러낸 이스라엘의 하느님임을!
나의 종 야곱을 도우라고
내가 뽑아 세운 이스라엘을 도우라고
나는 너를 지명하여 불렀다.
나를 알지도 못하는 너에게 이 작위를 내렸다.

내가 야훼다. 누가 또 있느냐?

나밖에 다른 신은 없다.″(사 45 : 3b∼5a)

　이렇게 말하는 제2이사야의 사고야말로 야훼 하느님의 성품이 어떤 분이신지에 대한 무지를 드러낸다. 야훼 하느님은 강자 편이 아니시다. 그는 강자를 이용하시지도 않는다. 약자들을 깨우쳐 역사를 새롭게 하시는 분이다. 그런데 야훼가 고레스에게 기름을 부어 메시아로 삼으셨다니, 이것은 야훼에 대한 그의 무지를 스스로 폭로하는 것이다.

　고레스는 이스라엘 백성들에게 예루살렘으로 돌아가 성전을 재건하고 성곽을 수축하라는 윤허를 내렸다. 이는 그들에게 메시아왕국을 이룩하라는 말이 아니다. 성곽을 재건하고 예루살렘 도시를 재건하면 그것이 이집트에 대한 방어진이 되기 때문이었다. 예언자 즈가리야 등은 다윗의 후손 즈루빠벨을 왕으로 모시는 것이 야훼의 뜻이라고 생각하고 이를 이루려고 꿈꾸었으나, 그만 행방불명되고 말았다. 고레스 왕의 생각에 위배되기 때문이었음에 틀림없다. 그런데 야훼 하느님이 그런 고레스에게 기름을 부었다는 것이다. 그것이 하느님의 경륜이었다고 제2이사야는 확신했다. 그리고 다윗 왕조의 재건을 확신하고 이렇게 노래했다.

″내가 너희와 영원한 계약을 맺으리라.

다윗에게 약속한 호의를 지키리라.

나는 그를 뭇 백성들 앞에 증인으로 세웠고

부족들의 수령과 군주로 삼았다.

이제 너는 네가 알지 못하던 민족을 부르리라.

너를 모르던 민족들이 너에게로 달려오리라.

너희 하느님 야훼, 이스라엘 거룩하신 이께서

너를 영화롭게 하신 것을 보았기 때문이다."(사 55: 3b~5)

이런 소신을 피력한 제2이사야는 다음과 같은 시를 읊는다.

"하늘에서 쏟아지는 비, 내리는 눈이

하늘로 되돌아가지 아니하고 땅을 흠뻑 적시어

싹이 돋아 자라게 하며

씨 뿌린 사람에게 씨앗과 먹을 양식을 내주듯이,

내 입에서 나가는 말도

그 받은 사명을 이루어

나의 뜻을 성취하지 아니하고는

그냥 나에게로 돌아오지는 않는다."(사 55: 10~11)

이런 확신이 선 제2이사야는 유일신론을 제창한다. 이스라엘의 아버지가 되시는 야훼 하느님만이 유일한 신이라고 확신한 것이다. 그가 이런 주장을 하게 된 까닭은 바벨론의 신 마르둑에 비하면 야훼야말로 역사를 다스리는 신이라는 확신이 들었기 때문이다. 바벨론의 마르둑 신은 자기 나라가 망할 것도 알지 못했다. 그런데 이스라엘의 하느님은 이스라엘이 망할 것도 예언하시고 이스라엘이 회생할 것도 예언하셨다. 그랬는데 이제 페르시아 왕 고레스를 통해 이스라엘이 고국으로 돌아가서 성전을 재건하고 다시 야훼 하느님을 섬기게 된

것이다. 그러니 틀림없이 다윗 왕조가 회복될 것이다. 따라서 그분만
이 유일한 역사의 주가 되신다고 믿은 것이다. 그리고 창세기 1장에
실린 창조설화도 창작을 했다.

그러나 그의 예언은 다 허사가 되었다. 이스라엘 백성들 중 메시
아왕국의 회복을 기다리는 자들이 예루살렘으로 돌아가서 메시아를
대망하며 성곽을 쌓고 성전을 수리했으나 메시아는 오시지 않았다.
오히려 그들 사이에 권력을 남용하는 자들, 우상을 섬기는 자들이 다
시 늘어나 본래부터 하던 역겨운 짓들을 반복하고 있었다. 그러다가
알렉산더 대왕을 위시한 이 세상 권력자들이 잇달아 일어나 다윗 왕
조의 실현이란 더 난망하게 되었다. 만일 다윗 왕조의 실현이 이룩되
지 않는다면 이스라엘의 하느님이 유일신이라고 하는 것도 허무한 선
언이 되고 만다. 그리 되면 다윗 왕조가 선포한 모든 선언은 강자의
머리에서 조작된 허위라는 것이 명백하게 드러난다. 메시아사상은 더
말할 것도 없고 그 사상의 뿌리가 되는 다윗 왕조가 조작한 선민사상
도 허무한 것이 된다.

(3) 신명기 신학에 대한 반문과 승복

율법에 따라서 야훼 하느님만을 성실하게 섬기는 자는 하느님이
축복하시고, 우상을 섬기는 자는 엄하게 벌하신다는 신명기 사학자들
의 생각에 반문하는 자들도 있었다. 욥기를 쓴 저자가 그런 자들의 대
변인이다. 욥기는 기원전 6세기와 4세기 사이에 쓰인 문학작품이다.
유대인들이 바벨론에 가서 고난을 당하던 때이다. 이스라엘 백성들
중 의롭게 살려고 한 자들이 하느님은 의로운 자를 축복하시고 악한
자들을 벌하신다고 하는 신학에 대하여 왜 의로운 자들도 악인들과

같이 징벌을 받게 되느냐고 묻는다. 이스라엘이 죄를 지어서 벌을 받는다고는 하지만, 바벨론은 이스라엘보다 더 하느님의 뜻에 역행하지 않았는가? 많은 이스라엘 백성들이 하느님의 뜻대로 살았는데 왜 이런 징벌을 받아야 하느냐고 묻는다. 이 물음에 대하여 욥의 친구들이 번갈아 찾아와 신명기 신학에 따라서 충고를 하였다. 하느님은 신실하신 분이기에 욥이 고난 받는 것은 틀림없이 그의 죄에 대한 징벌일 것이므로 마음속 깊이 성찰해 보고, 죄를 회개하라는 것이다. 욥은 하느님이 의로우신 분이라는 것을 인정한다.

"주를 두려워하는 것이 곧 지혜요,
악을 싫어하는 것이 곧 슬기다."(욥 28: 28)

이렇게 욥은 신명기의 주장을 받아들인다. 그러나 욥은 아무리 찾아봐도 자기가 이런 고통을 받아야 할 이유를 알 수 없었다. 그래서 친구들에게 그가 무죄하다는 주장을 굽힐 수 없다고 거듭 확언한다.(욥 27: 5~6) 그러자 야훼 하느님이 폭풍 속에서 욥에게 말씀하셨다.

"부질없는 말로 나의 뜻을 가리는 자가 누구냐?
대장부답게 허리를 묶고 나서라.
나 이제 물을 터이니 알거든 대답해보아라.
내가 땅의 기초를 놓을 때 너는 어디에 있었느냐?
그렇게 세상물정을 잘 알거든 말해보아라.
누가 이 땅을 설계했느냐?
그 누가 줄을 치고 금을 그었느냐?

어디에 땅을 받치는 기둥이 박혀 있느냐?
그 누가 세상의 주춧돌을 놓았느냐?
그때 새벽별들이 떨쳐 나와 노래를 부르고
모든 하늘의 천사들이 나와서 합창을 불렀는데,
바다가 모태에서 터져 나올 때
그 누가 문을 닫아 바다를 가두었느냐?"(욥 38: 2~8)

야훼 하느님의 이런 압도적인 질문이 욥기 38장에서 39장까지 이어진다. 천지창조에서 천지 운영에 이르기까지의 놀라운 질문을 야훼 하느님이 폭포수처럼 욥에게 쏟아 붓는다. 친구들에게 당당하게 응답하던 욥은 완전히 압도되고 만다. 말문이 막히고 만다. 야훼의 질문에 압도당한 욥은 이렇게 대답한다.

"아, 제 입이 너무 가벼웠습니다.
무슨 할 말이 더 있겠사옵니까?
손으로 입을 막을 도리밖에 없사옵니다.
한 번 말씀드린 것도 무엄한 일이었는데
또 무슨 대답을 하겠습니까?"(욥 40: 3~5)

그러자 야훼 하느님은 이렇게 말씀하셨다는 것이다.

"대장부답게 허리를 묶고 나서라.
나 이제 물을 터이니, 알거든 대답하여라.
네가 나의 판결을 뒤엎을 셈이냐?

너의 무죄함을 내세워

나를 죄인으로 몰 작정이냐?" (욥 40: 7~8)

이렇게 야훼는 욥을 완전히 궁지로 몰아넣는다. 야훼 하느님은 놀라운 능력으로 온 천지를 창조하고 운영하시는데 '네가 나를 정죄하려느냐?'고 윽박지르자 당황한 욥은 이렇게 대답을 한다.

"알았습니다.

당신께서는 못하실 일이 없으십니다.

계획하신 일은 무엇이든지 이루십니다.

부질없는 말로 당신의 뜻을 가린 자,

그것은 바로 저였습니다.

이 머리로는 헤아릴 수 없는 신비한 일들을

영문도 모르면서 지껄였습니다." (욥 42: 1~3)

욥이 절대자인 야훼께 승복하자, 야훼 하느님은 욥에게 전보다 배가 넘는 축복을 해주셨다는 것이다. 이 욥기의 메시지란 하느님은 놀라운 능력으로 천지를 창조하셨고 운영하시기에 우리 피조물은 아무 말 말고 복종하라는 것이다. 인간의 이성이란 설 자리가 없다. 이성을 살려 질문을 했던 욥은 제2이사야가 창조주로 상정한 신의 엄중한 질책에 완전히 항복하고 말았다. 창조주로 자처하는 신에게 질문하는 것 자체가 무엄한 일이니 아무 소리 말고 그를 높이고 복종하라. 그러면 그가 잘해주실 것을 믿으라고 명한다.

이것은 그들이 조작한 유일신론의 횡포다. 욥의 항거는 다윗 왕조

가 조성한 야훼를 섬기면 축복하고, 다른 신을 질투하면 징벌한다는
신명기의 그릇된 주장에 반문한 것인데, 그들이 조작한 창조론에 완
전히 억압되고 말았다. 온 우주를 창조하고 운영하시는 야훼 하느님
이 어떻게 기원전 11세기에 시작된 조그마한 나라 이스라엘이 독점
하는 유일신이 된다는 말인가? 이야말로 다윗 왕조의 거짓된 망발이
다. J 기자가 그린 창세기에서 보는 대로 야훼 하느님은 어느 민족이
건 억눌린 자들이 아우성치면서 진리를 찾고 새 내일을 추구하면 그
와 기화氣化해주시는 사랑의 영이시다. 이후 유대인들의 하느님 이해
란 이처럼 다윗 왕조가 조작한 대로 절대적인 것이었다. 반문이란 생
각할 수가 없었다. 그들은 경전을 읽다가 야훼라는 이름이 나오면 그
것을 제대로 읽지 못하고 '아도나이'Adonai 즉 '나의 주님'이라고 읽었
다. 이는 출애굽의 야훼와는 완전히 다른 야훼이다.

  (4) 계시록의 하느님

  이스라엘 백성들은 여러 예언자들의 격려를 받으며 유대 땅으로
돌아갔으나, 그들의 꿈은 이루어지지 않았다. 페르시아가 이스라엘의
독립을 허용할 까닭이 없었다. 그리고 알렉산더 대왕이 회오리바람처
럼 일어나 페르시아는 물론 인도 접경까지 정복하고 통치하는 것이
아닌가? 조그마한 민족인 유대인의 앞날은 일엽편주와도 같았다.

  이렇게 되면서 메시아사상이 계시록 사상으로 둔갑하였다. 계시
록 사상이란 야훼 하느님이 얼마 동안 이방 나라들에게 권력을 허용
하시나, 때가 이르면 그 자신이 친히 역사에 개입하시어 세상 나라들
을 진멸하시고, 그의 뜻이 이루어지는 하늘나라를 세우신다는 것이
다. 마카베오 형제들이 셀류커스 제국에 맞서 투쟁할 당시 기록된 다

니엘서가 바로 그것이다. 당시 세계를 정복했던 열강들을 상징하는 커다란 동상을 사람의 손이 닿지 않는 돌이 날아와 쳐부수어 산산조각 나게 하고, 그 돌이 자라서 온 천하에 가득 차게 되었다는 것이다. 사람의 손이 닿지 않은 돌은 마카베오 형제의 투쟁으로 이룩될 새 내일을 말하는 것이 아니다. 이 새 세상은 완전히 하느님이 친히 운영하시고 다스리신다는 것이다. 예수 당시의 수많은 이스라엘 백성들은 이 계시록적인 이념에 큰 기대를 걸고 있었다. 그러나 이런 사상은 J 기자가 창세기 설화에서 말한 야훼와는 동이 서에서 먼 것처럼 멀다.

둘째 마당

●

예수의 삶과 선교

예수와 바울의 삶과 선교를 비교할 단계에 왔다. 먼저 예수의 삶과 선교를 살펴볼 것이다. 예수의 삶과 선교에 대한 이해를 위한 첫 번째 과제는 그가 나서 자란 갈릴래아 지방에 대한 이해이다. 갈릴래아의 비참한 환경에서 예수가 무슨 고민을 하며 성장했는지를 이해해야만 그의 삶의 과제와 선교를 이해할 수 있다. 당시 갈릴래아 지방의 삶을 이해하는 데는 충분한 자료가 있다. 그러나 그 속에서 예수가 어떻게 살았는지에 대한 자료는 없다. 하지만 그가 제자들에게 "구하여라, 받을 것이다. 찾아라, 얻을 것이다. 문을 두드려라, 열릴 것이다." (마 7:7)라고 하신 말씀에서 그가 추구하던 구도의 삶을 그려볼 수 있다. 그 까닭은 예수 자신이 어려서부터 구도의 길을 걸었기 때문이다. 그리고 마침내 야훼 하느님과 기화를 하셨기 때문이다. 뒤에서 설명하겠지만, 그가 살아온 경험에 따라서 제자들에게 "구하라, 찾아라, 문을 두드려라."라고 말씀하신 것이다

그 구도의 삶이란 그의 짧은 선교 과정에서도 반복되었다. 예수는 새로운 문제에 부딪칠 때마다 다시 묻고 찾으며 그 문제들의 해답을 얻으셨음에 틀림없다. 따라서 제자들에게도 땅 위에서 목숨을 거둘 때까지 구하고 찾고 문을 두드리는 삶을 살라고 하셨다. 사는 동안 계속 새로운 삶의 과제에 부딪치기 때문이다.

서구의 신학자들은 일찍부터 예수의 전기를 쓸 수 없다고 결론을 내렸다. 복음서의 자료는 오랫동안 구전으로 내려온 것이기에 역사적인 신빙성이 없다고 보았다. 그래서 그들은 바울 서한을 중심으로 신학을 전개했다. 그러나 2차 세계대전이 끝난 뒤 서구의 식민 통치 하에 있던 나라들에서 해방운동을 전개하면서 복음서의 중요성을 재발견하게 되었다. 복음서에서 억눌린 자들의 해방을 위하여 일하시는

예수를 발견했기 때문이다. 그 뒤로 흑인해방 신학, 여성해방 신학, 한국의 민중신학이 전개되면서 복음서의 중요성이 더욱 명확해졌다. 달리 말해, 복음서의 자료를 가지고 예수의 전기는 쓸 수 없으나, 선교하시는 그의 모습과 가르침의 진수는 알 수 있는 것이다.

나는 올해 봄 나뭇잎이 돋아나기 전, 내가 산책하는 공원 주변에 둘러선 나무들의 줄기와 가지를 보면서 삶이 어떻게 뻗어나가는지에 대한 비결을 발견했다. 나뭇잎이 무성할 때는 그 나무의 특성을 잘 알 수가 없다. 그러나 나뭇잎이 다 떨어졌을 때야말로 그 나무의 특성을 명확히 볼 수 있다. 잎이 없는 나무들을 볼 때 나무들의 개성이 서로 다르다는 것을 발견하게 된다. 아래 사진에서 나무들의 특성을 보시라. 왜 이렇게 다른가? 그 나무들이 해가 바뀜에 따라서 겪는 갖가지 경험이 그 나무들의 특성을 조성하기 때문이다. 물론 나무마다 특성이 있다. 그러나 그 나무들이 자라는 과정에서 부딪치는 여러 가지 조건에 따라 여러 모양으로 성장한다. 나무더러 삶을 이야기하라고 한다면 그들이 해마다 겪은 갖가지 조건을 이야기할 것이다.

사람도 마찬가지다. 사람들도 살아 있을 때보다 세상을 떠난 뒤에야 그들의 삶의 전모를 더 잘 볼 수 있다. 삶의 여정에서 부딪치는 갖가지 삶의 조건에 따라 사람마다 달리 생각하고 찾고 문제를 해결하면서 삶이 뻗어나간다. 삶을 의미 있게 살아간 자들의 전기를 보면 다 그렇다. 예수도 삶의 기본 깨달음과 사명에 따라 살면서 문제에 부딪칠 때마다 해답을 찾으면서 그의 사명을 다하였다. 이렇게 예수의 이야기와 말씀을 생각해보면, 그의 삶의 모습을 좀 더 명확히 볼 수 있다. 필자는 이런 원칙에 따라서 예수의 삶을 이해해볼 것이다.

첫째 마디:

갈릴래아의 구도자 예수

이제 구체적으로 예수의 삶과 선교를 생각해보자.

1 │　　예수 당시의 갈릴래아 지방

예수가 나고 자란 갈릴래아 지방에 대해 알아보자. 예수 당시의 갈
릴래아는 거짓 평화의 나팔 소리가 한恨 많은 떠돌이들의 신음소리를
뒤덮던 때였다. 로마의 원로원에서 안토니우스와 클레오파토라의 연
합함대를 격파한 옥타비아누스를 황제로 추대한 뒤 옥타비아누스는
온 천하에 평화를 이룩한 신으로 추대되었다. 로마는 그를 신성화하

는 신학을 조성하고 온 세계가 그를 신으로 숭배하는 세상을 만들었
다. 물론 이 평화는 폭력을 통하여 이룩되고 폭력으로 유지되는 거짓
평화였다. 정복당한 약자들의 삶이란 비참하기 그지없었다.

　　이런 거짓 평화가 구가되는 때, 팔레스타인에 살던 유대인들의 삶
이란 매우 처절했다. 대사제의 무리들은 로마제국과 손을 잡고 예루
살렘의 성전 종교를 유지하면서 자신들의 탐욕을 채웠다. 바리사이파
사람들은 지조를 버리고 공의회 의원이 되어 그들의 허영을 유지하면
서 스스로 의로운 척하였다. 반면, 다윗 왕조의 회복을 꿈꾸던 젊은
무리들은 이곳저곳에서 봉기하여 처참한 혈전을 전개했다.

　　봉기는 갈릴래아 지방에서 자주 일어났다. 이미 수탈당하고 있던
농민들의 함성은 하늘을 찌르는 듯했다. 예수가 탄생하기 4년 전에 예
수가 나서 자란 나사렛 가까이에서 2000명이 넘는 젊은이들이 십자
가형을 당한 일이 있었다.[14] 그 지방의 분위기란 이루 말할 수 없이 처
참하고 험악했다. 로마제국은 갈릴래아 일대에 도시를 건설하고 군대
를 배치하여 그곳을 로마화하려고 했다. 갈릴래아는 일촉즉발의 위험
에 떨고 있었다.

　　갈릴래아 농민들의 한恨은 경제적 수탈과 종교적 억압으로 더욱 심
화되었다. 갈릴래아는 팔레스타인에 사는 사람들에게 식량을 제공하
는 곡창지대였다. 그러나 그 농토에서 일하는 농민들은 소작농 아니
면 날품팔이였다. 비옥한 땅의 지주들은 거의 모두 도시에 사는 권력
자들이었다. 로마제국과 헤롯왕에게 바치는 세금은 물론이고, 지주들

---

14. Richard Horsley, "An Anti-Imperial Message of the Cross," in *Paul and Empire:*
　　Religion and Power in Roman Imperial Society, ed. by Richard Holsley (Pennsylvania:
　　Trinity Press International, 1997), p.168.

의 무자비한 수탈로 농민들은 언제 떠돌이로 밀려날지 알 수 없는 처지였다. 이미 수많은 농민들이 농토에서 쫓겨나 유리방황하고 있었다.

빈곤에 시달리는 이들은 복잡한 율법을 지킬 수가 없었다. 도시에 사는 바리사이파 사람들은 그들을 죄인 취급했다. 실로 그들의 한은 하늘을 찌르는 듯했다. 예수의 표현을 빌린다면, 그들은 두루 방황하는 목자 없는 양과도 같았다. 로마황제의 무리들은 평화의 나팔을 불고 있는데 말이다. 예수는 이러한 갈릴래아의 작은 마을 나사렛에서 태어났다.

2 │ 탐구자 예수

예수는 나사렛의 한 목수의 아들로 태어났다. 수공업은 대체로 농토를 잃은 자들이 택하는 직업이었다. 그중에서 가죽을 만지는 사람 같이 천한 수공업을 하는 자들은 죄인 취급을 받았다. 깨끗한 수공업을 하는 자들은 당시 중산층으로 진입할 수가 있었다. 바리사이파 사람들은 흔히 깨끗한 수공업을 했다고 한다. 바울이 장막 짓는 일을 한 것이 그 좋은 예이다.

목수 역시 깨끗한 직업으로 예수의 아버지는 중산층에 속한 것으로 볼 수 있다. 당시에는 로마 문화가 들어와서 건축업이 성황을 이루고 있었다. 목수들 가운데 부유한 자들도 많았다고 한다. 따라서 예수는 빈곤을 겪으면서 자라지 않은 것으로 보인다. 그가 율법서나 예언자들의 전통에 친숙한 것도 비교적 유복한 집안의 환경이 제공하는 교육을 받았기 때문으로 추측된다. 베드로와 함께 예루살렘 교회의 기둥이 된 예수의 동생 야고보도 율법을 중시했다. 이를 보아도 예수 가정의 경제 형편이 궁핍하지 않은 것을 알 수 있다.

　그러나 인정 많은 예수는 어려서부터 주변의 비참한 상황을 보면서 마음 아파했음에 틀림없다. 그리고 예수는 야훼 하느님에게 구했을 것이다. 경건한 자들이라면 다 무너진 성곽 앞에 가서 가슴을 치면서 기원했을 것이다. 어서 메시아를 보내달라고 말이다. 그러나 예수는 구하고만 있을 수가 없었다. 그는 반문했을 것이다. '왜 이런 참상이 일어나야 하는가? 야훼 하느님은 왜 이것을 보시면서도 메시아를 보내주시지 않는가? 우리는 도대체 어떻게 해야 하는가?' 그가 열두 살 되었을 때 예루살렘의 랍비들에게 날카로운 질문을 하여 그들을 당황하게 했다는 누가복음의 이야기는 전혀 근거가 없는 기록이 아닌 것 같다. 이런 고민은 그가 사춘기에 들어서면서 더 심각해졌을 것이다. 친구들이 뛰쳐나가 반로마운동에 가담하는 것을 보는 예수도 유혹을 받았음에 틀림없다. 폭력으로 천하를 정복하고 스스로 하느님이라고 하는 로마황제의 오만함에 구토증이 났을 것이다. 하지만 명석한 두뇌를 가진 그는 칼을 쓰는 자는 칼로 망한다는 것을 명확히 깨달았다.

　구도의 길에 들어선 그를 특별히 분노케 한 것은 대사제 무리들이었다. 야훼 하느님께 제사를 드리는 특권을 가진 무리들이 폭력으로 약자들을 정복하고 스스로 신이라고 하는 로마황제와 손잡고 백성들을 수탈하고 있으니 분통이 터지지 않을 수 없었다. 이런 자들은 강도 무리로밖에 보이지 않았다. 거룩한 성의를 입고 율법을 가르치는 바리사이파 사람들과 그들의 의식에 구토증이 느껴졌다. 바리사이파들은 온몸과 정성을 다하여 하느님을 사랑하고 이웃을 자기 몸처럼 사랑하라고 가르치면서도, 실제로는 가증스럽게도 자기 앞만을 생각하는 자들이었다. 바리사이파들은 농토에서 쫓겨나 병들고 굶주린 자들을 보고 죄인이라고 천시했다. 그들은 하느님 나라에 들어가는 열쇠를 가졌다면서, 자기들도 들어가지 아니하고 들어가려는 자들도 못 들어가게 했다.(도 39a)

그는 가끔 메시아라고 자처하는 자가 나타나 민중을 모아서 반란을 일으키다가 자멸하는 것도 보았다. 그들 역시 메시아로 자처하는 사기꾼에 불과했다. 에세네파 사람들처럼 율법을 지키고 은둔생활을 하면서 메시아의 도래를 기다려볼 생각도 해보았을 것이다. 그러나 예수는 메시아사상에 대해서도 회의를 느낀 것 같다. 도대체 선민사상 자체가 잘못된 생각이라고 느꼈을 것이다. 출애굽 전통의 보존지인 갈릴래아에는, 하느님은 온 인류의 하느님이라는 전통이 스며들어 있었다.

무엇보다 그의 마음을 괴롭힌 것은 목자 없는 양처럼 유리방황하는 무리들이었다. '왜 인간은 이렇게 자기 앞만을 챙기는 것일까? 이것을 극복하는 길은 무엇일까? 힘의 철학을 표방하는 로마는 더 말할 것도 없고 하느님 사랑, 이웃 사랑을 주장하는 유대인들까지 이 모양이니, 인류에게 무슨 소망이 있는 것일까? 하느님은 전능하시다는데 왜 이런 참극을 방치하시는 것일까? 계시록에 따르면 하느님은 얼마 동안 이방 나라들에게 권력을 주어 고생을 시키시다가 메시아를 보내어 신천지를 만드신다는데 도대체 왜 이렇게 오랫동안 고생을 시키시는 것일까?'

그는 하느님의 뜻에 따라 창조적인 일을 해보고 싶었을 것이다. 목자 없는 양처럼 유리방황하는 자들도 인간답게 사는 정의와 평화의 세상을 이룩하는 일에 몸을 던지고 싶었을 것이다. 그는 그 길이 무엇인지를 알고 싶었다. 이런 고민을 하는 예수에게 아버지도, 어머니도 아무 도움을 주지 못했다. 오히려 그들은 이렇게 고민하는 예수를 보면서 타일렀을 것이다. 너무 고민하지 말라고, 때가 이르면 하느님이 메시아를 보내주신다고, 야훼를 믿는 믿음이 중요하다고 타일렀을 것이다. 이렇게 먹을 것, 입을 것에 걱정 없이 사는 것을 하느님의 은혜라며, 하느님의 약속을 믿고 율법을 지키면서 메시아의 도래를 기다리라고 말이다.

그러나 예수는 예언자들의 말을 믿고 그냥 앉아 있을 수가 없었다. 주변의 한스러운 아우성이 그를 그대로 앉아 있게 하지 않았다. 마침내 그는 가출을 하고 만다. 먹을 걱정을 할 필요가 없이 사는 것을 하느님의 축복이라고 생각하는 부모님과는 같이 살 수가 없었다. 집을 떠나서 그가 가야 할 길을 찾기로 했다. 그는 기도만 하고 있을 수가 없었다. 정의와 평화가 이룩되는 삶의 길을 찾기 위해 그는 목자 없는 양처럼 두루 헤매는 떠돌이들의 일원이 되었다. 부모의 가정에서 뛰쳐나와 진지한 구도의 길로 뻗어나가게 된 것이다. 여우도 굴이 있고, 공중에 나는 새도 둥지가 있는데, 머리 둘 곳도 없다고 한 말씀은 그의 삶의 고백이었음에 틀림없다(도 86).

우리는 그가 가출했다는 증거를 도마복음에서 명확히 볼 수 있다. 그는 제자들에게 "아버지와 어머니를 나처럼 미워하지 않는 자는 내 제자가 되지 못한다."(도 55) "사람들은 내가 평화를 주려고 세상에 왔다라고 생각할 것이다. 그러나 내가 세상에 반목과 불과 칼과 투쟁을 주려고 온 것을 저들은 모르고 있다."(도 16a)라고 말씀하셨다. 마가복음 3장 31절 이하는, 예루살렘에서 내려온 랍비가 '예수라는 이가 악마의 두목 바알세불의 힘으로 악령을 추방하고 있다'는 유언비어를 퍼뜨려 주변에 커다란 파문을 일으켰던 이야기가 있다. 그때 예수와 어머니 마리아 사이에는 높은 담이 있다는 것이 명확해 보인다. 이 랍비가 어처구니없는 유언비어를 유포시켜 물의가 일어나자, 예수의 어머니 마리아가 그를 찾으러 왔다. 이 소식을 들은 예수는 어머니를 만나주지 않았다. 그리고 둘러앉은 자들을 보면서 "누가 내 어머니요 동생이냐? 여기 둘러앉은 자들이 내 어머니요 내 동생이다."라고 말씀하셨다. 그를 낳아 길러준 어머니를 어머니로 여기지 않았던 것이다.

확실히 그는 부모의 집을 박차고 나와 떠돌이들과 같이 살면서 묻고 또 물었다. 생명의 길을 찾고 또 찾았다. 모세도 40년 동안 미디안 광야에서 장인의 양을 치면서 이집트 노예들의 아픔을 자기의 아픔으로 삼았다. 예수도 무엇이 이런 참극을 조성하는지, 여기에서 탈출해 생명이 넘치는 동산으로 가는 길이 어떤 것인지를 추구했다. 예수가 제자들에게 "구하여라, 받을 것이다. 찾아라, 얻을 것이다. 문을 두드려라, 열릴 것이다."(마 7: 7)라고 하신 말씀은 그렇게 살아온 자신의 삶에서 우러난 깨달음의 가르침이다.

3 │ 하느님과 기화氣化한 예수

떠돌이의 삶을 살면서 새날이 동트기를 대망하던 예수의 귀에 놀라운 소식이 들려왔다. 요한이라는 한 도사가 요단강에서 세례를 주면서 "회개하라. 하느님의 나라가 가까웠다."고 외친 것이다. 사람들은 그에게 세례를 받기 위해 인산인해를 이루었다. 이 소식을 들은 예수는 때가 이르렀다고 생각하셨다. 출애굽 때에도 이집트의 노예들이

아우성치자 야훼 하느님이 시나이 산에 나타나시지 않았던가? 특히
세례자 요한이 다른 거짓 메시아처럼 무리를 이끌고 독립운동을 하려
고 하지 않고 그들에게 회개하라고 외친 데 마음이 끌렸다. 당시 거짓
예언자들은 스스로 메시아라고 하면서 많은 사람들을 모아 로마와 대
결하다가 참극을 연출하곤 했었다. 그런데 요한은 하느님 나라가 가
까이 왔으니 회개하라고 외친 것이다. 이것을 보시고 하느님이 행동
을 개시하실 때가 이르렀다고 보신 것이다. 그래서 예수는 이 운동에
가담하기로 결심을 하고 요한에게 세례를 받았다.

　　요단강 물속에 들어가시는 예수의 심정은 감격에 차 있었음에 틀
림없다. 찾고 찾던 새 내일을 향한 문이 열릴 것이라고 기대했을 것
이다. 요단강 물속에 몸을 담그는 그는 "주여, 저 부평초와도 같은 무
리들을 기쁨과 평화의 동산으로 이끌어주십시오." 하고 기원했을 것
이다.

　　이런 간절한 심정으로 요한에게 세례를 받고 물에서 나오자 놀라
운 사건이 일어났다. 하늘에서 "너는 내 사랑하는 아들, 내 마음에 드
는 아들이다."(막 1 : 11)라는 음성이 들려온 것이다. 새 내일을 찾는 예
수가 하느님 마음에 드는 아들이라는 것이다. 예수의 마음과 하느님
의 마음이 하나가 되었다는 것이다. 동학에서 말하는 기화가 이룩됐
다. 호렙산 언덕에서 모세의 마음과 야훼의 마음이 기화했듯이, 예수
의 마음과 하느님의 마음이 해후했다. 이와 같은 마음의 기화가 일어
나면 역사의 변화가 오게 마련이다. 새 내일이 창출되게 마련이다. 이
와 같은 기화의 사건이 일어나지 않고 아무리 인간의 머리로 좋은 이
론을 창출한다고 해도, 역사의 변화는 일어나지 않는다.

　　모세가 시나이 산에서 만난 야훼 하느님이 다시 갈릴래아 청년 예

수를 만나주셨다. 30년 동안 모세처럼 아파하는 심정으로 구하고 또 구한, 그리고 찾고 또 찾은 예수와 기화했다. 그가 하느님 마음에 드는 아들이라고 선언을 하셨다. 그 하느님은 있어야 할 것을 있게 하시는 영이다. 바로가 조성한 바벨탑 아래에서 신음하는 무리들을 보면서 아파하신 영이다. 그의 마음에 드는 모세를 통하여 그 아우성치는 무리들을 구출하신 분이다. 그 영이 이제 아파하는 갈릴래아 청년 예수와 기화하셨다. 이렇게 예수의 삶에 한 새로운 가지가 뻗어나게 되었다.

　이제 하느님은 이 예수를 통하여 다시 한 번 아우성치는 한 맺힌 떠돌이들을 해방시켜 생명문화공동체를 창출하는 기적을 이룩하실 것이다. 청년 예수는 이 놀라운 사명을 야훼에게서 받았다. 그래서 예수는 그 영을 아버지라고 불렀다. 그러나 이는 그가 영세 전부터 하느님과 동등한 그의 독생자라는 의미는 아니다. 구하고 찾고 문을 두드려서 그와 기화한 하느님의 마음에 드는 종일 뿐이다. 이렇게 하여 하느님과 기화한 예수의 삶은 새로운 선교의 가지를 뻗을 때가 된 것이다.

4 │　　광야에서 전취한 승리

　요단강에서 있어야 할 것을 있게 하시는 영과 기화한 예수는 그 영에 이끌려 광야로 가서 마귀에게 시험받았다고 공관복음서는 증언한다(Q 4: 1~13, 막 1: 12~13, 마 4: 1~11, 눅 4: 1~13). 삶을 비참하게 하는 바벨탑과 대결하여 하느님의 뜻이 이루어지는 생명공동체를 이룩하려면 이 관문을 통과해야 하기 때문이다. 각자위심各自爲心에서 해방되지 못한 자들은 다 이 시험에 넘어가, 그 저주스런 바벨탑의 추종자가 되었다.

인류를 그 저주스런 바벨탑에서 해방시켜서 정의와 평화가 차고 넘치는 새 내일을 창출해야 하는 예수는 먼저 사탄과 대결해야 했다. 대결을 함으로써 악의 정체를 명확히 알고, 이에 대치되는 생명의 길을 찾아야 한다. 공관복음서는 모두 예수가 성령의 이끄심을 따라 광야로 갔다고 증언한다. 이집트에서 노예생활을 하는 '하비루'들을 가나안 복지로 이끈 모세도 미디안 광야에서 40년 동안이나 새 내일을 찾아 두루 헤매지 않았던가.

음식을 전폐하고 40일이나 험악한 바벨탑을 주시하면서 새 내일의 꿈을 꾸는 젊은 예수에게 사탄이 와서 시험을 했다. 이와 같은 시험은 아담과 하와에게서 시작되었다. 사탄의 시험이란 최제우가 말한 육으로 말미암는 각자위심의 속삭임이다. 이 각자위심에 사로잡힌 사람들은 모두 넘어가 바벨탑의 추종자가 되었다. 이스라엘 사람들이 성웅이라고 하는 다윗도 이 시험에 넘어가 이스라엘 백성들을 죽음의 길로 이끌어갔었다. 그러나 갈릴래아 청년 예수는 단연코 이를 물리치셨다. 그는 이미 하느님과 기화하여 하느님의 뜻을 체득하고 있었기 때문이다.

첫째 시험은 광야에 널려 있는 수많은 돌들이 떡이 되게 하라는 것이다. 그가 하느님의 아들이라면 응당 할 수 있을 것이 아니냐고 사탄은 속삭였다. 40일 동안 단식한 예수에게 이것은 큰 시험일 수밖에 없었다. 그의 관심의 초점인 떠돌이들을 위해서도 떡이 필요했다. 광야의 돌들이 떡이 되어 물질적으로 풍부해야 문제가 해결될 수도 있었다. 사실 이 다다익선多多益善이야말로 바벨탑에 속한 사람들이 갈구하는 것이다. 그러나 대부분의 경우 이 다다익선은 모두를 위한 것이 아니라 힘 가진 자들의 탐욕을 위한 것이다.

예수는 이를 단호히 거부하셨다. 다다익선의 허위를 몸으로 경험했기 때문이다. 갈릴래아야말로 유대 땅의 곡창이 아닌가? 그런데 이 풍부한 곡식을 산출하는 농민들은 기아선상에서 허덕이고 있었다. 수많은 무리들이 농토에서 쫓겨나 떠돌이 생활을 하고 있었다. 몸을 가진 사람에게 먹을 것이 필요한 것은 너무나 당연한 일이다. 그러나 떡이 많다고 해서 문제가 해결되지는 않는다. 하느님의 말씀, 이웃을 자기 몸처럼 사랑하는 마음이 있어야 이를 골고루 나눌 수 있다. 그래서 예수는 "사람이 빵으로만 사는 것이 아니라 하느님의 입에서 나오는 모든 말씀으로 살리라."(마 4: 4)라는 말로 이 시험을 물리치셨다.

그러자 사탄은 예수를 성전 꼭대기에 세우고 두 번째로 시험했다.

"당신이 하느님의 아들이거든 뛰어내려보시오.
성서에, '하느님이 천사들을 시켜 너를 시중들게 하시리니
그들이 손으로 너를 받들어
너의 발이 돌에 부딪히지 않게 하시리라.' 하지 않았소?"(마 4: 6)

이렇게 되면 모두가 너를 메시아로 모시지 않겠느냐고 말했다. 이는 예수로 하여금 메시아를 자임하도록 꾀는 철저히 종교적인 시험이다. 헐벗고 굶주린 떠돌이들을 위하여 하느님의 영(기름)을 받아 생명의 길을 열려고 하는 예수에게 그럴듯한 시험임에 틀림없다.

그러나 예수는 이것도 단연코 거부하셨다. 타락한 유대교를 이용할 수 없다는 것이다. 사실 메시아사상을 조성하여 하느님을 오용하

는 다윗 왕조의 전통이야말로 하느님의 이름을 욕되게 하는 것이었다. 그래서 그는 "주님이신 너의 하느님을 떠보지 말라."는 말로 거부하셨다. 예수는 하느님의 이름을 오용하는 다윗 전통과 그 전통이 조성한 유대교를 완전히 부정했다.

그러자 사탄은 세 번째로 시험을 했다. 예수를 높은 산 위로 데리고 올라가서 세상 모든 나라와 그 화려한 권세를 보여주면서 예수에게 도전했다. 자기 앞에 엎드려 경배하면 이 모든 영화를 주겠다고 말이다. 이것은 노골적인 도전이다. 무릇 세상의 모든 영웅호걸들은 하나같이 다 이 시험에 넘어갔다. 야훼의 사랑하는 왕이라고 하는 다윗까지도 말이다. 그러자 예수는 외쳤다.

"사탄아, 물러가라.
성서에 '주님이신 너희 하느님을 경배하고
그분만을 섬겨라.' 하시지 않았느냐!"(마 4: 10)

이는 이집트의 바로 왕이 구축한 바벨탑 아래에서 신음하던 '하비루'들을 구출하신 야훼 앞에서 모세가 서약한 첫 번째 계명이다. 모세는 악의 뿌리를 열 가지로 보았다. 그러나 예수는 이것을 세 가지로 집약했다. 이 세 가지 뿌리에서 갖가지 악행이 태어나기 때문이다. 예루살렘에 모여든 종교 지도자들은 물론 로마에 좌정하고 앉아 천하를 호령하는 자들의 여러 악행과 추태가 다 이 세 가지 뿌리에서 돋아난다. 이 세 가지 뿌리를 명확히 보고 이를 단斷하지 않을 때, 그 뿌리들에서 수많은 악행과 추태가 태어난다. 반면에 이 세 가지 악의 뿌리를 잘라내면 그는 새사람이 된다. 하느님과 기화하신 예수는 이 세 가지

야말로 바벨탑의 터전이요 죽음으로 이끄는 넓은 길이라 보시고 이를
거부하셨다.

　사탄의 시험을 물리치신 예수 앞에 한 새로운 길이 전개되었다. 그
길은 좁고 험하나 참된 생명으로 이끄는 길이다. 바위 위에 집을 짓는
것처럼 힘드나 기쁨과 보람에 찬 하느님 나라와 통하는 길이다. 이 새
길이란 이 시험들을 극복함으로 뻗어나 생명의 열매를 맺을 세 개의
소중한 가지이기도 하다. 첫째는, 탐욕을 채우려 물物을 소유하는 것
이 아니라 가진 것을 사랑으로 나누는 길이다. 서로 나누어 아무도 일
용할 양식을 걱정할 필요가 없게 되는 것이다. 둘째로, 사람들이 자기
욕망을 채우려고 조작해 만든 그릇된 제도 종교에서 탈출하여 참 생
명을 지상의 목표로 삼아 서로 용서하는 평화와 정의의 공동체를 이
룩하는 길이다. 곧 참된 생명문화공동체를 만드는 것이다. 셋째로, 바
벨탑을 쌓고 스스로를 신격화하여 모든 영화와 향락을 독점하는 광란
의 길이 아니라, 내려가서 모두를 섬김으로 뜻이 하늘에서 이룬 것같
이 땅 위에서도 이루어지게 하는 길이다. 이 길은 머리에서 나온 관념
이 아니다. 땅 위에서 자행되는 악을 직시하고 이에 대치되는 새 내일
을 창출하기 위한 길이다. 예수는 로마제국에 대치되는 메시아왕국을
만들려고 하지 않았다. 사랑으로 나누고 용서하고 섬기는 뜻이 하늘
에서 이룬 것처럼 땅에서도 이루어지는 생명문화공동체를 이룩하는
것이 하느님의 뜻이라고 보았다. 이것이 새 내일을 갈망하는 자들을
에덴동산으로 들어가게 하는 문이라고 본 것이다. 이것을 보신 예수
는 과감히 이 문을 열고 하느님 나라 건설에 발을 들여놓았다. 이렇게
하여 예수는 아담과 하와가 각자위심으로 선악과를 따먹고 추방당한
에덴동산을 회복하는 일에 착수하셨다.

둘째 마디:

예수의 선교

1 | 예수의 선포

아담과 하와 이후 모두가 넘어간 이 사탄의 시험을 물리치고 그 앞
에 열린 새 문으로 들어서신 예수는 세례자 요한이 체포되자, 그의 뒤
를 따라 선교의 길에 나섰다. 선교의 길에 나선 그의 첫 선포는 "회개
하라, 하느님 나라가 목전에 도달했다!"이다.

"회개하라"는 말은 가던 길에서 돌아서라는 말이다. 아담과 하와
가 금단의 열매를 따먹고 에덴동산에서 쫓겨난 뒤 모두가 좇아가는
그 넓은 길에서 돌아서라는 말이다. 이제까지 모두가 가던 길이란 죽

음에 이르는 길이었다. 모두가 자기 욕망만을 채우려고 다다익선의
길로 치달았다. 이 다다익선의 탐욕은 수렁과도 같다. 이 수렁을 채우
기 위해서 사람들은 힘을 기르고 이를 오용한다. 종교까지도 오용한
다. 바벨탑을 쌓고 스스로를 신격화하려고 한다. 이런 바벨탑은 모래
위에 세운 성처럼 언제 무너질지 모르나, 힘센 자들은 다 이 길로 치
닫고 있다. 이집트 제국이 그랬고, 다윗 왕조가 그 뒤를 따랐다. 지금
로마제국이 그 전철을 밟고 있었다. 하느님께 제사를 드리는 대사제
들은 온 천하의 평화의 신이라고 자처하는 로마황제와 결탁하는 어처
구니없는 반역을 하고 있었다. 토라를 껴안고 거룩하다고 자처하는
수많은 바리사이파 사람들도 모두 이 넓은 길로 치닫고 있었다. 이 넓
은 길에서 돌아서라는 것이다. 좁은 길로 들어서라는 것이다. 그래야
정의와 평화가 강물처럼 흐르는 하느님 나라에 들어갈 수가 있다.

　예수가 가르치신 탕자의 비유가 이것을 잘 말해준다. 아버지의 재
산 반을 가지고 가출해 허랑방탕하게 사는 아들을 생각하면서 아버지
는 간절한 심정으로 그가 깨닫고 돌아오기를 기다리신다는 것이다.
아들이 돌아오자 그는 양과 염소를 잡고 이웃을 청하여 일대 잔치를
벌였다는 것이다. 가던 길에서 깨닫고 돌아오면 아버지와 같으신 야
훼 하느님이 기꺼이 받아주신다는 것이다. 물론 이를 위해서는 마음
에 변화가 있어야 한다. 이를 위해서는 가던 길은 죽음의 길이라는 것
을 깨달아야 한다. 그리고 결단하고 돌아서야 한다. 소유가 아니라 나
눔이, 정죄가 아니라 용서가, 억압과 수탈이 아니라 섬기는 일, 종교
를 오용하는 것이 아니라 올바른 삶을 추구하는 삶의 자세가 생명의
길이라는 것을 깨닫고 돌아서야 한다. 이런 마음의 변화는 악한 제도
로 말미암아 짓밟히는 무리들을 보고 아파하면서, 뜻이 하늘에서 이

루어진 것처럼 땅 위에서도 이루어지기를 마음과 뜻과 정성을 다해
구하고 찾고 문을 두드리는 자만이 이룩할 수 있는 선물이다. 모세처
럼 그리고 예수처럼 말이다. 그리고 예수는 외쳤다. 돌아서라고. 죽음
에 이르는 길에서 돌아서라고. 집을 모래 위에 세우지 말고 반석 위에
세우라고!

　　그러나 돌아서라고 말로 외쳐서 사람들이 돌아서는 것이 아니다.
바리사이파 사람들은 물론이고 참 삶의 길을 찾아 예수께 찾아왔던
청년도 돌아서지 못하였다. 다윗 왕조가 조성한 그릇된 문화에 세뇌
된 자들의 귀에는 가던 길에서 돌아서라는 예언자들의 음성이 들리지
않았었다. 선지자 이사야와 미가가 얼마나 날카로운 말로 그들의 악
을 질책하면서 그 길에서 돌아서라고 하였던가? 예레미야는 종교개
혁을 한다고 설친 요시야 왕과 그를 도운 신명기 역사가들이 하는 짓
이 헛된 일이라는 것을 날카롭게 지적하면서 과부, 고아, 떠돌이를 돕
는 것이야말로 야훼 하느님을 향한 참된 제사라고 타일러도, 그것은
마이동풍馬耳東風에 불과했다. 강자들이 조작한 그릇된 문화의 힘이란
말로 고칠 수가 없음을 예수는 잘 아셨다. 그래서 강자들의 문화와 제
도에서 추방당한 갈릴래아의 떠돌이들에게로 발걸음을 옮기셨다. 그
들이 하느님 나라에 더 가깝다고 보신 것이다.

　　그러나 갈릴래아의 '오클로스'들도 회개하라는 말만 듣고는 돌아
서지 못한다는 것을 예수는 아셨다. 한이 깊이 맺혀 있는 그들은 시기
와 질투, 죄책감과 열등의식에 사로잡혀서, 아무리 옳은 말이라도 귀
에 들어가지 않는다. 예수는 그들을 먼저 사랑으로 껴안고 치유하여
새로운 인간으로 다시 서게 한 뒤에야 그들이 깨닫고 돌아설 수 있다
는 것을 아셨다. 그래서 그들을 치유하기 시작하셨다. 삶으로써, 뜻이

하늘에서 이루어진 것 같이 땅 위에서도 이루어지는 찬연함을 맛보게
함으로써 그들에게 변화를 초래하기로 작정하신 것이다.

2 | 예수의 세 줄기 선교

예수의 선교는 세 줄기로 뻗어나갔다. 그는 세 가지 시험을 물리
치고 이에 대치되는 세 줄기 선교를 그의 과제로 삼았다. 첫째 줄기는
하느님이 주신 물物을 서로 사랑으로 나누는 것이다. 둘째 줄기는 겉
치레로 가득 찬 종교 전통의 허식을 벗겨내 이를 거부하고 위로는 하
느님을 전심전력으로 사랑하고 아래로는 이웃을 자기 몸처럼 사랑하
는 것이다. 셋째 줄기는 힘의 철학을 물리치고 내려가서 섬김의 길에
들어서는 것이다. 그렇게 함으로 기쁨과 보람에 찬 인정 공동체를 이
룩하는 것이다. 이 일은 생명나무가 서 있는 에덴동산에 들어서는 길
이다. 이 일을 예수는 사랑으로 섬기고 말로 깨우치심으로 이루셨다.
그는 말만 하고 행동이 없는 랍비들의 가르침은 사람을 변화시키
는 힘이 없다는 것을 명확히 보셨다. 예언자들의 외침도 아무 효과가
없었다. 사실 굶주리고 헐벗고 병든 무리들을 위하는 길이란 먼저 먹
을 것을 나누어주고, 헐벗은 자들에게 입을 것을 주고, 병든 자들을
고쳐주는 일이다. 그런 사랑의 섬김이 없는 말이란 꽹과리의 울림에
불과하다. 사랑으로 섬겨서 그들의 삶을 새롭게 해주어야 그들이 마
음의 문을 열고 깨우치는 말을 제대로 받아들일 수가 있다. 그리하여
예수의 선교는 철저히 땅 위의 삶에서 시작되었다.

1) 예수의 섬김과 깨우침

선교의 길에 나선 예수는 먼저 갈릴래아로 가셨다. 새 내일을 대망하는 자들이 갈릴래아에 있었기 때문이다. 도시에서 기득권을 누리는 사람들은 현실의 변화를 원하지 않는다. 그들은 가진 것을 놓으려고 하지 않으며, 날로 더 소유하려고 갖가지 방법을 총동원한다. 이를 위하여 종교적인 언어까지 만들어낸다. 도시란 바로 그런 곳이다. 그래서 예수는 굶주리고 병든 자들이 아우성치는 갈릴래아로 가셨다.

갈릴래아에 있는 사람들이라고 그대로 하느님 나라에 들어갈 수는 없다. 그들의 마음도 시기와 질투로 병들어 있었다. 그들도 남들처럼 잘 살아보고 싶다는 생각으로 가득 차 있었다. 그들과 어울려 사신 예수는 그들을 잘 알고 있었다. 따라서 말로 돌아서라고 해서 그들은 돌아서지 않는다. 무엇보다도 먼저 그들을 사랑으로 껴안아 주어야 한다. 무자비한 기득권자들로 말미암아 병들어 있는 몸과 마음을 껴안아 새로운 삶을 맛보게 해야 한다. 그들의 삶이 천하보다도 소중하다는 것을 느끼게 해줘야 한다. 그래서 그는 그들을 사랑으로 껴안는 일부터 시작하셨다.

마가복음을 읽어보면 그것을 쉽게 알 수 있다. 그는 안식일에 가버나움 회당에서 악령을 추방하는 일(막 1:21~28)을 시작으로 선교의 발을 내디뎠다. 악령 추방이란 그릇된 가치관으로 인해 병든 영을 치료하는 일이다. 그리고 하느님 나라로의 진입을 뜻한다. 그는 시몬의 장모를 위시해 몰려드는 많은 병자들을 고쳐주셨다. 갈릴래아의 여러 곳으로 돌아다니면서 나병 환자 등 수많은 환자들을 고쳐주셨다. 특히 악령 추방의 기적이야말로 중대한 의미를 가진다. 그것이 하느님 나라의 도래를 상징하기 때문이다. 따라서 그의 주변에는 언제나 병든 자들로 들끓었다(막 3: 7~12). 예수는 이렇게 강자들의 수탈과 모멸로 병든 그들에게 새로운 삶을 맛보게 하셨다.

그는 세리의 식탁에 둘러앉아 음식을 함께 먹는 것을 중요시 하셨다(막 2: 13~17). 사랑으로 서로 나누는 곳에 하느님 나라가 이룩되기 때문이다. 그가 가르치신 기도문에도 하느님 나라를 이룩하기 위해서는 모두가 일용할 양식이 보장되어야 한다고 선언하셨다. 영생을 찾는 젊은이에게도 말하길, 그가 가진 것을 가난한 자들에게 나누어주라고 하셨다(막 10: 17~27). 풍년이 들어 곡식창고를 크게 짓고 "내 영혼아, 안심하라"고 환성을 올린 부자를 향해서는 미련하다고 하셨다(눅 12: 16~21). 하느님 나라 시민이 되려면, 물物의 공유가 첫째이기 때문이다. 이웃을 내 몸처럼 사랑하여 서로 가진 것을 나누고 식탁을 함께하는 데서 하느님 나라가 이룩된다. 이는 먹을 것이 없어서 굶주린 자들에게는 참된 사랑의 표현이다. 그래서 예수는 빵을 나누는 일과 병을 고쳐주는 일부터 시작하셨다.

세례자 요한이 제자들을 예수에게 보내어 "오시기로 되어 있는 분이 바로 선생님이십니까? 그렇지 않으면 우리가 또 다른 분을 기다려야 하겠습니까?"라고 물었다. 그는 메시아 대망론자였다. 그러자 예수는 "너희가 보고 들은 대로 요한에게 가서 알려라. 소경이 보게 되고 절름발이가 제대로 걸으며 나병환자가 깨끗해지고 귀머거리가 들으며 죽은 사람이 살아나고 가난한 사람이 복음을 듣는다."(눅 7: 18~23)라고 대답하셨다. 참된 사랑으로 삶이 새롭게 될 때 복음이 전해진다는 것이다. 이는 가난한 사람들에게 특혜이다.

예수는 참된 사랑과 섬김에 의해 늠름한 인간으로 다시 서게 된 무리들에게 그들의 죄가 용서함을 받았다고 선언하셨다. 지붕을 헐고 들것에 담겨 예수 앞에 내려진 전신불수에게 "너는 죄를 용서받았다."
라고 선언한 것이 이를 잘 말해준다(막 2: 1~5). 난쟁이 삭개오가 가진
것의 반은 가난한 사람들에게 나누어주겠다고 했을 때 "오늘 이 집은
구원을 얻었다."라고 말씀하신 것도 이를 뜻한다(눅 19: 1~10). 예수가
시몬이라고 하는 바리사이파 사람의 집에서 식사를 하실 때 한 여인
이 눈물로 예수의 발을 적시고 머리털로 닦은 일이 있었다. 그때 시몬
은 이것을 못마땅하게 생각했다. 그러자 예수는 규탄하는 시몬을 향
하여 이 여인은 많은 죄를 용서받았기 때문이라고 해명하셨다. 이 여
인은 용서를 받았으나 그 여인을 정죄하는 시몬이 오히려 죄인이라는
의미이다(눅 7: 36~48).

　이 죄의 용서는 가난 때문에 죄인 취급을 받던 사람들에게는 복음
이 아닐 수 없었다. 거룩하다고 하는 바리사이파 사람들에게 죄인 취
급을 받는 자들이 오히려 의롭게 되고, 그들을 죄인 취급 하는 바리사
이파 사람들이 오히려 죄인이라고 했다. 마태복음 23장 33절에 보면
예수가 겉치레를 꾸미는 서기관과 바리사이파 사람들의 허식을 밝히
는 서슬 퍼런 선언을 들을 수가 있다. "이 뱀 같은 자들아, 독사의 족
속들아! 너희가 지옥의 형벌을 어떻게 피하랴?"라고 언명하셨다.

　이렇게 하여 새 사람이 된 무리들에게 비로소 그는 입을 열어 가
르치셨다. "하느님 나라는 바로 너희 가운데 있다."(눅 17: 21)라며 세
리와 죄인이 하느님 나라에 더 가깝다고 언명하셨다. 겉치레뿐인 바
리사이파 사람들처럼 되지 말라고 충고했다. 그들은 회칠한 무덤이라
고, 겉으로는 거룩한 척 하지만 속에는 냄새 나는 것들로 가득 차 있
다고(마 23: 27) 하시면서 서로 나누고, 사랑하고, 용서하고, 섬기라고
가르치셨다.

그가 그들에게 가르치신 진리란 다 그들이 몸으로 경험한 것들이
다. 예수는 그의 삶이 불러일으키는 결과를 보시면서 그것을 비유로
깨우쳐주셨다. 따라서 그들은 예수의 가르침의 의미를 금방 깨달을
수 있었다.

씨 뿌리는 비유를 보라. 어떤 사람이 씨를 뿌리는데 어떤 씨는 자
갈밭에, 어떤 씨는 가시덤불에, 어떤 씨는 길가에 떨어졌다. 그 씨들
은 좋은 열매를 맺지 못했다. 그런데 옥토에 떨어진 씨만이 50~100
배의 열매를 맺었다고 하자. 그들의 얼굴에는 장미꽃이 활짝 피었을
것이다(막 4: 1~9). 예수 주변에 모여든 사람들은 모두 떠돌이들이었
다. 바로 그들이 50~100배의 열매임에 틀림없다. 잔칫집에 초대한
손님의 비유도 그렇다. 예수는 그를 따르는 무리들이 식탁에서 화기
애애한 삶을 누리는 것을 보면서 너희들 사이에 하느님 나라가 이미
이룩되었다고 선언하셨다. 그리고 잔칫집 비유를 하셨다. 어떤 임금
이 잔치를 열고 이미 초대했던 자들에게 잔치가 준비되었으니 어서
오라고 했으나 모두 자기가 하는 일이 더 중요하다면서 참여하지 않
았다. 그래서 임금은 거리에 있는 떠돌이들을 청하였고 그들이 잔칫
집에 들어와서 환희에 넘치는 잔치를 벌였다고 말씀하셨다. 이것도
예수가 실제로 있던 이야기를 비유로 말씀하신 것이다. 따라서 선민
이라고 으스대는 자들에게 죄인 취급을 받던 사람들은 기쁨에 차 넘
쳤을 것이다.

그는 그의 가르침이 떠돌이들 사이에 확산되는 것을 보시면서 하
느님 나라의 비유를 말씀하셨다. 등잔 위의 불이 방을 밝히고, 작은
겨자씨에서 싹이 나 나무처럼 크게 자라고, 누룩이 주변으로 퍼지고,
언덕 위의 동네가 모두에게 새 소망을 준다고 하는 비유가 다 그가 전

하는 복음의 가지들이 뻗어 나가는 것을 보면서 하신 말씀이다.

따라서 이런 선언을 듣는 그들의 감격이란 하늘을 찌르는 듯했을 것이다. 그들은 실로 예수의 가르침은 권세가 있고, 바리사이파 사람이나 율법학자들이 가르치는 것과는 다르다고 감탄했을 것이다(마 7: 28~29). 그리고 두고두고 기억을 떠올렸을 것이다. 그들이 예수를 통하여 삶으로 경험한 것을 말로 깨우쳤기 때문이다. 그들은 환희에 찬 새로운 무리들이 되었다. 안병무는 이것을 '민중의 자기 초월'이라고 부른다. 나는 이것을 '민중의 출애굽' 혹은 '민중의 부활'이라고 부르고 싶다. 전통적인 용어를 쓴다면 '민중의 구원'이다. 이렇게 예수의 선교는 그 가지가 무성하여 많은 열매를 맺었다. 이 같은 기적은 하느님과 기화한 예수의 삶으로 전개된 선교로 말미암은 것이다.

2) 다윗 전통의 거부

예수가 수행하신 두 번째의 큰 가지는 하느님의 이름을 오용하는 다윗 왕조의 문화를 격파하신 것이다. 그는 세리인 마태의 집에서 죄인 취급을 받는 자들과 같이 식사를 하셨다. 그리고 그 자리에서 유대인들이 지키는 율법 조문을 무시하셨다. 바리사이파 사람들은 예수가 죄인들과 식사를 같이 한다고 비난하였다. 예수는 너희들과 같이 건강하다고 하는 자들을 위하여 온 것이 아니라, 너희들이 죄인이라고 천대하는 몸과 마음이 병든 자들을 위하여 왔다고 언명하셨다(막 2: 11~17).

그의 제자들이 허기져서 안식일에 밀 이삭을 따먹자, 유대인들이 비난했다. 예수는 그 유대인들에게 안식일이 사람을 위해 있지, 사람이 안식일을 위해 있지 않다고 설파하셨다(막 2: 23~28). 안식일에 회

당에서 오그라진 손을 가진 자를 치료하셨다. 예수는 그를 앞에 나오
게 하시고 "안식일에 착한 일을 하는 것이 옳으냐? 악한 일을 하는 것
이 옳으냐? 사람을 살리는 것이 옳으냐? 죽이는 것이 옳으냐?"라고
물으시고, 그의 손을 펴게 해주셨다(막 3: 1~6). 그들이 만든 종교의식
이 아니라 생명이 중요하다는 것이다.

　한 번은 예수의 제자들이 손을 씻지 않고 식사를 하자, 바리사이
파 사람들이 비난했다. 예수는 사람 입으로 들어가는 것이 사람을 더
럽히지 않고, 사람들 속에서 나오는 것이 사람을 더럽힌다고 지적했
다. 그런 것을 따지는 거룩하다는 자들의 마음속에 있는 탐욕이 문제
라는 것이다(마 15: 1~11). 예수는 제자들에게 바리사이파나 율법학자
가 말하는 것은 지키되, 그들의 행실은 본받지 말라고 이르셨다. 그들
은 말만 하고 실행은 하지 않는다고 지적하시며, 무거운 짐을 꾸려 약
한 자의 어깨에 메워 주고 손가락 하나도 움직이지 않는다고 꾸중하
셨다. 그들은 거룩한 척 겉치레만 하고, 어디에서나 높은 자리에 앉아
서 대접받기에만 전념한다고 질책하셨다(마 23: 1~6). 그들은 하느님
나라의 문을 닫아놓고 가로막아 서서 자신들도 들어가지 않으면서,
들어가려는 다른 사람들까지 못 들어가게 한다고 꾸중하셨다(마 23:
13, 도 39). 말이 아니라 삶이 중요하다는 것이다.

　예수는 유대인들이 간절히 대망하는 메시아사상에 대해서도 완전
히 부정하셨다. 예수가 고난당할 것을 말씀하시자, 베드로가 이를 만
류하려 했다. 그러자 예수는 "사탄아 물러가라. 너는 나에게 장애물
이다. 너는 하느님의 일을 생각하지 않고 사람의 일만 생각하는구나!"
(마 16: 23)라고 꾸중하셨다. 그 사람들이 원하는 것이란 다윗 왕조가
조작한 메시아사상이다. 그는 성전에서 가르치시다가 이 메시아사상

을 정면으로 거부하셨다. "율법학자들은 그리스도를 다윗의 자손이라고 하는데 그것은 어떻게 된 일인가? 다윗이 성령의 감화를 받아 스스로, '주 하느님께서 내 주님께 이르신 말씀, 내가 네 원수를 네 발아래 굴복시킬 때까지 너는 내 오른편에 앉아 있어라.' 하지 않았더냐? 이렇게 다윗 자신이 그리스도를 주님이라고 불렀는데 그리스도가 어떻게 다윗의 자손이 되겠느냐?"(막 12: 35~37) 사실 예수는 '선한 선생님'라는 호칭도 거부하셨다. 한 부자 청년이 예수에게 와서 절을 하며 물었다. "선하신 선생님, 제가 무엇을 해야 영원한 생명을 얻겠습니까?"하고 물었다. 예수께서는 이렇게 대답하셨다. "왜 나를 선하다고 하느냐? 선하신 분은 오직 하느님뿐이시다."(막 10: 17~18) 그는 한 인간으로서 하느님 뜻에 따라 사는 사람이라고 확언하신 것이다.

　　마가복음 13장에 종말론에 관한 기사가 있다. 특히 24~27절에 사람의 아들이 구름을 타고 올 것이라는 구절이 예수의 재림을 말하는 것이 아니냐는 주장이 있다. 그러나 이는 당시 널리 퍼져 있던 계시록 사상을 후에 가필한 것으로 보아야 한다. 기원후 30년께 쓰인 것으로 알려진 도마복음서나 Q복음서에도 종말에 관한 기사는 없다. 헬무트 쾨스터Helmut Koester는 이 구절에 쓰인 재림(parousia)이라는 용어는 예수의 재림을 강조하는 데살로니가전서에 나오는 용어(살전 2: 19, 3: 13, 4: 15, 5: 23)라고 지적한다. 이 용어는 예언서나 계시문학서에는 전혀 나오지 않는다. 그는 이 용어가 로마황제가 도시에 왕림할 때 사용한 용어라며, 바울이 예수의 재림을 말할 때 이 용어를 차용했다고 밝혔다. 마가복음 13장 24~2절에 이 용어가 사용되었다는 것은 바울 전통이 후에 삽입된 것으로 보아야 한다.[15]

　　복음서에는 예수가 자신을 '인자人子'라 했다고 기록된 곳들이 적

지 않다. 마가복음에서 예수가 전신불수인 자를 고치시면서 "너는 죄
를 용서받았다." 하신 것을 바리사이파 사람들이 문제 삼았을 때 "이
제 땅에서 죄를 용서하는 권한이 사람의 아들에게 있다는 것을 보여
주겠다."(막 2:10)라고 말한 것과, 제자들이 안식일에 밀 이삭을 잘라
서 먹은 것을 바리사이파 사람들이 문제 제기하자 "사람의 아들은 또
한 안식일의 주인이다."(막 2:28)라고 말한 것이 있다. 그 밖에 예수가
고난을 당하게 된 것에 관한 발언 중에 사람의 아들이라는 말이 자주
언급되어 있다(막 8:31, 9:31, 10:33~34 등). 이에 대해 크로산J. D. Crossan
은 정곡을 찌르듯이 해명하였다.[16] 그는 히브리어나 아람어에서 "사람
의 아들"이라는 표현은 "인류" 혹은 "사람"을 수사학적으로 표현한 것
이라고 말한다. 이를, 시편 8편 4절을 번역한 두 개의 영어 번역문을
예로 들어 설명하였다.

What is man that thou mindful of him,
and the son of man that thou dost care for him?

What are human being that you are mindful of them,
mortals that you care for them.(modern version)

여기에서 인자라는 말은 '한계가 있는 인류'라는 뜻이라고 한다.[17]

15. Helmut Loestler, "Imperial Theology of Paul's Eschatology," in *Paul and Empire: Religion and Power in Roman Imperial Society*, ed. by Richard Holsley, p.158.
16. J. D. Crossan, *op. cit.*, p.54.
17. *Ibid.*, p.55.

우리나라 공동번역 성서는 이렇게 번역하고 있다.

> "사람이 무엇이기에 이토록 생각해주시며
> 사람이 무엇이기에 이토록 보살펴주십니까?"

사람의 아들을 그냥 "사람"이라고 번역했다. 그렇게 보면 죄책감으로 고민하는 사람에게 '네 죄는 용서함을 받았다.'고 말할 수 있다. 사실 예수는 서로 용서하라고 여러 차례 제자들에게 가르치셨다. 그리고 사람이 안식일의 주인이라는 것 역시 지극히 타당한 말이다. 본래 안식일이란 사람을 위하여 제정된 것이다.

크로산은 다니엘서의 "사람의 아들"에 관해서도 같은 결론을 내린다. 이 이야기는 시리아 왕 안티오쿠스 4세가 유대인들을 박해했을 때의 이야기이다. 유대인들이 바벨론 왕국, 메데 왕국, 페르시아 왕국, 그리스 나라들의 박해를 받고 지내온 것처럼 안티오쿠스 4세의 박해도 거쳐서 다시 이스라엘 왕국을 회복하리라는 것이다. 이 나라들을 다니엘서는 사자, 곰, 표범 등으로 비교하면서 그 뒤 마침내 "사람의 아들"이 나타나서 메시아왕국을 이룩하실 것이라고 말한다. 이것은 사람을 동물에 대비시킨 것이라고 크로산은 말한다. 사실 다니엘서 7장 18절을 보면 그것이 명백해진다. "마침내 지극히 높으신 하느님을 섬기는 거룩한 백성이 그 나라를 물려받아 길이 그 나라를 차지하고 영원토록 이어나가리라는 뜻이다." 그러고 보면 다니엘서의 "사람의 아들"이라는 표현은 하느님이 아끼시는 백성들이라는 말이다.

예수는 또 하느님이 유대인을 특별히 선택하여 사랑하신다는 선민사상도 거부하셨다. 마가복음 3장 7~12절을 보면 그에게 모여든

자들은 갈릴래아 사람들과 예루살렘에서 온 사람들, 그리고 요단강
건너편에 사는 사람들이었다. 띠로와 시돈에 사는 사람들도 몰려들었
다고 기록되어 있다. 요단강 건너편, 띠로와 시돈에 사는 사람들은 주
로 이방인이다. 예수가 호수를 건너가 군대 마귀를 쫓아낸 거라사 땅
역시 로마군이 주둔하는 등 이방인들이 사는 곳이었다. 예수에 의해
군대 마귀에게서 해방된 자가 예수를 따르겠다고 했을 때, 예수는 네
가 살던 곳에 가서 하느님이 너에게 한 일들을 전하라고 하셨다(막 5:
1~20). 예수는 그곳에 사는 사람들에게도 깊은 관심을 가지신 것이다.

　　그가 자주 휴식을 취하던 띠로에 가셨을 때 시로페니키아 여인의
딸을 고쳐준 이야기는 독자의 마음을 따뜻하게 해주는 감동적인 이야
기다(막 7: 1~10). 또한 마태복음 8장에 있는 백인 대장의 이야기는 실
로 파격적이다. 병든 부하를 고쳐주기를 간청하는 백인대장의 신앙을
보신 예수는 "정말 어떤 이스라엘 사람에게서도 이런 믿음을 본 일이
없다."고 말씀하셨다. 그는 "많은 사람이 사방에서 모여들어 하늘나
라에서 아브라함과 이삭과 야곱과 함께 잔치에 참석하겠으나, 이 나
라의 백성들은 바깥 어두운 곳에 쫓겨나 땅을 치며 통곡할 것이다."
라고 말씀하셨다(마 8: 5~13).

　　예수는 한 율법학자가 자신을 시험하기 위해 영생에 관한 질문을
하자, 여리고로 가던 길에 강도 만난 사람을 도와준 사람은 제사장도
레위 사람도 아니라 죄인으로 천시당하는 사마리아 사람이라고 하시
고, 하느님 나라의 잔치를 상징하는 자리도 성전이나 회당이 아니라
한 여관방이라고 하셨다(눅 10: 25~37). 그리고 유대인들이 가장 거룩
하다고 하는 성전을 강도의 소굴이라고 선언하셨다. 예수는 선민사상
을 헌신짝 버리듯이 벗어던졌다. 예수는 예루살렘으로 올라가시는 마

지막 길에서도 요단강 건너편 이방인들의 땅을 지나며 가르치시기도
하고 병도 고치셨다. 이렇게 예수는 '선민사상'을 완전히 무시하셨다.
하느님을 "우리의 아버지"라고 부르셨을 때, 그 "우리"는 이 땅에 사
는 모든 인류를 말한다. 주님이 가르치신 기도문에 하늘에 계신 "우
리" 아버지라고 부르라고 하신 것을 보아도 그의 하느님은 온 인류의
하느님이시다. 이렇게 예수는 온 인류를 껴안으셨다. 예수는 생명문
화공동체를 이룩하기 위해 유대 땅에 머무르시기는 하셨지만 그의 마
음은 온 인류를 껴안고 있었다.

3) 권위주의 배격

예수 선교의 세 번째 가지는 권위주의 배격이다. 그는 무엇보다도
권위주의를 여지없이 분쇄하셨다. 이 힘의 철학이 인류를 비참하게
만드는 바벨탑을 조성하기 때문이다. 위에서도 언급했지만 그는 권위
주의의 화신인 다윗 왕 전통을 완전히 배격하셨다.

예수가 비장한 각오로 예루살렘으로 올라가고 있는데 야고보와 요
한이 어처구니없는 간청을 했다. 예수가 영광의 자리에 앉으실 때 자
신들을 예수의 좌우에 앉게 해달라고 부탁한 것이다. 다른 제자들이
야고보와 요한을 보고 화를 냈다. 예수는 제자들에게 이렇게 말씀하
셨다.

"너희도 알다시피 이방인들의 통치자로 자처하는 사람들은 백성을 강
제로 지배하고 또 높은 사람들은 백성을 권력으로 내리누른다. 그러
나 너희는 그래서는 안 된다. 너희 사이에서 누구든지 높은 사람이 되
고자 하는 사람은 남을 섬기는 사람이 되어야 하고 으뜸이 되고자 하

는 사람은 모든 사람의 종이 되어야 한다. 사람의 아들도 섬김을 받으러 온 것이 아니라 섬기러 왔고, 또 많은 사람들을 위하여 목숨을 바쳐 몸값을 치르러 온 것이다."(막 10: 42~45)

권위주의는 야훼 하느님을 모르는 이방인들의 통치자나 하는 일이요, 탕자를 기다리는 아버지와 같으신 야훼를 섬기는 자들이 따를 길이 아니라는 말씀이다. 위에서도 언급했지만, 예수는 성전에서 가르치시면서, 다윗의 자손 중에서 그리스도가 나올 것이라는 주장을 다윗 자신의 말을 인용하여 거부하기도 하였다(막 12: 35~37). 그리고 유대인들이 지성소로 여기는 성전을 강도의 소굴이라고 하였다.

이렇게 그는 삶으로써 세 가지 유혹을 물리치셨다. 그는 천대받고 억눌린 자들이 허덕이는 곳으로 내려가시어 그들을 섬기셨다. 그리고 가시는 곳마다 인정 공동체를 이룩하셨다. 마태복음 9장 36절에 기록된 예수의 말씀이 그 심정을 잘 드러낸다. 예수는 목자 없는 양과 같이 시달리고 허덕이는 군중을 보시고 불쌍한 마음이 들어 제자들에게 말씀하셨다. "추수할 것은 많은데 일꾼이 적으니 그 주인에게 추수할 일꾼들을 보내 달라고 청하여라." 예수의 마음은 목자 없는 양처럼 허덕이는 군중들과 함께 계셨다. 그래서 그의 삶이 그들 사이로 내려갈 수밖에 없었다. 그들을 늑대와도 같은 강도의 손에서 해방시켜 정의와 평화가 이룩되는 하느님 나라 백성이 되게 하려 함이다.

셋째 마디:

하느님 나라 건설

삶과 깨우침으로 떠돌이들에게 새로운 소망을 주신 예수의 가르 치심은 하느님 나라의 비밀을 전수함으로 그 극에 도달했다.

1 | 하느님 나라란?

예수 선교의 핵심은 "회개하라, 하느님 나라가 목전에 도달했다." 이다. 그는 모든 도시와 마을을 두루 다니면서, 가는 곳마다 회당에서 가르치고 하늘나라 복음을 선포하셨다. 그 하느님의 나라란 어떤 것 인가? 모두가 가는 큰 길에서 돌아서서 좁은 길로 가는 것이다. 그 좁

은 길이란 하느님의 뜻이 이루어지는 공동체를 이룩하는 길이다. 에
덴동산을 이룩하는 길이다. 뜻이 하늘에서 이룬 것 같이 땅 위에서 이
루어지는 생명공동체이다. 그 하느님의 뜻이란 예수가 격파하신 시험
과도 직결 된다.

우선, 먹을 것을 독점하기 위하여 수단 방법을 가리지 않는 것을
배격하는 공동체이다. 물질을 서로 나누어, 일용할 양식에 궁핍한 자
가 없는 사회이다. 일곱 번씩 일흔 번이라도 용서하는 공동체이다. 저
마다 가진 힘과 능력을 각자위심各自爲心을 위하여 오용하는 것이 아니
라, 내려가서 형제의 발을 씻어주는 공동체이다. 자기의 탐욕을 위해
종교를 오용하지 않고, 하느님을 사랑하고 이웃을 자기 몸처럼 사랑
하는 삶을 사는 사회이다. 이렇게 이 땅 위에서 하느님의 뜻을 이루어
내는 공동체가 하느님 나라이다.

예수 당시 많은 유대인들은 이 땅 위에서 이런 공동체가 이룩될 것
이라고 믿었다. 메시아사상이 그런 것이다. 때가 되면 하느님이 다윗
의 후예 가운데서 메시아를 보내어 화려했던 다윗 왕국을 재건하시
고, 시온 산을 드높이 올리시고 그 밑에 여러 백성들이 모여 와서 야
훼를 섬기게 될 것이라고 믿었다. 그러나 강대한 제국들이 연이어 나
타나면서 메시아사상은 계시록 사상으로 변질되었다. 야훼가 친히 역
사에 개입하시어 이 세상 나라들을 제거하시고 천하를 다스릴 것이라
는 소위 계시록 사상을 믿게 된 것이다. 그러나 예수는 메시아사상이
나 계시록 사상을 모두 거부하셨다. 그것은 힘으로 바벨탑을 쌓고 야
훼를 그들의 수호신으로 삼아 오용한 다윗 왕조의 그릇된 망상이었기
때문이다.

하느님 나라는 언제 오느냐고 묻는 질문에 예수는 "하느님 나라가

오는 것을 눈으로 볼 수는 없다. 또 '보아라, 여기 있다.' 혹은 '저기 있다.'고 말할 수도 없다. 하느님 나라는 바로 너희들 가운데among 있다."(눅 17: 20~21)라고 하셨다.

Q복음서에서도 똑같은 기사를 볼 수 있다. "하느님 나라는 언제 옵니까?" 하고 제자들이 묻자, 예수는 "하느님 나라는 쉽게 알아볼 수 있게 오는 것이 아니다. 사람들이 '여기 있다' 혹은 '저기 있다'라고 말할 수 없다. 하느님 나라는 이미 땅 위에 확산되어 있다. 사람들이 그것을 알아보지 못할 뿐이다."(Q 113)

도마복음서에는 좀 더 흥미롭게 기록되었다. "너희들의 지도자들이 '보라, 하느님 나라는 하늘에 있다'라고 하면 새들이 너희들보다 먼저 하느님 나라에 들어갈 것이다. 바다에 있다고 하면 물고기들이 먼저 들어갈 것이다. 하느님 나라는 너희들 사이에 있다. 너희들 밖에도 있다."(도 3: 1)

예수는 자신을 따르는 자들이 화기애애하게 식탁에 둘러앉은 것을 보면서, 너희 가운데 하느님 나라가 임했다고 선언하셨다. 이 하느님 나라가 벌써 땅 위로 확산되었다고 확언했다. 당시 계시록의 기록처럼 하느님의 나라는 가까운 장래에 천사장의 나팔 소리와 함께 오는 것이 아니다.

2 | 하느님 나라의 비밀: 주님이 가르쳐 주신 기도문

제자들이 예수에게 올바른 기도문을 가르쳐 달라고 청하였다. 이는 예수 선교의 후반부쯤의 일로 추정된다. 이 기도문에 하느님 나라의 비밀이 담겨 있다. 우리는 이 기도문을 깊이 음미해야 한다. 그는 기도문의 첫머리에 이런 호칭을 제시하셨다.

"하늘에 계신 우리 아버지"

예수는 하늘에 계신 야훼 하느님을 "우리 아버지"라고 부르라고 하셨다. "하늘에 계신"이란 있어야 할 것을 있게 하시는, 온 우주를 감싸 안으시는 생명의 영을 일컫는다. 이것은 출애굽 공동체가 받든 영이다. 이 영은 어느 한 민족만을 선민으로 돌보는 편벽된 영이 아니라 모든 민족을 사랑하시는 영이다. 출애굽 공동체도 다민족 공동체였다. 야훼 하느님이 아브라함에게 "세상의 모든 민족이 네 후손으로 말미암아 축복을 받으리라."(창 3: 25)라고 하신 것이 이 출애굽 공동체에서 벌써 이루어졌다. 출애굽 전통을 이어받은 엘리야도 이스라엘의 왕만이 아니라 다메섹, 시리아의 왕들을 세워주도록 야훼로부터 지시를 받는다. 그 뒤를 따르는 출애굽 전통을 이어받은 아모스, 호세아, 예레미야, 에스겔 등을 위시한 많은 시인, 이야기꾼들도 야훼 하느님이 모든 민족의 하느님이라고 증언을 했다. 예수도 모든 민족을 다 똑같이 대하셨다.

예수는 그를 아버지라 부르라고 하셨다. 이는 놀라운 가르침이다. 당시 유대인들은 경전을 읽다가 야훼의 이름이 나오면 감히 그대로 읽지 못하고 "아도나이"(나의 주)라고 읽었다. 그렇게 야훼는 거룩하고 두려운 신이라고 생각을 했다. 그런데 예수는 어린아이가 아버지를 부르듯이 하느님을 "아버지"라고 부르고, 제자들에게도 그를 아버지라 부르라고 하셨다. 그 하느님은 에베소서 기자가 말한 대로 만유

위에 계시고, 만유 안에 계시고, 만유를 관통해서 계시고, 온 우주를
껴안으신 영이다. 그 영이 "우리"의 아버지라는 것이다. 다윗 왕이 하
느님을 자기 왕조의 신으로 만든 것에서 해방시키신 것이다.

"당신의 이름을 영광되게 하옵시며"

그런 고마운 하느님의 이름에는 영광이 돌아가야 한다. 다윗 왕조
와 그 전통을 따르는 자들이 야훼의 이름을 욕되게 한 것과 다르게 거
룩한 야훼의 이름에 영광이 돌아가게 해야 한다. 이를 위해서는 "뜻
이 하늘에서 이루어진 것처럼 땅 위에서 이룩되는 나라가 임하게 하
소서." 하고 기도해야 한다. 즉 마음에 변화가 일어나야 한다. 가난한
마음, 슬퍼하는 마음, 온유한 마음, 옳은 일을 목마르게 찾는 마음, 자
비한 마음, 깨끗한 마음, 평화를 사랑하는 마음, 옳은 일을 위하여 박
해를 감수하는 마음을 가져야 한다. 그래야 하느님을 기쁘게 하는 열
매를 맺는다. 그 뜻이란 무엇인가?

"오늘날 우리에게 일용할 양식을 주옵시며"

제일 먼저 우리 모두가 일용할 양식 때문에 걱정할 필요가 없는 세
상이 되게 하는 일이다. 서로 열심히 일해 그 결실을 나누면서 삶을
즐겨야 한다. 그래서 건강한 몸으로 하느님께 감사할 수 있어야 한다.
하느님은 우리에게 비옥한 땅을 주셨고 모두가 골고루 나누며 살라고
하셨다. 탐욕에 사로잡힌 자들은 서로 경쟁을 하여, 이 세상을 약육강
식의 아수라장으로 만들고 하느님께 욕을 돌리고 있다. 이제 하느님

의 뜻을 깨닫고 예수의 뒤를 따르는 자들은 이웃을 자기 몸처럼 사랑하여 서로 나누는 인정 공동체를 이룩해야 한다.

"하느님이 우리를 용서해준 것같이 우리도 서로 용서하게 하옵시며"

육신에 필요한 것을 나누는 것만으로 하느님 나라가 이룩되는 것은 아니다. 하느님이 우리를 용서하신 것처럼 우리도 서로를 용서해야 한다. 일곱 번씩 일흔 번이라도 용서해야 한다. 하느님은 어떻게 우리의 그 많은 잘못을 용서하셨는가? 그것은 하느님의 영을 받은 우리의 자유를 존중하셨기 때문이다. 자유를 가진 자들은 일단 자유를 오용하게 마련이나, 이를 깨닫고 돌아올 때에는 참된 하느님의 아들 딸이 된다. 따라서 하느님은 단죄하시지 않으시고 참고 기다리신다. 우리들의 죄를 따지시지 않는다는 말이다. 따라서 우리도 형제의 죄를 일곱 번씩 일흔 번이라도 용서하면서 서로 화해하도록 노력해야 한다.

여기에 한 가지 빠진 내용이 있다. 예수님은 우리를 향해 내려가서 형제의 발을 씻으라고 말씀하셨다. 이 세상 사람들은 거의 모두 힘을 오용하여 약자들을 억압하고 수탈한다. 자기의 탐욕을 채우고 스스로 신격화하여 영광을 받으려고 한다. 그러나 하느님 나라를 이룩하려면 서로 내려가서 형제의 발을 씻는 자세를 가져야 한다. 예수 자신이 갈릴래아로 가셨고, 이를 깨닫지 못하는 제자들을 깨우치려고 친히 허리에 띠를 두르고 제자들의 발을 씻기까지 하셨다. 그렇게 섬김의 도를 중시하신 예수가 그의 기도문에 이 내용을 넣지 않았을 까닭이 없다. 아마 이 기도문을 전수하는 과정에서 이 부분이 빠졌지 않

았나 싶다. 사도행전을 보면 원시교회는 사도들의 권위를 몹시 강조
했다. 이 과정에서 형제의 발을 씻으라는 중요한 기도 부분이 빠졌음
에 틀림없다.

"우리를 시험에 들지 말게 하옵시고"

예수의 제자로 살려는 우리는 화려한 바벨탑의 문화에 둘러싸여
있다. 메시아사상이 말하는 것처럼 메시아가 오시어 이 세상 나라들
을 멸절시키고 하느님 나라만이 존재하는 것이 아니다. 힘을 행사하
는 자들은 여전히 흥청망청 살아간다. 힘에 의한 바벨탑의 향락 문화
가 우리를 유혹할 것이라고 보았다. 그러나 모두가 가는 그 넓은 길은
죽음의 길이다. 그 바벨탑 문화의 유혹에 넘어가지 않으려면 서로 돕
고 격려해야 한다. 동시에 사랑함으로 서로 나누고 용서하는 환희의
생명문화를 창출해야 한다.

"악에서 구하여 주옵소서."

죽음에 이르는 바벨탑 문화에서 탈출하여 새로운 생명공동체를 이
룩하여 살려 할 때 사탄의 세력이 새 공동체를 공격해 오게 마련이다.
따라서 이와 같은 악의 위협에서 구해주시도록 기도해야 한다. 악의
시험에 물들지 않고 악의 세력을 물리치려면, 사랑으로 죽으시고 다
시 사신 예수의 영이 우리와 함께 계셔야 한다. 그의 영과 더불어 살
면 새로운 존재가 되어 영원한 하느님 나라의 잔치에 참여하게 된다.
하느님 나라란 사랑으로 이룩되는 생명문화공동체운동이기도 하다.

3 │　하느님 나라의 두 예

하느님 나라를 엿볼 수 있는 두 가지 예를 들어보면, 첫째는 난쟁이 세리장 삭개오의 이야기이다(눅 19: 1~10). 삭개오는 난쟁이로 태어난 불운의 사내였다. 그는 어려서부터 따돌림을 받아서 어린 마음이 병들기 시작했다. 그가 나이 들면서 이 무정한 사회에 반격하기로 결심했다. 그래서 세리가 되었다. 세리가 된 그는 의롭다 하는 자들에게 세금을 더 심하게 긁어냈다. 삭개오는 부자가 되었지만, 그와 유대인들 사이의 수렁은 날로 깊어만 갔다. 삭개오의 마음의 상처도 날로 심화되었다. 특히 식탁에 앉을 때나 저녁 침실에 들 때는 더욱 그랬다. 아무도 그와 함께 식사를 하려고 하지 않았다. 침실에는 언제나 아픈 마음으로 홀로 들어가야 했다.

어느 날 그는 놀라운 소식을 들었다. 갈릴래아의 한 젊은 랍비가 세리의 집에 가서 식사를 같이 하고 그를 제자로 삼았다는 것이다. 이 소식을 들은 그는 금방 그에게로 달려가고 싶었다. 그러나 그는 다시 주저앉았다. 난쟁이로 태어난 죄인, 그리고 다른 사람들에게 악랄하게 행동한 자신을 랍비가 받아주실 리가 없다고 생각을 했다. 그런데 그 랍비가 자신이 사는 마을로 오신다는 소식이 전해졌다. 삭개오는 그 랍비를 한 번 보기라도 해야겠다고 결심을 했다.

그가 오고 있다는 소식이 들리자 삭개오는 거리로 뛰쳐나갔다. 그러나 그는 실망하고 말았다. 거리는 예수를 보려는 사람들로 인산인해를 이루었다. 키가 작은 그가 예수를 본다는 것은 불가능했다. 그러나 그는 단념할 수 없었다. 길가에 있는 돌무화과나무 위로 올라갔다. 주변 사람들이 그를 보고 비웃는 것에는 아랑곳하지 않았다. 무화과

나뭇가지를 껴안고 가까이 오는 예수를 보는 그의 가슴은 물방아처럼 뛰었을 것이다. "나를 쳐다보시면 좋을 텐데!" "아니야, 쳐다보시면 웃으실 거야." 이렇게 조마조마한 심정으로 예수를 주시하는 삭개오의 밑으로 오신 예수는 눈을 들어서 그를 쳐다보시면서 "삭개오야, 어서 내려오너라. 오늘은 내가 네 집에 머물러야 하겠다."라고 말씀하시지 않는가?

감격에 찬 삭개오는 미끄러지듯이 나무에서 내려와 예수와 그의 제자들을 집으로 모셨다. 종들을 시켜 고량진미로 음식을 장만하여 대접했다. 음식을 드는 예수와 그의 제자들을 보는 삭개오는 환희에 찬 심정으로 예수 앞에 와서 말했다. "주님, 저는 제 재산의 반을 가난한 사람들에게 나누어주렵니다. 그리고 제가 남을 속여먹은 것이 있다면 그 네 곱절은 갚아주겠습니다." 이 말을 들은 예수는 "오늘 이 집은 구원을 얻었다."고 말씀하셨다. 삭개오의 마음은 하늘로 날개 쳐 올라가는 것과 같았을 것이다. 그것이 바로 하느님 나라인 것이다. 이렇게 새 내일을 갈망하는 자가 하느님 나라 시민이 된다는 것이다.

두 번째 예는 착한 사마리아 사람 이야기이다(눅 10: 25~37). 어떤 율법교사가 예수의 속을 떠보려고 "선생님, 제가 무슨 일을 해야 영원한 생명을 얻을 수 있겠습니까?" 하고 물었다. 예수는 율법서에 어떻게 기록이 되었느냐고 반문하셨다. 율법교사는 "'네 마음을 다하고 네 목숨을 다하고 네 힘을 다하고 네 생각을 다하여 주님이신 네 하느님을 사랑하여라. 그리고 네 이웃을 네 몸같이 사랑하여라.' 하였습니다."라고 대답했다. 그러자 예수께서는 "옳은 대답이다. 그대로 실천하여라. 그러면 살 수 있다." 하고 말씀하셨다

그러자 율법교사는 "누가 내 이웃입니까?"라고 추궁을 했다. 그는

예수가 누가 이웃인지를 알지 못한다고 생각해서, 이렇게 추궁한 것
이다. 율법학자들은 선민으로 할례를 받고 율법을 준수하는 자만이 참
된 이웃이라고 확신하고 있었다. 그래서 예수가 '죄인이나 세리'와 함
께 식사까지 하는 것에 대해 따져보겠다는 의도를 담고 있었다. 이를
꿰뚫어보신 예수는 한 폭의 이야기를 하셨다. 바로 착한 사마리아 사
람 이야기이다. 진리란 논리에 있는 것이 아니라 삶에 있기 때문이다.

　어떤 사람이 예루살렘에서 여리고로 가다가 강도를 만나 모든 것
을 빼앗기고 빈사 상태로 길가에 버려졌다. 그곳으로 한 사제가 길을
가다가 이 빈사 상태에 있는 자를 보고 그냥 지나쳤다. 얼마 후에 한 레
위 사람이 지나갔지만 그 역시 그냥 지나갔다. 틀림없이 그들은 자신
의 거룩한 손에 죄인의 피를 묻혀서는 아니 된다고 중얼거렸을 것이다.

　그 뒤 한 사마리아 사람이 지나가다가 이 빈사 상태에 있는 자의
신음 소리를 듣고 마음이 움직여서 그냥 지나칠 수가 없었다. 성서에
쓰인 "가엾은 마음이 들어"라는 표현이 중요하다. 그의 마음은 종교적
인 사제나 레위 사람의 마음과는 달랐다. 그의 마음이 살같이 부드러
웠던 것이다. 그는 나귀에서 내려 응급치료를 해주고 나귀에 태워 여
관으로 데리고 가서 그를 다시 치료해주었다. 자기 일을 보려고 길을
떠나면서도 마음이 놓이지 않아 여관 주인에게 이틀 품값인 두 데나
리온을 주면서 자기가 돌아올 때까지 잘 보살펴 달라고 부탁을 했다.

　이런 비유를 말씀하신 예수는 율법학자에게 누가 이 강도 만난 사
람의 이웃이냐고 물었다. 이렇게 삶의 이야기를 하자 율법학자는 도
와준 사람이라고 대답하지 않을 수가 없었다. 예수는 "너도 가서 그
렇게 하여라."라고 말씀하셨다. 그러면 살리라는 것이다. 이렇게 마
음이 움직이면 영원한 보람이 있는 삶을 살게 된다. 이 땅 위에 살면

서 영생을 얻는 것이다. 곧 하느님 나라의 시민이 되는 것이다.

이 이야기의 참맛을 알려면 이야기의 뒤풀이를 음미해보아야 한다. 이틀이 지난 뒤 강도 만난 사람은 많이 회복되어 지팡이를 짚고 여관 마당을 거닐고 있었다. 그는 사마리아 사람이 넘어간 언덕을 가끔 쳐다보았다. 해가 서산에 기울어져서 땅거미가 질 무렵, 그 언덕에서 한 사람이 나귀를 몰고 내려오고 있었다. 이것을 본 강도 만난 사람은 대문 밖으로 나가서 그를 기다린다.

이제 이 두 사람이 만나는 장면을 상상해보라. 쩔룩거리면서 마중나오는 강도 만난 사람을 본 사마리아 사람은 나귀에서 뛰어내려 그의 손을 잡으면서 "이제 걷게 되었군요." 하며 함박웃음을 짓는다. 강도 만난 사람은 "모두 당신의 도움 때문이지요. 정말 감사합니다."라고 눈물이 글썽거린다. 이것을 보고 있던 여관 주인은 "이제 방에 들어와서 저녁을 드시죠. 식사가 다 준비되었습니다."라고 그들을 방으로 들어오라고 권한다. 이렇게 하여 스스로 선민이라고 하는 강도 만난 사람, 유대인들에게 죄인 취급을 받던 사마리아 사람, 그리고 여관 주인이 감격에 찬 심정으로 식탁에 둘러앉는다. 그 감격에 찬 만남이 바로 하느님 나라라는 것이다.

무엇이 이 하느님 나라의 잔치를 조성했는가? 그것은 아파하는 마음이다. 이 아파하는 살 같은 마음을 가진 자는 빈사의 지경에 있는 자를 보고는 그냥 지나칠 수가 없다. 그리고 위험을 무릅쓰고 그를 사지에서 건져 낸다. 그렇게 함으로써 마음과 마음이 하나가 되는 사랑의 공동체가 이룩된다는 것이다.

여기에서 특히 주목해야 할 것이 있다. 하느님 나라 건설에서 주역을 맡은 이가 하느님에게 제사 드리는 거룩하다는 제사장이 아니

다. 그를 돕는 레위 사람도 아니다. 예수님을 공격하려는 자는 율법학
자다. 그러나 그들이 하느님 나라의 주역이 아니다. 죽어가는 자들을
보고 마음이 움직이지 않았기 때문이다. 그러나 죄인으로 천시당하는
사마리아 사람의 마음이 움직였다. 그의 마음은 살같이 부드러웠기
때문이다. 그리고 하느님 나라가 이룩된 곳도 그들이 거룩하다고 하
는 성전이나 회당이 아니다. 많은 사람들이 오가는 여관방이다. 여기
서 우리는 예수님이 얼마나 멀리 다윗 왕국의 문화에서 탈출했는지
알 수 있다.

4 │　　하느님 나라에 들어갈 자들

누가 이 하느님 나라에 들어갈 수 있는가? 부자들, 기득권자들이
이 하느님 나라에 들어가는 것이 얼마나 힘든가 하는 것은 예수가 부
자 청년에게 하신 말씀으로 짐작할 수 있다. 예수는 외식하는 바리사
이파 사람들과 율법학자들을 보고, 밖에서 이를 갈며 탄식하리라고도
말씀하셨다(마 24 : 51). 그리고 그들이 모여 사는 고라신과 벳새다를 보
고 그들에게 화가 있을 것이라고 선언하셨다(마 11 : 21). 예루살렘은 더
말할 것이 없다. 넓은 길로 가는 그들을 향한 경고이다.

우리는 위에서 이미 하느님 나라에 누가 더 가까운지를 언급했다.
그들은 갈릴래아에 살고 있는 떠돌이들이다. 목자 없는 양처럼 두루
헤매는 자들, 이 포악한 시대의 수탈과 억압을 몸으로 겪으며 새 내일
을 갈구하는 자들이라고 말이다. 따라서 그들이 예수의 섬김과 깨우
침으로 하느님 나라에 먼저 들어가게 되었다고 말이다.

그러나 여기서 우리는 여성들이야말로 하느님 나라에 더 가깝다
는 것을 강조해야 한다. 누구보다도 여성들이 예수의 주변을 떠나지
않고 그의 선교를 도왔다. 당시 사회에서 여성들은 완전히 무시당하
는 존재였다. 예수가 물고기 두 마리와 보리떡 다섯 덩어리로 5000명
을 먹이셨다는 이야기에서도 그 숫자에 여성과 어린이는 포함되어 있
지 않았다. 그런 여성들이 언제나 예수 주변에 있으면서 그의 가르침
을 듣고 그에게 수종을 들었다. 예수의 말씀을 경청하는 마리아를 통
해 여성들이 얼마나 예수의 가르침에서 새로운 소망을 발견했는지 알
수 있다(눅 10: 38~42).

바리사이파 시몬의 집에서 예수의 발을 눈물로 적시고 머리털로
닦은 여인을 통해서, 예수의 사랑이 얼마나 감격스러운지를 본다(막
14: 3~9). 예수는 마지막으로 예루살렘으로 올라가시는 길에 베다니
의 나병환자 시몬의 집에서 식사를 하셨다. 이때 한 여인이 값진 순수
한 나르드 향유를 예수의 머리에 부었다. 이에 제자들이 소중한 기름
을 낭비한다고 비난하자, 예수는 그녀가 한 일은 예수의 장례를 위한
것이라고 설명하셨다.

이 말을 음미해보면 엄청난 의미를 발견하게 된다. 제자들은 예수
가 왜 예루살렘으로 올라가는지를 몰랐다. 예수가 예루살렘에 올라가
시어 메시아왕국을 이룩하실 것이라고 착각을 하는 자들도 있었다.
그런데 이 여자는 알았다. 예수가 악의 세력에 도전하시려고 올라가
신다는 것을, 그 결과 죽임을 당할 것이라는 것을 감지했다. 부드러운
여성의 심정으로는 그를 붙잡고 예루살렘으로 올라가시지 말라고 간
청하고 싶었을 것이다. 그러나 그녀는 그렇게 하지 못한다. 예수가 그
런 도전을 하시지 않을 수가 없다는 것을 그녀는 알았기 때문이다. 그

래서 아픈 심정을 껴안은 채 묵묵히 나르드 기름을 그의 머리에 부었다. 그런 여성들이 예수가 십자가에 달리시는 것을 지켜보았고 사흘이 지난 뒤 그가 묻힌 무덤을 찾아가 보았다고 기록이 되었다.

5 │ 하느님 나라에 들어가는 길

어떻게 해야 하느님 나라에 들어가는가? 선민사상에 사로잡힌 자들이 만든 율법 조항을 조목조목 지킴으로 들어가는 것이 아니라고 예수는 단언하셨다. 예루살렘 성전에 제물을 바쳐야 하느님 나라에 들어가는 것도 아니다. 더욱이 갈릴래아의 죄인 취급을 받는 자들은 이런 것을 지킬 수가 없었다. 죄인이라고 소외되고 천대받는 자라고 해서 다 들어가는 것도 아니다. 예수는 그를 믿으라고도 하지 않았다. 어떻게 해야 하느님 나라에 들어갈 수 있다는 말인가?

예수는 그 길을 명확히 말씀하셨다. "구하여라, 받을 것이다. 찾아라, 얻을 것이다. 문을 두드려라, 열릴 것이다."(마 7: 7) 이 말씀이 바로 하느님 나라에 들어가는 길이다. 도마복음서에도 "누구나 구하는 자는 찾을 것이요, 문을 두드리는 자에게는 문이 열릴 것이다."(도 94)라고 기록되어 있다. 도마복음서 2장에는 더 깊은 진리가 담겨 있다. "구도자는 찾을 때까지 끈질기게 찾아야 한다. 그것을 발견했을 때는 당황한다. 당황한 뒤에 그는 놀랄 것이다. 그런 뒤 그는 모든 것을 장악reign할 것이다."

이 말들을 풀이하면 예수의 경험이 밝혀진다. 예수는 구하고 또 구했다. 찾고 또 찾았다. 그러다가 발견했다. 탐욕과 권세욕, 그리고 하

느님의 이름을 오용하는 것이 모든 참극의 원인이라는 것을 발견하였
다. 이것을 발견한 그는 당황했음에 틀림없다. 로마제국은 물론이요,
하느님의 선민이라는 이스라엘 백성들도 똑같았기 때문이다. 예수 자
신도 이에 물들고 있음을 발견하고 놀랐을 것이다. 그런 뒤 스스로 반
성하고, 결단을 해서, 모든 것을 바로잡을 수가 있었을 것이다. 죽음
의 길에서 떠나 생명의 길로 들어섰다는 말이다.

예수는 이를 보화를 찾는 일과 같다고 말씀하셨다. 보화를 찾던 자
가 그것을 찾으면, 모든 것을 팔아서 그것을 사는 것과 같다는 것이다
(마 13: 45~46). 예수 자신이 그렇게 찾으셨기 때문이다. 모세도 그랬
다. 미디안 광야에서 40년 동안 찾고 또 찾았다. 그동안 이집트에 있
는 '하비루'들도 깊은 잠에서 깨어나 새 내일을 찾아서 아우성을 쳤
다. 그래서 예수는 그를 따르는 자들에게 구하고 찾고 문을 두드리라
고 깨우치셨다.

갈릴래아의 떠돌이들 마음속에도 이런 갈구하는 심정이 있었다.
일견 그들의 마음에는 시기와 질투, 미움과 복수심이 뒤섞여 있었으
나, 그 깊은 곳에는 자기들도 인간답게 사는 새 내일을 갈구하는 마음
이 도사리고 있었다. 그래서 예수의 섬김과 가르침에 전적으로 호응
한 것이다.

이렇게 구하고 찾고 문을 두드리는, 갈구하는 마음의 소유자란 어
떤 사람인가? 아파하는 자들이다. 천하를 주고도 바꿀 수 없는 생명
들이 짓밟히는 것을 보고 아파하는 마음을 가진 자들이다. 예수가 그
랬고, 모세가 그랬다. 출애굽 전통을 이어받은 예언자들이 그랬다. 따
라서 아파하는 마음을 가진 자는 복되다. 그들이 하느님의 마음에 드
는 자들이기 때문이다.

넷째 마디:

예수의 마지막 결단과 당부

이런 심정으로 선교하신 예수의 마음을 마지막까지 아프게 한 것이 있었다. 그것은 부자 청년처럼 새 내일을 갈구하면서도 아직도 '깨닫지 못하는 자들'이 있었기 때문이다. 요한복음서 3장에 있는 니고데모도 그런 사람이다. 예수의 제자들 중에도 깨닫지 못하는 자들이 있었다. 그는 종종 제자들을 향하여 "너희도 이렇게 알아듣지를 못하느냐?"라고 개탄을 하셨다(막 7: 18, 마 15: 16). 그가 가끔 회당에 가서 깨우치신 것도, 회당에 들락날락하는 자들 중에도 그런 사람들이 있다고 보신 것이리라.

예수는 그 부자 청년을 보시고 "부자가 하느님 나라에 들어가는 것

보다는 낙타가 바늘귀로 빠져 나가는 것이 더 쉬울 것이다."라고 말
씀하셨다. 이는 몹시 힘들다는 것이지, 불가능하다는 것은 아니다. 예
수는 그런 자들까지도 깨닫게 하여 죽음의 길에서 돌아 나와 생명의
길로 들어서게 하고 싶으셨다.

사실 예수가 예루살렘 성전에 올라가 채찍을 드신 것도 이렇게 깨
닫지 못하는 자들을 깨우치기 위함이었다고 보아야 한다. 바울을 위
시한 원시교회는 예수가 십자가에서 돌아가신 것은 그들의 죄를 대속
하시기 위함이라고 이해했다. 그러나 하느님은 자기 아들을 십자가에
달리게 하시고, 그 피 값으로 우리의 죄를 용서하시는 옹졸한 분이 아
니시다. 탕자의 비유에서 보는 대로 하느님은 집을 떠나 방탕하게 살
던 아들이 깨닫고 돌아오기를 기다리셨고, 돌아오면 그대로 껴안고
맞아주시는 아버지와 같으신 분이다. 따라서 예수는 회개하라고 호소
하셨다. 가던 길에서 깨닫고 돌아서라고 호소하셨다. 그리고 갈릴래
아의 떠돌이들이 깨닫고 돌아오게 하기 위해 그들을 사랑으로 껴안고
알기 쉬운 비유로 가르치셨다.

그렇다면 그는 왜 채찍을 들고 성전에 들어가셨는가? 그가 성전에
서 채찍을 드셨다고 해서 예루살렘 성전에 일대 변화가 일어날 것이
라고 생각하셨을 까닭이 없다. 무리들이 예수와 동조해서 일대 혁명
을 이룰 것이라고 기대하셨을 리도 없다. 그런데 예수는 무모하다고
생각할 수 있는 일을 감행하셨다. 왜 그렇게 하셨을까?

예수가 예루살렘으로 올라가시기로 결심하게 된 계기는 그가 병
을 고치고 악령을 추방하신 것과 관련이 있다. 이를 본 갈릴래아의 바
리사이파 사람들이 예루살렘에 도움을 청했다. 요청에 따라 내려온
율법학자가 예수가 하시는 일을 보면서 예수가 악령을 추방하는 것은

마귀의 두목 바알제불의 힘으로 한다는 유언비어를 만들어 유포시켰다. 이것이 큰 파장을 일으켰다. 예루살렘에서 내려온 랍비의 말에 권위가 있었던 것이다. 예수의 어머니까지도 당황해서 예수를 나사렛으로 데려가려고 찾아오기까지 했다.

부자 청년이 고개를 숙이고 낙심한 듯이 돌아서는 것을 보신 예수는 무엇보다도 먼저 힘센 자를 묶어놓아야겠다고 결단하셨다. 그래야 그들에게 사로잡힌 자들을 해방시킬 수 있을 것이라고 보셨다. 그 힘센 자란 예루살렘에 있는 대사제의 무리들이다. 모두가 그들을 거룩한 하느님의 종이라고 생각하는 것이 문제였다. 성전을 중심으로 한 다윗 전통이 문제였던 것이다. 모두 이 전통에 사로잡혀서 죽음의 길로 치닫고 있었다. 예수는 그 무리들의 가면을 벗겨서 그들의 악랄한 진면목을 온 천하에 폭로해야 한다고 생각하셨다. 본래 예루살렘에 성전을 짓고 법궤를 안치했을 때의 의도부터가 하느님의 뜻에 역행하는 것이 아니었던가? 예레미야도 성전을 도적들의 소굴이라고 하지 않았던가? 이 점을 밝혀야 부자 청년을 위시한 많은 사람들이 깨닫고 그릇된 종교에서 벗어나리라고 생각하셨음에 틀림없다.

그러나 이것은 매우 위험한 일이다. 900여 년 내려온 전통에 정면으로 대결하는 것이기 때문이다. 그러나 예수는 이를 단행하기로 결단을 내리셨다. 밀알 한 알이 땅에 떨어져 썩으면 많은 열매를 맺는다는 진리를 그는 아셨다(요 12:24~26). 그래서 그는 대사제들에게 도전하려고 예루살렘으로 올라가셨다. 마가복음 10장 32절은 예수가 예루살렘으로 올라가시는 모습을 이렇게 그리고 있다. "예수의 일행이 예루살렘으로 올라가는 길이었다. 그때 예수께서 앞장서 가셨고 그것을 본 제자들은 어리둥절하였다. 그리고 그 뒤를 따라가는 사람들은 불안에 싸여 있었다."

    이것은 그의 수난이 피동적인 것이 아니라 스스로 선택하신 것임을 말해준다. 그가 나귀 타고 예루살렘에 입성한 것도 예루살렘을 향한 그의 도전을 상징하는 것이다. 채찍을 들고 성전에 도전한 뒤 베다니에 있는 나병환자 시몬의 집에서 한 여인이 그의 머리에 나르드 향유를 부은 것을 그의 장례를 위한 것이라고 말씀하신 것도 죽음을 예측하신 말씀이다. 그리고 겟세마네 동산에서 마지막 결단의 기도를 하신 것 등 이 모두가 의미하는 바는, 이 사건의 주도자는 예수요, 이 예수의 도전으로 대사제들의 추한 가면이 벗겨지게 되었다는 것이다. 그렇게 됨으로써 수많은 사람들이 깨닫고 멸망의 길에서 돌아서서 생명의 길로 들어서게 된 것이다.

    이와 같은 해석을 뒷받침하는 것은 예수가 십자가 위에서 마지막으로 하느님께 부르짖은 기원이다. 마가복음에 의하면, 예수는 운명하시기 전에 하느님을 향하여 "엘로이 엘로이 레마 사박타니?"(막 15 : 34)라고 외쳤다. 이 말의 뜻은 "나의 하느님, 나의 하느님, 어찌하여 나를 버리셨나이까?"이다. 마가가 말하는 이 예수의 마지막 외침은, 마가복음에 기록된 예수의 모습과는 그렇게도 다르다. 단호한 심정으로 예루살렘에 올라가시어 채찍을 드시고 성전에 들어가셨던 예수가 이런 비명을 지르고 운명하셨다는 것은 이해하기가 힘들다. 완전히 하느님에게 실망한 것처럼 보이기 때문이다.

    이에 대해 안병무는 우리에게 함축성 있는 해석을 해주었다. 그에 따르면 이 복음서는 기원후 70년경에 쓰였는데 그때는 메시아사상을 추종하는 젊은 세력들이 예루살렘에 운집하여 로마군에게 항거하다가 전멸 당했을 때이다. 이렇게 되자 다윗 왕조의 회복을 갈망하던 자

들이 아우성을 쳤다. 그것이 바로 "엘로이 엘로이 레마 사박타니"였
다. 그들은 목숨 걸고 투쟁하면 마지막에 하느님이 메시아를 보내주
시어 이스라엘을 로마의 학정에서 해방시켜 주실 것이라고 믿었는데
비참하게 패배하고 말았다. 안병무는 마가복음 기자가 이 외침을 운
명하시는 예수의 입에 넣은 것이라고 보았다. 그 까닭이란 이렇게 하
느님을 향하여 외친 예수가 사흘 뒤에 부활하셨기 때문이라고 설명했
다. 그렇게 함으로써 원성으로 아우성을 치는 자들에게 새 소망을 주
시려는 것이라고 안병무는 설명한 것이다.

　　그러나 누가복음 23장에 있는 예수의 마지막 기원은 이와는 다르
다. 누가복음의 예수는 "아버지, 저 사람들을 용서하여 주십시오! 그
들은 자기가 하는 일을 모르고 있습니다."(눅 23: 34)라고 하시고 운명
하셨다. 이 말씀이 예수의 심정을 너무나 잘 드러내준다. 예수의 선교
는 "회개하라. 하느님의 나라가 가까웠다."라는 선포로 시작하였다.
깨닫고 돌아서라는 것이다. 그리고 갈릴래아로 가시어 억눌린 무리들
을 새사람이 되게 하셨다. 그런데 부자 청년과 같은 깨닫지 못하는 자
들이 있는 것이 그를 안타깝게 했다. 다윗 왕조가 조작한 거짓 문화에
사로잡힌 자들을 보시면서 어떻게든지 그 문화의 본질을 온 천하에
폭로하고 싶으신 것이었다. 그래서 예수는 채찍을 들고 성전에 들어
가 도전함으로 그들의 가면을 벗기신 것이다. 말하자면 십자가는 우
리들로 하여금 깨닫고 돌아서게 하시려는 그의 마지막 각성교육 행위
라고 보아야 한다.

　　그가 돌아가신 뒤의 캄캄한 사흘은 이 엄청난 사건을 소화시키는
쓰라린 기간이었다. 사흘 뒤, 예수가 하신 놀라운 행위의 뜻이 그들
사이에서 밝혀지면서 그의 사랑의 영이 그들 사이에 살아 계신다는

것을 느꼈다. 이것이 바로 부활 경험이다. 예수가 그들 사이에 살아
계시다는 소식이 전해지자 하루에 3000명이나 가슴을 치면서 회개했
다고 누가는 기록했다. 그들 중에는 사제들도 있었다. 부자들도 있었
다. 몸을 던진 그의 각성교육이 주효하게 먹힌 것이다.

　그 부활하신 예수는 제자들에게 갈릴래아로 가라고 지시하셨다.
갈릴래아에서 이루어진 복음 사건은 구원의 시작이라는 것이다. 마가
복음의 첫머리에 "하느님의 아들 예수 그리스도에 관한 복음의 시작"
이라고 적혀 있다.[18] 그것은 마가복음의 제목이다. 갈릴래아에서 시작
된 복음이 재연되어야 한다는 것이다. 그 사건이 세계 방방곡곡의 갈
릴래아에서도 재연되어야 한다는 것이다.

　마가복음의 전통을 이어받은 마태복음 28장에 보면 제자들을 만
나신 예수는 그가 삶과 깨우침으로 가르치신 복음을 땅끝까지 전하라
고 하셨다. 그리고 부활하신 예수가 그들과 같이하실 것이라고 약속
하셨다(마 28: 16~20). 예수가 삶과 깨우치심으로 이룩하신 하느님 나
라 운동은 이 땅 위에서 이룩되어야 한다고 예수는 명확히 언명하셨
다. 특히 한 맺힌 무리들이 아우성치는 갈릴래아에서 말이다. 그를 따
르는 자들은 이 하느님 나라 운동을 계승해야 한다. 이것이 부활하신
예수의 유언이다. 그렇게 할 때만 부활하신 예수의 영이 우리와 함께
하시어 다시 갈릴래아의 기적을 이루실 것이다.

　서구 신학자들은, 교회 운동은 후기에 이룩된 것이며 예수와 바울

18. 강요섭은 『복음의 시작, 길의 건설』(병점: 한국신학연구소, 1991)이라는 저서에서,
　　마가복음서 첫 머리의 "하느님의 아들 예수 그리스도의 복음의 시작은 이러하다."라
　　는 구절은 복음서의 제목으로서 이와 같은 복음이 제자들을 통해 세계 방방곡곡에서
　　재연되어야 한다는 것이 마가복음서 저자의 뜻이라고 주장했다.

은 다 유대교 틀 안에서 개혁하려는 것이었다고 주장한다. 물론 바울이나 베드로가 세운 예수 운동은 예루살렘 성전을 여전히 중시한 운동이었다. 그러나 갈릴래아를 중심으로 한 예수 운동은 모세가 이끈 출애굽 전통을 따른 것이다. 다윗 전통이 조성한 유대교와는 완전히 다르다. 또한 갈릴래아는 모세가 이끈 출애굽 전통의 본거지다. 농민들은 그들의 옛 전통을 누구보다 잘 보유하고 있는 법이다. 따라서 우리는 예수의 하느님 나라 운동을 선민사상을 토대로 하는 유대교와는 완전히 분리해야 한다. 마가복음 2장 21~22절에 있는 예수의 선언을 중요시해야 한다.

"낡은 옷에 새 천 조각을 대고 깁는 사람은 없다. 그렇게 하면 낡은 옷이 새 천 조각에 켕겨 더욱더 심하게 찢어지게 된다. 또 낡은 가죽 부대에 새 포도주를 넣는 사람도 없다. 그렇게 하면 새 포도주가 가죽 부대를 터뜨려 포도주도 부대도 다 버리게 된다. 새 포도주는 새 부대에 담아야 한다."(막 2: 21~22, 도 47c)

셋째 마당

●

바울의 삶과 선교

바울은 다윗 왕의 전통을 이어받은 자이다. 따라서 그의 선교 목적과 사고도 다윗 왕족의 문화를 이어받았다. 그의 하느님 이해는 땅 위의 삶과 관계가 없는 관념적인 것이며 이후 그의 선교도 허무한 것이 되고 말았다. 보그M. J. Borg와 크로산J. D. Crossan은 그 바울의 삶과 신학의 의미를 새롭게 밝히려고 하였다. 그러나 그들의 주장에는 설득력이 없다. 앞으로 이에 대해 설명해 볼 것이다.

첫째 마디:

사울이 바울이 되기까지

1 | 사울이 나서 자란 다소

부활하신 예수를 만나는 경험을 하기 전에 바울의 이름은 사울이었다. 이스라엘의 첫째 왕 사울의 이름을 땄다. 바울이 태어난 다소는 길리기아의 수도였다. 지중해를 향해 열린 중요한 항구로 무역을 통해서 엄청난 부를 축적한 도시였다. 다소 항구 뒤에는 넓은 평야가 펼쳐져 있었고, 그 뒤로는 산맥이 치솟아 있었다. 산맥은 울창한 수목들로 뒤덮여 풍부한 목재를 생산했고 언덕에는 검은 염소들이 번창하며 좋은 가죽을 제공했다. 그것으로 천막 등 갖가지 공예품을 만들어 수

출을 하였다. 바울이 천막 만드는 기술을 가진 것도 길리기아의 이런
자연 환경이 준 혜택이다.

길리기아는 당시 소아시아 지역에 번성한 그리스 문화의 중심지
였다. 다소는 그리스 문화가 극도로 발전한 도시로 우수한 대학들이
많았다. 각지에서 저명한 학자들과 학생들이 모여들어 번창한 교육도
시를 형성했다. 이런 면에서 다소는 아테네보다도 더 학문적인 도시
로 알려졌다.[19] 이 길리기아는 알렉산더 대왕이 세력을 떨친 고장이기
도 했다. 마카베오 형제들이 저항했던 안티오쿠스 4세의 본거지이기
도 하다. 천하를 정복하고 스스로 평화의 신으로 자처한 로마황제 아
우구스투스는 다소를 특별하게 여겨 세금도 면제해주었다.

사울은 이런 도시의 한 부잣집에서 태어났다. 아버지는 벤야민의
후손으로서 성실한 바리사이파 사람이며 로마시민권을 소유한 자였
다. 당시 부자라고 해서 모두 로마시민권을 부여받은 것은 아니었다.
로마황제에게 충성심을 보이지 않고는 시민권을 소유할 수 없었다.
사울은 어느 모로 보나 부러울 것 없는 행운아로 태어났다. 따라서 그
는 다소의 문물을 흡수한 당당한 지식인으로서 로마제국의 행태에 깊
은 관심을 가졌음에 틀림없다.

그러나 그는 철이 들면서 로마의 제도에 반감을 가지게 된다. 전
세계를 무력으로 제패하여 제국을 이룩하고, 그 황제가 스스로를 신
혹은 신의 아들이라고 하면서, 자신의 다스림을 신격화하는 특유의
신학까지 조성한 로마에 젊은 사울은 반감을 가지지 않을 수 없었다.
당시 갈릴래아의 많은 청년들은 열심당에 가담해 로마 통치에 항거하

19. M. J. Borg & J. D. Crossan, *op. cit.*, p.61.

였지만 엄청난 희생을 당하고 있었다. 사울의 아버지는 로마시민권 소지자가 아닌가? 사울은 이에 대해서도 반감을 가졌음이 틀림없다. 그가 죽을 고비를 여러 번 겪으면서도 로마시민권을 사용하지 않은 데서 이를 알 수 있다. 당시 로마 시민은 함부로 처형하지 않았는데도 말이다. 그는 로마에 가기 위해서 황제에게 상소한다고 주장하며 이 시민권을 처음이자 마지막으로 사용했다. 로마제국에 반발한 그는 예루살렘에 올라가서 가마니엘 문하생이 되었다. 그는 당면한 문제를 어떻게 해결할 것인가를 고민했다.

2 | 사울의 또 한 가지 고민

성실한 바리사이파 사람으로 율법과 유대 전통을 소중히 여기는 사울은 다윗 왕조의 전통을 신봉했다. 바리사이파 사람들은 야훼 하느님은 다윗 왕의 수호신으로서 다윗 왕 전통을 따르는 이스라엘 백성들을 선민으로 여겨 돌보신다고 믿었다. 때가 이르면 메시아를 보내어 다윗 왕조를 회복하시고, 시온 산을 모든 멧부리 위에 치솟게 하신다고 믿었다. 모든 백성들을 그리로 모여들게 하여, 살 길을 찾게 하실 것이라고 신봉했다. 그러나 강대한 페르시아제국, 알렉산더제국과 로마제국이 일어나 그들을 억압했다. 따라서 그들의 신앙은 계시록적인 신앙으로 탈바꿈할 수밖에 없었다. 이에 따르면 야훼 하느님은 얼마 동안 권력을 이방 나라들에 주었다가 때가 이르면 직접 역사에 개입하신다는 것이다. 악한 세상 나라들을 일소하시고 그의 뜻이 이루어지는 신천지를 이룩하신다. 다니엘서가 바로 그것을 밝히는 글이다. 그러나 이런 주장에는 아무런 역사적인 근거가 없다. 다윗 왕조를 신봉하는 문화가 이런 사고방식을 창출했을 뿐이다.

그런 사울에게 또 다른 놀라운 충격이 일어났다. 율법을 지키지 않는 떠돌이들의 고장 갈릴래아의 청년 예수가 율법의 조항을 무시하고 거룩한 성전까지 모독하며 로마 총독에게 정치범으로 잡혀서 십자가의 극형을 받았는데, 그런 그를 메시아라고 하는 어처구니없는 운동이 방방곡곡에서 우후죽순처럼 일어난 것이다. 그들은 바로 그 예수가 부활했다고 선전했다. 그가 다시 와서 메시아왕국을 세울 것이라고 열을 올렸다. 그러면서 그들은 죽기를 불사하는 것이 아닌가?

사울은 이와 같은 운동을 성스러운 다윗 전통을 모독하는 불경스러운 것이라고 보았음에 틀림없다. 그리고 불안하기도 했을 것이다. 이러다가는 또다시 로마군에 의한 학살이 일어날지 모르기 때문이다. 앞으로 더 설명하겠지만 사울은 불필요한 유대인들의 반란을 원하지 않았다(롬 13: 1~7). 그래서 사울은 예수를 따르는 자들을 박해하는 데 앞장섰다. 예수를 증언하면서 성전을 모독하는 발언을 한 스데반이 순교하는 장면에서도 사울은 증인의 자리에 앉기도 했다.

3 | 바울의 전기轉機

사도행전 7장과 8장은 예수 추종자들을 박해하던 사울의 극적인 변모를 기록하고 있다. 사울은 대사제로부터 예수 믿는 자들을 결박해 예루살렘으로 끌고 오라는 지시를 받는다. 그는 다메섹(다마스쿠스)으로 가던 길에 부활하신 예수를 만나는 경험을 하고 개종한 뒤 바울이 된다. 사도행전은 그가 이방인들에게 예수를 전하는 일꾼이 된 이야기를 전한다. 하지만 대사제에게는 예수 추종자를 잡아오라고 명령할 권한이 없었다. 다메섹에서 사울의 경험이 어떤 것이었는지도 명확히 알 수가 없다.

사도행전 9장 1~19절에는 사울이 예수 믿는 사람들을 박해하려 다메섹에 가까이 오자 하늘에서 번쩍이는 빛이 그의 주변에 비치고 그와 동행했던 사람들이 모두 땅에 엎드리는 장면이 나온다. 하늘에서 왜 나를 핍박하느냐는 음성이 들려왔다. 다메섹에 가면 그가 할 일을 일러줄 사람이 있다고 알려준다. 동행했던 사람은 그 음성은 들었으나 빛은 보지 못했다고 한다.

사도행전 22장 3~21절에는 예루살렘 성전에서 이스라엘 백성들에게 그의 배경을 설명하는 대목이 있다. 그와 함께 있던 사람들은 그 빛은 보았지만 그에게 말씀하신 분의 음성은 듣지 못하였다고 한다.

26장 1~18절에는 바울이 아그립바 왕에게 자신의 입장을 밝히는 대목이 있다. 이 대목에서는 동행했던 사람들의 반응은 없고, 예수가 바울을 이방인들의 사도로 임명한다는 말만 있다.

세 번 모두 바울이 다메섹으로 가는 것은 대사제의 명을 받아 예수 믿는 사람들을 체포하여 예루살렘으로 끌고 가는 것이라고 말한다. 바울이 예수를 만나는 장면에 대한 기술은 이렇게 다르다. 따라서 누가의 기록이 가지는 역사성이 확실하지 않다.

예수를 만났다는 바울 자신의 언급도 세 번 나오는데(갈 1: 11~17, 고전 9: 1, 15: 8~9), 그 기록도 일치하지 않는다. 그 기록들에 보면 다메섹으로 가는 도중에 일어난 사건이라는 말은 전혀 없다. 갈라디아서 1장 16절에는 하느님께서 그의 아들을 나에게 '나타내 보이셨다.'

라고 기록되어 있다. 고린도전서 9장 1절에는 '우리 주님을 뵙게 되
었다.'라고만 기록되어 있다. 고린도전서 15장 8절에는 '팔삭둥이와
같은 자기에게 나타나셨다.'라고만 말했다.

　이렇게 보면, 예수가 어떻게 바울에게 나타났는지를 명확히 알 수
가 없다. 우리가 알 수 있는 것은 바울은 신비주의자로서 부활하신 예
수를 영적인 과정을 통해서 만났다는 것이다. 그가 삼층천三層天에 올
라가서 말로 표현할 수 없는 신비한 말을 들었다는 증언을 통해서도
알 수 있다(고후 12: 1~4). 우리가 주시해야 하는 것은 이런 영적인 경
험을 한 바울의 삶과 증언이 실제로 예수의 삶과 가르침을 정확히 전
하는지, 그리고 예수 운동에 어떤 결과를 미쳤는지 하는 것이다. 열매
를 보아 그 경험의 성격을 알 수 있기 때문이다. 그 열매가 긍정적일
때는 그의 영적인 경험이 적극적인 의미를 가질 수 있다. 반면에, 그
결과가 부정적일 때는 그 경험에 대하여 의문을 가질 수밖에 없다.

4 │　개종한 바울과 아라비아

　부활한 예수를 만나는 놀라운 경험을 한 바울은 어떤 사람과도 상
의하지 않았다. 자신보다 먼저 사도가 된 베드로를 위시한 예수의 증
인들을 만나려고 예루살렘으로 가지도 않았다. 그는 곧바로 아라비아
로 갔다가 다시 다메섹으로 돌아왔다고 한다(갈 1: 16b~17).

　이 고백을 우리는 깊이 음미해야 한다. 보그와 크로산에 따르면,
바울은 아라비아를 자신의 첫 선교지로 삼았다고 말한다. 하지만 이
는 설득력이 약하다. 전혀 생각지 않게 자신이 박해하던 예수를 만난

바울이 어떻게 금방 그를 구주라고 하면서 선교의 길에 나설 수 있었 겠는가? 자신의 생각을 정리하고, 자신에게 나타나신 부활하신 예수 의 의미를 심사숙고하고, 나름의 어떤 결론을 도출하는 과정이 필요 하지 않았겠는가? 이를 위해서는 베드로 등 예루살렘에 있는 교회의 지도자들을 만나야 한다. 아마 그가 아라비아로 간 것은 자신의 생각 을 정리하기 위함이었을 것이다. 이것은 성서에 있는 중요한 지도자 들이 통과했던 과정이다. 모세도 미디안 광야에 가서 40년이라는 세 월을 보냈다. 예수도 세례자 요한에게 세례를 받은 뒤 40일 동안 광 야에서 자신의 생각을 정리했다. 바울도 조용한 광야에 가서 생각을 정리하고, 나름의 신학을 조성했을 것이다.

여기에 한 가지 짚고 가야 할 일이 있다. 왜 바울은 예수의 선교에 미리 동참해서 먼저 사도가 된 베드로나 예수의 형제 야고보 등을 만 나지 않았는가 하는 점이다. 그는 예수 주변에 관한 이야기들을 풍문 으로 많이 들었으리라. 부활하신 예수를 만났으면 응당 예루살렘에 있는 교회의 지도자들과 만나서 그들의 증언을 들으면서 자기의 생각 을 정리해야 한다. 그런데 바울은 그러지 않았다. 이로부터 우리는 바 울의 성격과 더불어 사고의 틀을 알 수 있다. 그는 틀림없이 자신이 가진 종교적인 경험의 의미를 다윗 왕조 전통의 틀로 해석했음에 틀 림없다. 그가 전개하는 신학이 이를 명확히 보여준다. 따라서 다른 사 람과 의논할 필요가 없었던 것이다. 그리고 바울은 자신의 생각을 절 대화하는 독특한 성격을 가진 자이다. 그 독특한 깨달음은 무엇이었 을까? 그가 거듭 반복하는 고백에서 찾을 수 있다. 고린도전서 2장 1~2절에 있는 말이다.

"형제자매 여러분, 내가 여러분을 찾아갔을 때에 나는 유식한 말이나 지혜를 가지고 하느님의 심오한 진리를 전하려 하지는 않았습니다. 그것은 내가 여러분과 함께 지내는 동안 예수 그리스도, 특히 십자가에 달리신 그리스도 외에는 아무것도 생각하지 않기로 하였기 때문입니다."

십자가에 달리신 예수가 그렇게 중요한 것은, 그는 하느님이 예수를 부활시켰다고 믿었기 때문이다. 스스로 신이라고 하는 로마 황제의 세력이 정치범으로 몰아 십자가에 처형한 예수를 하느님이 다시 살리셨다고 믿은 것이다. 이 놀라운 사건이 바울의 생각을 사로잡았다. 이것은 무엇을 말하는가? 당시 그의 마음을 괴롭혔던 것은 로마 황제 아우구스투스였다. 로마 황제는 스스로 평화의 신이라고 자처하며 갖은 폭압을 일삼았다. 신인 그는 무엇이나 해도 좋다며 다른 나라들을 무력으로 정복하고 그들을 노예로 삼아 혹사했다.[20] 그 폭압이 너무나 비참했다. 그랬던 그가 십자가에 처형한 예수를, 하느님이 다시 살리신 것이 아닌가?

바울은 이 질문을 가지고 아라비아로 간 것이다. 그곳에서 이 문제와 씨름을 하고 그의 신학을 조성했다. 여기서 한 가지 중요한 요소는 그가 오랫동안 문제 삼았던 로마 황제 아우구스투스를 중심으로 한 로마제국의 신학이었다. 앞으로 메시아가 와서 온 인류를 위한 참된 평화의 주가 되어야 하는데 폭압을 일삼는 로마 황제 아우구스투스가 평화의 주라고 하니 이를 받아들일 수가 없었다. 그랬는데 로마

---

20. P. A. Brunt, "Louis Emperrii," in Paul & Empire, ed. by Richatf Hosley.

제국이 정치범으로 십자가에 못 박은 예수를 하느님이 다시 살리셨다
고 믿게 된 것이다. 이 믿음에 따라 바울은 하느님이 그의 아들 예수
를 통하여 이 세상 권력을 물리치고 최종적인 하느님 나라를 이룩하
시려는 것임에 틀림없다고 생각하게 되었다. 이것이 보그와 크로산의
바울 이해이기도 하다.

　이런 신학을 구성하는 데 틀을 준 것은 메시아사상의 변형인 계시
록 사상이었다. 계시록 사상에 따르면 역사의 주이신 야훼 하느님은
얼마 동안 이 세상 통치자들에게 권한을 주어 다스리게 하신다. 그러
나 때가 이르면 자신의 종을 보내어 이 세상 권력들을 정리하고 역사
를 자신에게로 돌리신다는 것이다. 이제 때가 이르자, 하느님은 그의
의로운 경륜대로 그의 아들 예수를 세상에 보내어 로마의 형틀 십자
가에 돌아가게 하시고, 그를 부활하게 하시어 그의 거룩한 경륜을 이
룩하시려는 것이라고 바울은 확신했다. 따라서 그는 예수의 십자가와
부활 사건 외에는 다른 것은 알 필요가 없었다고 거듭 말했다. 그는
아무와도 의논할 필요가 없었던 것이다.

　보그와 크로산도 바울 신학의 핵심을 십자가에 달려 돌아가신 예
수와 그를 다시 살리신 하느님의 은혜로 본다. 인류를 구원할 참된 구
주란 로마 황제가 아니라 부활하신 예수라는 것이다.[21] 문제는 이와
같은 사고를 이끌어낸 계시록 사상이란 것이 다윗 왕조가 조성한 메
시아사상의 변형이요, 땅 위의 역사와는 아무런 관련이 없는 관념에
불과하다는 것이다.

---

21. Borg & Crossan, *op. cit.*, p.132.

둘째 마디:

바울 신학에 대한 오해 풀기

보그와 크로산은 바울 신학의 본론에 들어가기 전에 바울에 대한 오해 몇 가지를 풀려고 한다. 그것들은 오랫동안 반反바울 신학에 기름을 부었던 문제들이다. 그 첫째가 '좋은 주인에게 충성을 다하라'는 지시이다. 둘째는 '아내는 교회에서 잠잠하고 남편에게 순종하라'는 그의 가르침이다. 이런 발언은 해방신학이 확산되면서 수많은 반박을 당하였다. 셋째가 로마에 있는 그리스도인들에게 보내는 편지 13장 1~7절에 있는 '권위에 복종하라'는 충고이다. 이 구절은 나중에 보수주의적인 교인들로 하여금 나라의 권력자들에게 복종해야 한다는 주장을 하도록 만들었다. 넷째는 '바울이 예수의 죽음과 부활만을 주장하고 예수의 삶과 가르침은 무시했다'는 주장이다. 끝으로 '행위가 아니라 믿음으로만 구원받을 수 있다'는 바울의 주장을 어떻게 이해하여야 하는가라는 문제이다. 이 문제는 종교개혁자 마르틴 루터가 '행위가 아니라 믿음으로만(sola fide) 구원받을 수 있다'고 주장함으로써, 그 후 개신교 신학에 결정적인 영향을 끼쳤다. 이 마지막 문제는 바울 신학의 초점이기도 하다. 이 문제는 다음 마디에서 더 자세히 다루기로 한다.

1 │ 주인과 종의 관계

보그와 크로산은 '종은 주인에게 복종하라'는 문제부터 해명했다. 에베소서 6장에 있는 주인과 종에 대한 지시부터 읽어보자.

"남의 종이 된 사람들은 그리스도께 복종하듯이 두렵고 떨리는 마음으로 성의를 다하여 자기 주인에게 복종하십시오. 사람에게 잘 보이려고 눈가림으로만 섬기지 말고 그리스도의 종답게 진심으로 하느님의 뜻을 실천하십시오. 사람을 섬긴다고 생각하지 말고 주님을 섬기는 마음으로 기쁘게 섬기십시오. 선한 일을 하는 사람은 그가 종이든 종이 아니든 각기 주님께로부터 그만한 상급을 받는다는 것을 알아두십시오."(엡 6: 5~8, 참조 골 3: 22~25)

주인을 주님 섬기듯이 두렵고 떨리는 마음으로 섬기라고 했다. 이 말은 미국에서 흑인을 노예로 사용하던 때까지 백인들 사이에서 오용

된 말이다. 보그와 크로산은 이것이 바울의 신학이 아니라고 주장한
다. 이를 뒷받침하기 위해 그들은 빌레몬서를 인용한다. 빌레몬서에
의하면, 종인 오네시모가 주인인 빌레몬의 집에서 탈출하여 감옥에
갇힌 바울에게 와서 세례를 받고 그리스도인이 되었다. 그리고 오네
시모는 감옥에 갇힌 바울을 극진히 도왔다. 응당 빌레몬이 해야 할 봉
사를 오네시모가 하고 있다고 바울은 말한다. 바울은 그 오네시모를
빌레몬에게 돌려보내면서 오네시모가 신실한 교인이 되었으니 그를
주 안에서 한 형제로 받아달라고 간곡한 편지를 써서 보낸다. 여기에
서 바울 신학의 진면목을 볼 수 있다고 보그와 크로산은 말한다.

　그들은 노예 문제를 오도한 에베소서나 골로새서는 바울이 쓴 편
지가 아니라고 지적한다. 에베소서나 골로새서는 바울이 죽은 지 오
랜 뒤에, 그의 뜻을 따르는 자들이 바울의 이름으로 에베소와 골로새
에 있는 교회들에게 쓴 편지라고 밝힌다. 많은 신약학자들이 글 내용
이나 문체로 보아 바울이 쓴 편지로 볼 수 없다고 주장한다.

　어쨌든 보그와 크로산이 빌레몬서를 인용해서 도출하는 바울의 노
예에 대한 가르침은 교회에서 받아들여지지 않았다. 노예를 사용하는
권력 있는 교인들은 더욱 그러했다. 그들은 노예는 하느님의 뜻임에
틀림없다고 주장했다. 그리고 20세기에 들어와서까지도 성서를 이용
해서 노예제도를 정당화했다. 이를 위해서 창세기 9장에 있는 노아와
세 아들의 이야기를 인용하였다. 노아가 술에 취하여 나체로 누워 있
는 것을 보고 함이 웃었다. 하지만 셈과 야벳은 의복을 들고 뒷걸음으
로 들어가 노아를 덮어주었다. 노아는 셈과 야벳에게는 축복을 해주
고, 비웃었던 함은 노예가 되라고 저주했다. 그 유언에 따라 아프리카
에 있는 함의 후예는 노예가 되었다는 주장을 하며 노예제도를 정당

화했다.

원시교회에서도 노예들도 예수를 믿으면 구원을 얻으나, 주인을
예수처럼 두려워 떠는 마음으로 섬기라고 주장했다. 다시 말해서, 노
예들의 피땀으로 호화롭게 사는 자들이 예수를 믿는다고 해서 노예제
도를 그리 쉽게 버릴 수가 없었다. 바울을 따른다고 하는 자들도 강자
들의 구미에 맞게 문제를 다룬 것이다.

그러나 여기에서 주목해야 할 것이 있다. 바울 자신도 노예제도는
하느님의 뜻일 수가 없다고 말하지는 않았다. 노예제도를 부정하지
않고 오네시모는 그리스도인이 되었으니 주 안에서 한 형제자매로 대
하라고만 말했다. 그 뒤의 교회 지도자들도 노예제도를 인정하면서
종은 주인을 공경하고 주인은 노예들을 주 안에서 한 형제처럼 대하
라고 권했다. 바울 자신도 노예제도를 당연시한 것이다.

문제는 당시 로마의 노예제도가 얼마나 가혹하고 광범위했느냐 하
는 것이다. 로마는 점령한 나라의 백성들을 노예로 삼아 아무리 잔혹
하게 사용해도 괜찮다고 생각했다.[22] 로마의 문명은 노예들의 피땀으
로 이룩되었다. 로마는 노예들을 농촌에서 농사를 짓게 했다. 심한 혹
사로 노예들은 당시 평균수명의 절반도 살지 못했다고 한다. 이웃을
자기 몸처럼 사랑하고 내려가서 형제의 발을 씻으라고 한 예수의 가
르침에도 불구하고, 바울이 노예들의 참혹한 현실을 보면서 노예제도
자체에 대하여 일언반구도 비판하지 않았다는 것은 두 저자가 말하는
만큼 바울을 혁신적인 사도로 보기 어렵게 한다.

---

22. P. A. Brunt: "Laus Imperii" in *Paul and Empire: Religion and Power in Roman Imperial Society*, ed. by Richard Holsley, pp.26~30.

2 | 남편과 아내의 관계

아내는 남편에게 순종하라고 강조함으로써 논란을 야기한 편지 구
절은 에베소서 5장 22~24, 25~33절과 골로새서 3장 18~19절이다.
에베소서 5장 22~24절에 있는 본문을 읽어보자.

> "아내 된 사람들은 주님께 순종하듯 자기 남편에게 순종하십시오. 그
> 리스도께서 당신의 몸인 교회의 구원자로서 그 교회의 머리가 되시는
> 것처럼 남편은 아내의 주인이 됩니다. 교회가 그리스도께 순종하는
> 것처럼 아내도 모든 일에 자기 남편에게 순종해야 합니다."

이것을 현대인들이 어떻게 받아들일 수가 있겠는가? 요즈음 여성
해방 신학을 하는 이들의 분노는 이해하고도 남는다. 물론 25절 이하
에서 남편도 아내를 자기 몸처럼 사랑하라고는 했다. 하지만 남편과
아내의 관계를 주님과 교회의 관계로 비유한다는 것은 신학적으로도
어처구니가 없다. 이것이야말로 이 편지는 바울의 편지가 아니라는
명확한 증거라고 말할 수 있다. 바울이 이렇게 말했을 리가 없다.

보그와 크로산 두 필자는 이 편지들도 바울의 편지가 아니라고 한
다. 대신 고린도전서 11장 5절, "여자들이 교회에서 기도하거나 하느
님의 말씀을 받아 전할 수 있다."는 구절을 내세운다. 그리고 리디아
등 여러 교회의 여성들을 바울 선교의 동지로 열거한다. 당시 성령을
받아 방언을 하는 자들이 많았는데 틀림없이 여자들 가운데서도 방언
을 하는 자들이 있었을 것이다. 교회는 이것을 막을 수가 없었다.

그러나 바울은 고린도전서 11장 3절 이하에서 "아내의 머리는 남

편이기에 기도할 때나 증언을 할 때 머리에 무엇이고 써야 한다."고
말했다. 고린도전서 14장 34~35절에서는 "여자들은 교회에서 잠잠
히 하라."고 명한다. 여자들은 남편에게 복종해야 한다면서 알고 싶
은 것이 있으면 집에 가서 남편에게 물어보라는 것이다. 여자가 교회
집회에서 말하는 것은 자신에게 수치라고도 했다. 바울도 한 인간이
기에 당시의 문화에서 완전히 자유로울 수가 없었을 것이다. 그러나
그는 시대를 초월하는 혁신자는 아니었다.

3 │　　권위에 대한 복종

로마서 13장에 있는 권위에 복종하라는 바울의 편지 내용을 먼저
읽어 보자.

"누구나 자기를 지배하는 권위에 복종해야 합니다. 하느님께서 주시
지 않은 권위는 하나도 없고 세상의 모든 권위는 다 하느님께서 세워
주신 것이기 때문입니다. 그러므로 권위를 거역하면 하느님께서 세워
주신 것을 거스르는 자가 되고 거스르는 사람들은 심판을 받게 됩니
다. 통치자들은 악을 행하는 자에게나 두려운 존재이지 선을 행하는
사람들에게는 두려울 것이 없습니다. 통치자를 두려워하지 않으려거
든 선을 행하십시오. 그러면 그에게서 칭찬을 받을 것입니다. 통치자
는 결국 여러분의 이익을 위해서 일하는 하느님의 심부름꾼입니다.
그러나 여러분이 잘못을 저지를 때에는 두려워해야 합니다. 그는 공
연히 칼을 차고 있는 것이 아닙니다. 그는 하느님의 심부름꾼으로서

악을 행하는 자들에게 하느님의 벌을 대신 주는 사람입니다. 그러므로 하느님의 벌이 무서워서뿐만 아니라 자기 양심을 따르기 위해서도 권위에 복종해야 합니다. 여러분이 여러 가지 세금을 내는 것도 이 때문입니다. 통치자들은 그와 같은 직무들을 수행하도록 하느님의 임명을 받은 일꾼들입니다. 그러므로 여러분은 그들에게 해야 할 의무를 다하십시오. 국세를 바쳐야 할 사람에게는 국세를 바치고 관세를 바쳐야 할 사람에게는 관세를 바치고 두려워해야 할 사람은 두려워하고 존경해야 할 사람은 존경하십시오."(롬 13: 1~7)

바울의 이 권면은 그 후 많은 문제를 야기했다. 특히 권세를 오용하는 봉건사회나 독재사회에서 많은 문제를 초래했다. 그리스도인들 중 권좌에 앉은 자들이나 이들에게서 혜택을 받는 보수적인 사람들은 이 구절을 인용하여 그릇된 권력 행사를 정당화했다. 이 구절을 어떻게 이해할지에 대하여는 실로 많은 논란이 있어 왔다.

보그와 크로산은 그중 두 가지 대답을 제시하고 그들의 생각을 보충한다. 첫째, 적지 않은 학자들이 이 구절이야말로 바울의 글 가운데 가장 지혜롭지 못한 것이며, 이로 인한 후세의 혼란을 생각할 때 바울 자신도 이런 글을 쓴 것을 후회했을 것이라고 본다. 둘째, 두 저자가 이 글에서 문제 삼는 것은 국세나 관세를 내라는 문제이다. 많은 유대인들이 로마에 세금을 내지 않으려고 반란을 일으켜 크게 물의를 일으키는 것을 바울은 막으려 했다는 것이다. 그리고 히틀러 당시 많은 기독 청년들이 손을 치켜들어 히틀러에게 경의를 표하는 것을 반대하려고 했을 때 본회퍼가 그런 지엽적인 일로 희생을 당할 필요가 있느냐고 충고한 것을 비슷한 예로 들었다. 바울은 세금을 내는 문제로 충돌하는 것은 지혜로운 일이 아니라고 충고했다는 것이다.

사실 바울 당시 유대의 저명한 학자 필로Philo도 똑같은 충고를 했다. 본질적인 문제를 위하여 투쟁하는 것은 의미가 있지만 지엽적인 문제로 충돌하는 것은 피해야 한다는 충고였다. 바울이 이 편지를 썼을 때는 네로가 즉위한 초기로 관대한 정치를 표방하고 있던 때이다. 바울도 필로의 주장에 따라 지혜롭게 행동하라고 권했다는 것이다.

보그와 크로산은 한 가지 해석을 더 추가한다. 국세나 관세를 반대하기 위해 투쟁하면서 유대인들이 먼저 칼을 들어 피를 흘리게 한다면, 이것은 원수를 사랑하라는 예수의 가르침에 위배된다고 봤다는 것이다. 로마서 13장 1~7절 앞뒤에 있는 구절(롬 12: 14~13: 10)을 보면 이웃을 사랑하라는 예수의 가르침으로 채워져 있다.

"남에게 해야 할 의무를 다하십시오. 그러나 아무리 해도 다할 수 없는 의무가 한 가지 있습니다. 그것은 사랑의 의무입니다. 남을 사랑하는 사람은 이미 율법을 완성했습니다. '간음하지 마라. 살인하지 마라. 도둑질하지 마라. 탐내지 마라'고 한 계명이 있고 또 그 밖에도 다른 계명이 많이 있지만, 그 모든 계명은 '네 이웃을 네 몸같이 사랑하라'고 한 이 한마디로 요약될 수 있습니다. 이웃을 사랑하는 사람은 이웃에게 해로운 일을 하지 않습니다. 그러므로 사랑한다는 것은 율법을 완성하는 일입니다."(롬 13: 8~10)

보그와 크로산은 이 구절을 인용하면서 바울이 걱정한 것은 예수를 믿는 사람들이 먼저 창검을 들고 생명을 해치지 않을까라는 것이었다고 말한다. 그러나 문제의 초점은 '권세를 잡은 자와 통치자 역

시 하느님이 세운 것이기에 그들의 권위에 복종하라'는 그의 가르침
이다. 무력으로 온 천하를 정복하고 스스로 신이라고 하는 로마황제
도 하느님이 세우신 자라는 해석이다. 그러니 순종하라고 했다. 그들
을 거스르는 것은 그들을 세우신 하느님에 대한 불복이다. 이를 어떻
게 이해할 수가 있겠는가? 힘을 잡은 자들은 자기들의 탐욕을 위해서
힘을 오용하게 마련이다. 다윗 왕조의 권력자들도 그렇게 했다. 하느
님이 그들을 세웠다면, 그 책임은 하느님에게로 돌아가는 것이 아닌
가?

　이 물음에 대한 대답은 다윗 왕조의 전통에 있다. 바울은 다윗 왕
을 하느님이 세우신 왕이라고 생각하였다. 따라서 그의 뒤를 따르는
왕들은 모두 야훼 하느님의 아들들이다. 그러기에 그들에게 복종하라
는 것이다. 그뿐이 아니다. 구약에서는 느부갓네살 왕도, 고레스 왕도
다 하느님이 세우신 통치자라고 생각했다. 이 다윗 왕조의 전통이란
강자들이 자기 좋을 대로 만든 것이라서 야훼 하느님의 뜻에 역행하
는 사고이다. 이는 당시 널리 퍼져 있던 계시록적인 사고를 참고해야
이해할 수 있다. 위에서도 언급했지만 계시록적인 문서에서는 하느님
이 얼마 동안 권력을 이 세상 나라에 주셨다고 말한다. "따라서 세상
나라들이 권세를 부리는 것은 하느님의 뜻에 따른 것이기에 지금은
그 법에 따라야 한다고 바울은 생각을 했다. 그 법을 따르지 않는 것
은 하느님의 법을 따르지 않는다는 것이다."라고 말했다. 문제의 뿌
리는 하느님의 뜻에 역행한 다윗 왕조의 전통이다. 바울은 이 전통에
사로잡혀 있었다.

4 │ 바울이 십자가에 달리신 예수만을 중시했다는 오해

　바울이 예수의 죽음과 부활만을 중시하고 예수의 삶에 대해서는
무관심했다는 주장은 오해라고 두 저자는 해명한다. 이와 같은 오해
는 바울이 고린도 교회에 보낸 편지에 "내가 여러분과 함께 지내는 동
안 예수 그리스도, 특히 십자가에 달리신 그리스도 외에는 아무것도
생각하지 않기로 하였기 때문입니다."(고전 2: 2)라고 말한 데서 기인
한다고 저자들은 지적한다. 이에 못지않게, 갈라디아서 6장 14절에
있는 "나에게는 우리 주 예수 그리스도의 십자가밖에는 아무것도 자
랑할 것이 없습니다."라는 구절도 중요하다. 바울에게 예수의 십자가
가 그렇게 중요한 것은 로마제국이 십자가에 처형한 예수를 하느님이
다시 살리셨기 때문이다. 따라서 바울에게서 십자가와 부활은 나눌
수 없는 것이라고 두 저자는 말한다. 그러기에 바울의 신학은 이 예수
의 십자가와 부활을 중심으로 구성되었다.

　두 저자는 바울이 예수의 삶과 가르침을 모르는 것도, 무시한 것
도 아니라고 주장한다. 두 저자는 빌립보 교회의 리디아 자매와의 관
계를 예로 들어서 설명한다. 바울이 안식일이 되어 회당을 찾아 교외
로 나갔다가 리디아를 중심으로 한 모임을 만난다. 거기에서 바울이
예수에 관한 복음을 전하자 리디아가 바울의 말을 받아들여 예수를
믿게 된다. 복음을 받아들인 리디아는 바울을 그의 집으로 초청하여
묵게 한다. 그녀는 자색 옷감을 파는 유복한 자였다. 그 집에 머무는
동안 바울이 리디아와 대화하면서 예수에 관한 이야기를 하지 않았을
수 없었고, 리디아도 새로이 주로 모시게 된 예수에 관해서 물었을 것

이라고 두 저자는 말한다. 바울은 예수의 삶과 가르침, 그리고 예수가
왜 십자가에 달렸다가 부활하게 되었는지를 설명했을 것이라고 두 저
자는 지적한다. 이런 내용들이 바울의 편지에 자세히 쓰여 있지는 않
다. 그 편지들은 교회들이 가진 여러 문제에 관하여 쓴 것이기에 예수
의 삶에 대하여는 상세히 쓰지 않았다고 저자들은 말한다. 예수에 관
해서는 그들과 같이 있을 때 이미 이야기했음에 틀림없기 때문이라고
본다.

　　게리 윌스의 『바울은 그렇게 가르치지 않았다』(김창락 옮김)라는 책
에서는 이 문제를 더 자세히 논한다. 게리 윌스는 바울이 활동하던 당
시 지중해 연변에는 유대인들의 디아스포라로 예수를 믿는 사람들이
널리 퍼져 있었고, 바울이 바나바, 실라, 마가와 같은 동역자들과 긴
밀한 관계를 가지고 있었기에 예수에 관한 지식이 많았을 것이라고
말한다. 바울의 편지를 자세히 보면 예수에 관한 지식을 자주 인용하
는 것을 볼 수 있다고 지적한다.

　　몇 가지 예를 들어보자. 바울은 고린도 교회에서 부자들끼리만 먼
저 모여서 성만찬식을 한 것에 대해 질책하면서 성만찬의 전통을 소
개한다. 그는 그것이 예루살렘 전통과 일치한다고 주장했다. 로마서
14장의 불결한 음식에 대한 논쟁에서 "모든 것이 깨끗합니다."라는
주장도 예수가 "입으로 들어가는 것은 사람을 더럽히지 않는다. 더럽
히는 것은 오히려 입에서 나오는 것이다."(마 15: 11)라는 말을 반영한
것이라고 말한다. 결혼과 이혼 문제에 대해서도 주님의 명령이라면서
이혼하지 말라고, 이혼을 했으면 재혼하지 말라고, 할 수만 있다면 다
시 남편과 화해하라고 말한다(고전 7: 10~11). 특히 예수 자신이 메시
아라는 것은 인정했다면서, 그의 재림에 관한 기록이 동일하다고 주

장한다(살전 4: 15~18, 마 24: 30~31). 하지만 이 재림할 때의 모습을 그
린 것은 계시록적인 기록으로 후에 첨가된 것이다.

　　그러나 바울이 듣고 인용한 전통이란 것이 모두 예루살렘 전통이
라는 데 문제가 있다. 예루살렘 전통은 당시 유포되어 있던 계시록 사
상으로부터 영향을 받고 있었다. 마태복음 24장에 있는 종말론이 바
로 그것이다. 바울도 데살로니가전서에서 이 전통을 인용하였다. 베
드로가 주도한 예루살렘 전통은 예수를 메시아라고 보았다. 그의 재
림을 대망한 대망 공동체이다. 따라서 그 공동체의 핵심적인 증언이
란 예수의 죽음과 부활, 그리고 재림이다. 예수의 다른 일화들을 예거
했다고 해도 그것은 그리 중요하지 않다. 바울도 예수의 다른 행적들
을 얘기하면서도, 중요한 것은 그의 십자가와 부활이라고 역설했다.

　　이는 갈릴래아 전통과 완전히 다르다. 갈릴래아 전통은 기본적으
로 반예루살렘적이다. 갈릴래아 전통은 예수를 오셔야 할 분이라고
인정했으나, 다윗 전통이 말하는 메시아는 아니다. 그는 출애굽 전통
을 이어받은 기름 부음을 받은 자이다. 그리고 예수의 삶과 가르침을
중시한다. 무엇보다 예수 선교의 초점은 회개이다. 가던 길에서 돌아
서서 좁은 길로 들어서야 하느님 나라에 들어간다고 강조했다. 예수
는 자신을 하느님의 아들로 믿으라고 하지 않으셨다. 착한 사마리아
인의 이야기에서도 하느님 나라 창출의 주역을 사마리아 사람에 비교
했다. 다윗 전통을 따르는 선민 유대인이라고 하시지 않았던 것이다.
그 가르침의 핵심은 사랑으로 서로 나누고 용서하고 섬기라는 것이
며, 이 복음을 땅 끝까지 전하라는 것이다. 특히 갈릴래아로 가서 전
하라고 하셨다. 예수가 그곳에서 그들과 함께 하느님 나라 운동을 하
실 것이라고 하셨다. 이러한 복음은 출애굽 전통에 뿌리를 두고 있다.

'변화산상'에 다윗이나 솔로몬이 나타나지 않고 모세와 엘리야가 나타났다는 것이 이를 말해준다. 모세는 출애굽 운동의 주역이었고, 엘리야는 다윗 전통이 출애굽 전통에서 일탈했을 때 이를 출애굽 전통으로 되돌리는 데 중요한 역할을 했다.

무엇보다도 중요한 것은, 예수는 로마제국과 대결하시다가 십자가에 돌아가신 것이 아니다. 그는 다윗 전통이 하느님의 뜻에 역행하는 죽음에 이르는 전통이라고 보고 그 전통 때문에 수탈당하고 죄인 취급을 받는 자들을 해방시키기 위하여 온몸을 바치셨다. 그가 십자가에 달리신 것도 이 다윗 전통에 사로잡힌 자들을 깨우치기 위하여 채찍을 들고 예루살렘 성전에 들어가셨기 때문이다. 예수가 대결하신 것은 로마제국이 아니라 그릇된 다윗 왕조의 전통이다.

그러나 다윗 왕조의 전통에 선 바울의 눈에는 그것이 보이지 않았다. 그의 관심사는 악랄하고 허위에 가득 찬 로마제국이었다. 따라서 예수를 십자가에 못 박은 것은 로마제국이요, 그 예수를 하느님이 다시 살리셨다고 생각한 바울은 예수의 삶을 완전히 그릇된 각도에서 해석하고 말았다.

셋째 마디:

바울의 선교

1 | 바울의 선포

부활하신 예수를 만난 바울은, 극악한 로마제국의 형틀인 십자가
에 달려 죽으신 예수를 하느님이 다시 살려서 하느님 오른편에 앉아
있게 하시다가 다시 이 세상으로 보내어 이 세상 나라들을 제거하시
고 역사를 하느님에게 상납하신다는 것을 믿으면, 하느님과 올바른
관계에 서서 구원받는다고 선언한다. 이것이 하느님의 의義라고 했다.
하느님이 예언자들을 통하여 약속하신 것을 이루셨기 때문이라고 본
것이다. 따라서 인류를 구원할 이는 로마황제가 아니라 십자가에 달

리셨다가 부활하신 예수라는 것이다. 당시 로마제국은 황제야말로 온
인류를 위해 평화를 이룩한 신이라고 주장하면서 그를 믿고 순종하면
그와 올바른 관계에 서서 구원받는다는 신학을 조성하고 있었다. 그
리고 이를 로마뿐 아니라 그가 정복한 온 인류에게 강요하였다. 그러
나 바울은 스스로 신이라고 하는 로마황제의 법에 따라 십자가에 달
리셨던 예수를 하느님이 다시 살리셨기에 평화의 주는 로마황제가 아
니라 예수라고 선포했다. 바울은 이렇게 예수의 죽음과 부활을 예수
와 로마제국의 대결로 본 것이다.

　위에서도 언급했지만, 바로 이 점이 바울 신학의 착각이 생겨난 근
원이다. 예수가 로마제국의 십자가에 달리신 것은 사실이다. 그러나
그 십자가에 달리신 까닭이란 예수의 반로마적인 삶 때문이 아니다.
예수가 야훼 하느님과 기화한 뒤 받은 십자가에서 그의 삶의 과제가
명확하게 규정되었다. 그것은 다윗 왕조의 전통에서 체화된, 하느님
의 뜻에 역행하는 그릇된 문화요, 전통 때문이었다. 그것은 예수가 이
겨낸 세 가지 시험에 명확히 나타나 있다. 물론 이것은 다윗 왕조의
전통에 국한되는 것은 아니다. 근본적으로 로마제국도 같은 과오를
범하고 있었다. 그런데 바울은 예수가 로마제국과 대결하다가 십자가
에 달리신 것이라고 생각을 한 것이다..

　보그와 크로산에 따르면, 바울은 그 예수가 우리 죄를 위하여 십
자가에 달리시고 부활하심으로써 인간으로 하여금 하느님과 올바른
관계에 서게 하시려는 것이 하느님의 경륜이라고 주장했다는 것이다.
로마서 3장 21~26절에 기록된 바울의 말이 이를 명확히 설명해준다
고 말한다.

"그러나 이제는 하느님께서 인간을 당신과 올바른 관계에 놓아주시는 길이 드러났습니다. 그것은 율법과는 아무 관계가 없습니다. 율법서와 예언서가 바로 이 사실을 증명해줍니다. 하느님께서는 믿는 사람이면 누구나 아무런 차별도 없이 당신과 올바른 관계에 놓아주십니다. 그것은 예수 그리스도를 믿음으로써 이루어지는 것입니다. 모든 사람이 죄를 지었기 때문에 하느님이 주셨던 본래의 영광스러운 모습을 잃어버렸습니다. 하느님께서는 그리스도 예수를 통해서 모든 사람을 죄에서 풀어주시고 당신과 올바른 관계를 가질 수 있는 은총을 거저 베풀어주셨습니다. 그리스도를 믿는 사람에게는 죄를 용서해주시려고 하느님께서 그리스도를 제물로 내어주셔서 피를 흘리게 하셨습니다. 이리하여 하느님께서 당신의 정의를 나타내셨습니다. 과거에는 하느님께서 인간의 죄를 참고 눈감아주심으로 당신의 정의를 나타내셨고 오늘날에 와서는 죄를 물으심으로써 당신의 정의를 나타내셨습니다. 이렇게 해서 하느님께서는 당신이 올바르시다는 것과 예수를 믿는 사람이면 누구든지 당신과 올바른 관계에 놓아주신다는 것을 보여주십니다."

우리의 두 저자는 이 구절을 통하여 두 가지 점을 강조한다. 첫 번째는 거저 주시는 하느님의 의義이다. 하느님이 우리를 받아주시는 그런 하느님의 의란, 예언자들을 통하여 약속하신 것을 이루시는 하느님의 고마운 은혜라는 것이다. 이 약속을 이루시려고 하느님께서는 죄 많은 인간들을 위하여 자신의 독생자를 십자가에서 피 흘리게 하셨다. 그를 믿는 사람들의 죄를 용서해주시고 그들을 그와 올바른 관계에 놓아주셨다. 예수를 믿는다는 것은 하느님의 이 거저 주시는 은혜(distribute grace)를 받아들이는 인간의 행위이다.

　여기에서 바울은 네 가지 중요한 명제를 던진다. 첫째로, 하느님이 우리를 그와 올바른 관계를 갖게 하시려고 그의 독생자를 보내어 십자가에 달려 돌아가시게 했다는 것이다. 둘째로, 그 예수를 하느님이 다시 살리셨다는 것이다. 셋째로, 이를 믿는 사람은 하느님과 올바른 관계에 놓인다는 것이다. 끝으로, 이것은 예언자들을 통하여 예언하신 것이다.

　여기서 우리는 이 명제들에 대하여 반문하지 않을 수가 없다. 예수가 하느님의 독생자라는 것을 어떻게 확언할 수 있는가? 이런 용어를 사용하여 구성한 바울 신학의 핵심은 빌립보서 2장에 있는 아름다운 예수 찬양이다.

　"그리스도 예수는 하느님과 본질이 같은 분이셨지만 굳이 하느님과 동등한 존재가 되려 하지 않으시고 오히려 당신의 것을 다 내어놓고 종의 신분을 취하셔서서 우리와 똑같은 인간이 되셨습니다. 이렇게 인간의 모습으로 나타나 당신 자신을 낮추셔서 죽기까지, 아니, 십자가에 달려서 죽기까지 순종하셨습니다. 그러므로 하느님께서도 그분을 높이 올리시고 모든 이름 위에 뛰어난 이름을 주셨습니다. 그래서 하늘과 땅 위와 땅 아래에 있는 모든 것이 예수의 이름을 받들어 무릎을 꿇고 모두가 입을 모아 예수 그리스도가 주님이시라 찬미하며 하느님 아버지를 찬양하게 되었습니다." (빌 2: 6~11)

　바울은 예수를 메시아로 모신다. 메시아란 다윗의 후손에서 나타날 정의로운 왕을 말한다. 그 왕은 하느님과 본질적으로 동등하다고 바울은 선언한다. 이것은 실로 엄청난 선언이다. 출애굽 전통에 의하면 출애굽 공동체는 왕을 가지지 말라고 명확히 말씀하셨고, 출애굽 공동체는 300여 년 동안 왕을 가지지 않았다.

　　그랬는데 바울은 다윗 왕의 후예로 태어났다고 하는 예수를 하느님과 본질적으로 동등한 분이라고 부른다. 그리고 그의 종말론을 보면, 때가 되면 그분이 이 세상 나라들을 멸절하시고 역사를 하느님께 상납하실 것이라고 말한다. 바울의 메시아론은 다윗 왕조가 조작한 것보다 훨씬 더 불경스럽다. 다윗 왕의 후손을 하느님과 본질적으로 동등하다고 선언한 것이다. 바울은 어떤 근거에서 이런 선언을 할 수 있었는가? 아무런 역사적인 근거를 댈 수가 없다. 이것은 신화시대에 예수를 신격화하면서 조성한 자들의 생각일 뿐이다.

　　물론 바울은 예수의 부활 경험을 그 근거로 내세울 것이다. 그러나 그것에도 문제가 있다. 보그와 크로산도 예수가 육체로 부활했다는 것을 믿지 않는다고 그들의 예수전기에서 명확히 선언한다. 크로산은 자신의 『예수: 혁명가의 전기 Jesus: A Revolutionary Biography』라는 예수 전기에서 예수의 육체적인 부활을 전면 부정한다. 예루살렘 공의회가 정죄하고 빌라도에 의해 십자가에 처형당한 예수의 시신은 골고다에 버려졌다고 본다. '아리마태 요셉이 빌라도에게 요청해서 돌무덤에 장사葬事를 했다'는 마가복음의 기록은 절대로 가능하지 않다고 주장한다. 아리마태 요셉은 공의회 회원이다. 그런 그가 공의회가 엄정하게 결정한 십자가형에 대해 그런 청원을 했을 수가 없다고 지적한다. 그렇다면 예수의 시신은 골고다에 버려졌거나, 로마 군인들이 동정해서 땅을 파서 묻고 돌들로 덮었을 것이다. 그리하여 야생 동물들이나 새들이 와서 그 시신을 뜯어먹었을 것이다.

크로산은 예수의 부활을 처음 강조한 이는 바울이라고 말했다.[23] 그리고 보그는 *Meeting Jesus Again for the First Time*(최초의 예수와의 재회)이라는 책에서 예수의 탄생이나 부활은 취급도 하지 않는다. 그러면서도 그들은 바울의 부활 논리를 인정하면서 바울 신학을 소개한다. 그들은 바울이 로마황제 신학에 대항하는 타당한 신학을 제창했다고 보았다. 그러면서 두 저자는 예수의 부활이 영적인 것이라고 주장한다. 고린도전서 15장 35절 이하에서 이 점이 강조된다. 예수를 위시한 우리는 모두 육체적으로 죽고 영적으로 부활한다는 것이다. 예수의 시신은 짐승과 새들의 밥이 되었을 것이며, 따라서 예수의 부활은 육체의 부활일 수가 없고, 그것은 영적인 것이 되어야 한다는 것이 크로산의 논리이다. 그러나 여기에 큰 논리적 모순이 있다. 만일 예수가 육체로 죽고 영으로 다시 사신 것이라면, 예수의 땅 위의 삶이란 전부 육체적이었다는 말이 된다. 예수 속에는 하느님의 생명의 영이 있어서 진지한 구도자의 삶을 사셨고 하느님과 기화한 뒤에는 생명을 살리는 영적인 일을 하셨는데, 그것을 그대로 육체적인 삶이었다고 말할 수 없다. 바울이 말하길, 예수는 하느님과 본질적으로 같으신 분이 육신으로 되었다고 말하지 않았던가? 만일 예수의 삶 속에 하느님의 영이 함께하셨다면 그 영이 육신과 더불어 죽었다고 말할 수도 없다.

복음서의 증언을 들어보면 예수의 영은 제자들과 더불어 지내셨다. 엠마오로 가던 제자들은 예수와 대화하면서 길을 가다 떡을 뗄 때에 그가 예수라는 것을 깨달았다. 마가복음에서는 부활하신 예수가 제자들을 갈릴래아로 가라고 하며 그곳에서 만나자고 전언하셨다. 마

23. J. D. Crossan, *op. cit.*, p.176.

태복음 28장에서는 예수가 제자들에게 땅 끝까지 가서 그가 가르친 복음을 전하라고 하시면서 세상 마지막 날까지 그들과 함께 있겠다고 하셨다. 사실 원시교회에서는 "그가 살아 계신다(He lives)"라고 고백하였다.[24] 만일 그의 영이 계속 살아 계셨다면 그가 부활하셨다는 말은 앞뒤가 맞지 않는다. 예수 속에 하느님의 생명의 영이 살아 계셨고 그 영이 계속 살아 계신 것이라면, 하느님이 그를 다시 살리셨다는 주장은 성립되지 않는다. 따라서 빌립보서 2장의 아름다운 신앙고백도 원시교회가 예수를 숭앙하는 과정에서 만들어진 신화적인 표현이라고 볼 수밖에 없다.

　사실 예수가 본질적으로 하느님과 동등한 분이라는 것을 현대인이 어떻게 믿을 수가 있는가? 그가 하느님과 같이 계시다가 다시 오시어 이 세상 나라들을 심판하시고 하느님의 뜻이 이루어지는 나라를 이룩하신다는 것 역시 어찌 믿을 수 있는가? 무려 2000년이나 지난 오늘날에 말이다. 이것은 기원후 325년 니케아 공의회에서 교회의 신조로 결정된 것인데, 그것도 로마제국의 콘스탄티누스 대제가 압력을 넣어 그렇게 결정되었다. 이에 반대하는 자들이 압도적으로 많았다는데도 말이다.

　왜 이런 사고가 형성되었나? 무엇이 이런 생각을 조성했는가? 그것은 다름 아니라 바울이 신봉하고 있던 다윗 왕조의 메시아사상이다. 제2이사야를 위시한 많은 예언자들이 야훼 하느님은 다윗의 후손 중에서 메시아를 보내어 다윗 왕국을 재건하실 것이라고 선언했다.

---

24. 유대인 역사가로 널리 알려진 요세푸스도, 예수를 따르던 무리들이 그가 돌아가신 뒤에도 끈질기게 예수의 삶과 가르침에 따라서 도를 전파했다고 말했다. Crossan: Ibid., p.181.

그리고 이것은 하늘에서 내리는 비와 눈이 땅을 적시어 오곡백과를
열리게 하고야 마는 것처럼 틀림없다고 선언하였다. 그러나 잔혹한
현실은 꼬리를 물고 이어갔다. 야훼의 약속이 이루어지기를 갈망하는
자들은 몸부림치면서 그들의 믿음을 지키려고 안간힘을 썼다. 선지자
하박국의 글에서 이것을 본다.

> "야훼여, 살려달라고 울부짖는 이 소리,
> 언제 들어주시렵니까?
> 호소하는 이 억울한 일,
> 언제 풀어주시렵니까?
> 어인 일로 이런 애매한 일을 당하게 하시고
> 이 고생살이를 못 본 체하십니까?
> 보이느니 약탈과 억압뿐이요,
> 터지느니 시비와 말다툼뿐입니다.
> 법은 땅에 떨어지고
> 정의는 끝내 무너졌습니다.
> 못된 자들이 착한 사람을 등쳐먹는 세상,
> 정의가 짓밟히는 세상이 되었습니다." (합 1 : 2~4)

이렇게 외치던 하박국은 머리를 들고 선언을 한다.

"그러나 의로운 사람은 그의 신실함으로써 살리라." (합 2 : 4b)

다윗 전통에 사는 사람들은 이 믿음을 붙잡고 살아왔다. 아무리 원

수가 강하더라도 때가 이르면 야훼 하느님이 나타나서 적을 무찌르고 시온 산을 드높이고 이방 나라들도 그 밑에 모을 것이라고 확신하고 있었다. 이 믿음이 그들의 소망의 열쇠가 되었다. 바울은 이 믿음을 굳건히 붙잡고 선 자였다. 이런 바울이 부활하신 예수를 만나는 경험을 한 뒤, 그 예수를 통하여 하느님이 약속하신 것을 이루시려고 하니 이것을 믿으면 그와 올바른 관계에 선다고 확신하게 된 것이다. 따라서 그의 생각은 날개 치며 올라가 예수를 하느님과 본질적으로 동등하다고까지 말하게 된 것이다.

그러나 그의 생각의 뿌리는 다윗 왕조가 조작한 야훼 신앙이요, 메시아사상은 그 뿌리에서 나온 허무한 소망이다. 이런 어처구니없는 소망이 예수는 하느님과 본질적으로 같다는 어처구니없는 주장을 창출하기에 이른 것이다. 그리면서 바울은 이것을 하느님의 의라고 믿었다. 하느님이 약속하신 것을 이루셨다고 생각했기 때문이다.

두 번째는, 하느님은 그의 무한하신 은혜로 우리 죄를 용서해주셨다고 주장한다. 하느님은 우리들의 죄를 용서하려고 그의 아들을 십자가에 달리게 하는 분이 아니시라고 주장한다. 두 저자는 이것을 하느님의 거저 주시는 은혜(distributive grace)라고 역설한다. 이는 로마황제 신학의 거저 주시는 시혜에 대비된다. 그러나 두 저자는, 이것은 로마황제의 시혜와는 다르다고 말한다. 로마황제는 폭력으로 확보한 전리품을 나누어 주지만, 하느님은 모든 것을 바르게 하시는 그의 의로우심으로 인류에게 새 내일의 은혜를 베푸신다는 것이다. 만일 우리 죄의 대가로 예수를 십자가에 달리게 하셨다면, 죄를 징벌하시는 하느님이 된다. 또한 하느님이 주시는 구원은 거저 주시는 은혜가 되지 않는다고 두 저자는 강변한다.

하느님이 우리의 죄 값으로 예수를 십자가에 달리게 하셨다는 것은 현대인들의 사고 형태가 아니라는 것은 사실이다. 하느님을 그런 쩨쩨한 분으로 볼 수가 없다. 그러나 이 주장에도 문제가 있다. 하느님은 우리 죄를 용서해 주시려고 예수를 제물로 내어주었다고 바울은 명확히 말했다. 용서하시기 위해서는 제물이 필요하다는 것이다. 이는 다윗 왕조의 신에 대한 이해이기도 하다. 다윗 왕조의 하느님은 죄를 거저 용서하시지 않는다. 죄를 용서받으려면 속죄제물을 드려야 한다. 바울도 그렇게 생각하였다. 따라서 이것은 거저 주시는 용서가 아니다. 바울 자신도 우리 죄를 사하기 위하여 하느님이 자신의 아들을 십자가에 달리게 하셨다고 말한다.

그런데 왜 두 저자는 이것을 '거저 주시는 은총'이라고 강변했는가? 이는 로마의 황제가 자신이 거저 주는 은혜를 받아들여 자신을 믿는 사람은 자신과 올바른 관계에 선다고 선포했기 때문이다. 다시 말해, 바울 신학은 로마황제의 신학에 대결하여 예수를 구주로 부각시키려는 의도에서 구성된 논리라고 본다. 이를 위하여 바울은 로마황제 신학이 사용한 신학용어들을 역이용하였다. 주님(kurios), 의(dikaiosyne), 은혜(charis), 평화(eirene), 신앙(pistis), 소망(elpis), 구원(soteria), 재림(parusia) 등이 모두 로마황제 신학에서 사용하던 용어들이다. 바울의 심중에 살아 움직이는 것은 예수 자신의 삶과 깨우침이 아니라 로마황제 신학에 대한 반격이었다. 로마황제의 신학이란 지배자가 자기 영광과 권위를 내세우려고 만든 것인데, 그 신학이 사용한 용어를 그대로 사용한 바울의 신학 역시 이 틀에서 벗어나지 못한다. 예수는 하느님과 본질이 같으신 절대적인 구주이니 이를 믿으라는 것이다. 그러면 새사람이 된다는 것이다.

　　그러나 이것은 갈릴래아 청년 예수의 자아상이 아니다. 예수는 그를 "선한 선생님!"이라 부르는 것도 거부하셨다. 메시아사상도 부정하셨다. 그는 삶을 살리는 진리를 진지하게 구하고 찾은 구도자로서 마침내 하느님과 기화하여 악의 뿌리를 발견하고 이에 대치되는 생명의 길을 찾으신 분이다. 그리고 그 깨달음에 따라서, 죽음의 길로 치닫는 자들을 깨우치기 위해 온몸과 마음과 정성과 뜻과 힘을 다하신 분이다. 그러다가 참된 생명을 갈구하면서도 그릇된 다윗 전통에 사로잡혀 깨달아야 할 것을 깨닫지 못하는 자들을 위해 악의 소굴로 채찍을 들고 들어가신 것이다. 이제 참 생을 사는 길이란 이로 말미암아 볼 것을 보고, 깨달을 것을 깨닫고, 악과 단斷을 하고, 생명의 길로 들어서는 자들이다. 그것이 구원의 길이다.

　　그런데 위의 두 저자는 이 구원은 거저 주어지는 은혜이니 인간이 이를 받아들여야 한다고 말한다. 이를 받아들이는 길이란 믿음이라고 바울은 선언한다. 믿음이란, 빌립보서 2장에 그려져 있는 예수를 하느님과 본질이 같으신 분으로 믿고, 땅 위에 내려오시어 우리의 죄를 대신해 십자가에 달리셨고 하느님이 그를 다시 살리시어 하느님 오른편에 앉아 있게 하시다가 때가 이르면 다시 세상에 오시어 이 세상 나라들을 멸절하시고 하느님의 나라를 이룩하실 것이라고 믿는 것이다. 그러나 이것이 지적인 것(belief)이어서는 안 된다고 두 저자는 강조한다. 그리고 믿음은 하느님이 예수 그리스도를 통해서 주시는 은혜를 삶 전체를 통해서 받아들이는 것이라고 한다. 두 저자는 이것을 '전면적 결단'(total commitment)이라는 말로 표현한다.[25] 신앙은 지적인 믿

25. M. J. Borg & J. D. Crossan, *op. cit.*, p.168.

음을 말하는 것이 아니라, 삶 전체를 바쳐서 결단하는 것이어야 한다
고 강조한다.

그러나 우리는 여기에서 다시 반문하지 않을 수가 없다. 그런 결
단을 가능하게 하는 것은 무엇이냐는 것이다. 바울은 하느님이 예언
자들을 통하여 다윗의 후손 중에서 메시아가 올 것이라고 약속하신
것을 이루어 주셨으니 그의 의로움을 보고 믿으라고도 한다. 그러나
이 논리도 문제이다. 우리가 위에서 논했듯이 제2이사야 등이 그렇게
강조한 메시아사상 자체가 다윗 왕조 전통이 조작한 것이기 때문이
다. 예수 자신이 이것을 강력히 부정하지 않았던가?

이것은 신화시대에 살던 사람들이 수용할 수 있는 사고이다. 그들
은 엘리야가 불 수레를 타고 하늘로 올라갔다는 것을 그대로 믿을 수
가 있었다. 로마 시민들도 로마황제가 신이라는 것을 아무 문제없이
받아들였다. 그러나 오늘을 사는 사람들이 어떻게 그것을 받아들일
수가 있겠는가? 에베소서 기자도 하느님을 "만유 위에 계시고 만유를
통하여 일하시고 만유 안에 계십니다."(엡 4 : 6)라고 선언했다. 그런 영
이신 하느님께 독생자가 있다는 것은 상상할 수 없다. 그런데 이것을
믿는 사람은 모두 구원받는다고 바울은 강조했다. 이것을 우리의 두
저자는 지적으로 믿지 말고 총체적으로 믿으라고 한다. 그러나 지적
으로 설득되지 않는 것을 어떻게 총체적으로 믿으라는 말인가? 빌립
보서 2장에 나오는 신앙고백이 역사적인 사실이 아니라면, 그를 믿으
면 구원을 얻는다는 것은 성립될 수가 없다.

총체적인 믿음의 결단을 하려면 삶에서 경험을 통하여 진리를 체
득해야 한다. 삶을 비참하게 하는 악이 무엇인지, 그것에서 해방되어
참된 정의와 평화의 삶을 살게 하는 것이 무엇인지를 깨닫는 경험을

해야 한다. 그래야 총체적인 결단을 할 수가 있다. 출애굽 공동체의 이야기와 예수의 이야기에서 밝혀진 각覺과 단斷의 경험을 통해야만 총체적인 결단을 할 수 있다. 바울은 이런 각과 단의 경험을 가지지 못했다. 그가 부활 경험이라고 하는 그 나름의 부활 경험밖에 가진 것이 없다. 죄에 대한 그의 이해에서 이 점이 명백하게 드러난다.

2 │ 　죄에 대한 바울의 이해

문제는 죄에 대한 바울의 그릇된 이해에서 비롯되었다. 바울은 우리 모두가 아담이 지은 원죄를 유전 받은 것이라고 생각하였다. 그 죄가 바울 자신도 유전적으로 지배하고 있어서 그가 원하지 않는 죄를 범한다고 개탄한다. "나는 과연 비참한 인간입니다. 누가 이 죽음의 육체에서 나를 구해줄 것입니까?"(롬 7: 13~23) 자기는 하느님의 뜻대로 살기를 원하는데, 그 원죄가 말썽을 부린다며 책임을 아담에게 돌린다. 그럼에도 하느님이 그의 독생자를 십자가에 달리게 하심으로 그 죄를 용서해주시고 우리를 그와 올바른 관계에 서게 해주신다니, 바울은 그것이 복음이라며 감격한 것이다.

여기에서 우리는 네 가지를 짚고 넘어가야 한다.

첫째, 바울에 의하면 누구나 할 것 없이 그들의 죄의 책임을 아담에게 돌릴 수가 있다. 아담은 말하자면 희생자이다. 그렇다면 하느님이 그들에게 죄의 책임을 묻는다는 것은 공정하지 않다. 그러나 구약의 이사야나 미가 그리고 예레미야와 에스겔은 약자들을 억압하고 수탈하는 것을 신랄하게 질책했다. 예수는 더 말할 것도 없다. 아담의 죄가 아니라 그들의 죄라는 것이다. 예수는 죄의 뿌리를 그들 속에 있는 탐욕, 권세욕, 그리고 하느님의 이름까지를 오용하는 그릇된 마음 밭이라고 보셨다. 따라서 죄의 책임을 아담에게 돌릴 수가 없다. 그들 자신의 그릇된 가치관, 그릇된 삶의 자세가 모든 죄의 뿌리라는 것이다.

둘째, 바울의 고민은 원하는 의를 행하지 않고 원하지 않는 악을 행하는 자신의 모습이다. 그것 역시 아담의 죄 때문에 원하지 않는 악을 행한다는 것이다. 그러면서 "오호라, 나는 괴로운 사람이다!"라고 비명을 지른다. 그리고 예수를 믿음으로써 죄 사함을 받는 것을 찬양한다. 그의 아픔은 죄를 행하는 자기 자신이다. 자기가 희생자라는 것이다. 다윗 왕국의 문화에 눌려서 부르짖는 약자들의 아우성은 그의 귀에 들리지 않는다. 이사야 그리고 미가 선지자, 예레미야와 예수는 수탈을 당하는 과부, 고아, 떠돌이들을 보면서 아파하셨다. 더욱이 예수는 다윗 왕국의 전통에 사로잡힌 자들의 폭거로 신음하는, 목자 없는 양과 같은 자들을 보면서 아파하셨다. 그런데 바울에게는 그런 것이 전혀 보이지 않는다. 십자가에 달렸다가 부활하신 예수밖에 보이지 않는다.

셋째, 바울은 예수를 믿으면 그의 고난을 통하여 죄 사함을 받고 하느님과 올바른 관계에 선다는 것을 감격해한다. 그것은 거저 받는 은혜라고 생각한다. 그러나 그것은 값싼 은혜이다. 죄와 씨름하는 아무런 과정을 겪을 필요가 없기 때문이다. 예레미야와 에스겔, 그리고 예수의 경우는 죄악의 쓰라린 결과를 보면서 아파하고 또 구하고 찾고 문을 두드리는 과정을 통하여 에덴동산을 회복했는데 말이다.

넷째, 아무런 아픔도 투쟁도 없이 의롭게 되었다고 하는 자들은 삶에 새로운 변화가 있을 수가 없다. 예수를 믿으면 새사람이 된다고 바울은 선언하지만, 죄의 책임을 아담에게 돌리는 자들은 새사람이 될수가 없다. 진지한 각覺과 단斷을 하지 않고 새사람이 된다는 것은 가시넝쿨에서 포도를 따겠다는 것과 같다. 바울이 세운 교회에서 계속 불미스러운 일이 재발하는 것을 보면 그 선언을 부인하게 된다. 사실바울 자신도 새사람이라고 할 수 없다. 그는 여전히 다윗 왕조가 조성한 문화 속에서 허우적거리고 있었기 때문이다.

새사람이 된다는 선언은 성서에서 대단히 중요한 사상이다. 구원과 직결되는 사상이기 때문이다. 구약에서 목이 곧아 회개할 줄 모르는 이스라엘 백성들을 향하여 예레미야와 에스겔은 앞으로 모진 고난을 당할 것을 예언하면서 고난을 통과해야만 마음에 변화가 올 것이요, 야훼 하느님이 이스라엘 백성들 마음에 새 계약을 새겨줄 텐데, 그렇게 되면 모두 하느님의 뜻을 훤히 알아 아무도 서로 깨우칠 필요가 없게 된다고 말했다. 그들에게 돌 같은 마음을 도려내고 살 같은 마음을 넣어주어 모두 하느님의 법도대로 살게 된다고 말이다.

이런 새 마음은 야훼 하느님이 우리에게 주신 소중한 약속이다. 그러나 이것은 쓰라린 고난의 터널을 통과해야 한다. 출애굽기의 '하비루'들이 그러지 않았던가. 예수도 마음의 변화가 중요함을 강조했다. 이웃을 보고 미워하면 살인이라고 말씀하셨다. 여인을 보고 음욕을 품기만 하여도 음행한 것이라고 하셨다. 따라서 원수까지 사랑하는 변화가 있어야 한다는 것이다. 그리고 그는 이런 변화가 이루어지도록, 한恨 많은 자들을 도우셨다.

새사람이 된 자들은 예수를 위해서 살아야 한다고 바울은 강조한다. 사실 바울은 죽으나 사나 예수 그리스도를 위하여 살려고 전력을 다했다. 따라서 바울 전통을 받은 교회들도 이웃 사랑보다 예수 사랑에 심취하고 있다. 그러나 예수는 그를 따르는 자들에게 그를 향해서 살라고 하지 않았다. 고난 받는 자들이 아우성치는 갈릴래아로 가라고 하셨다. 이웃을 향하여 살라고 하셨다.

3 │　바울의 종말론

보그와 크로산, 두 저자의 주장을 따르면 바울의 종말론은 그릇된 사고라고 말할 수 있다. 바울의 종말론은 그가 땅 위에서 이룩하고자 한 종말 공동체라고 말한다. 유대인이나 이방인이나 다 예수를 구주로 믿으면서 하나가 되는 사랑과 믿음의 공동체가 그의 종말론이라고 주장한다. 이와 같은 논리는 메시아왕국 사상에 근거를 두고 있다. 이사야서 2장에 기록된 메시아왕국이 분명히 그렇다. 예루살렘 성전이 있는 시온 산이 모든 멧부리 위에 높이 치솟고 이방 나라 백성들이 그 아래 모여들어 외친다. "자, 올라가자, 야훼의 산으로, 야곱의 하느님께서 계신 성전으로! 사는 길을 그에게 배우고 그 길을 따라가자."(사 2: 3) 이사야서 60장에 이것이 더 상세히 기록되어 있다.

"일어나 비추어라. 너의 빛이 왔다.
야훼의 영광이 너를 비춘다.
온 땅이 아직 어둠에 덮여,
민족들은 아직 암흑에 싸여 있는데
야훼께서 너만은 비추신다.
네 위에서만은 그 영광을 나타내신다."(사 60: 1~2)

이렇게 시작한 시인은 이방 나라들이 모여들어 이스라엘을 섬길
것을 예거한다. 이 메시아사상은 이스라엘의 수호신인 야훼가 그들을
도우시어 마침내 이 땅 위에서 다윗 왕조를 재건하고 뭇 백성들을 다
스리며 그들의 섬김을 받을 것이라고 주장했다.

그러나 바울의 종말론은 이보다 한층 더 승화되었다. 데살로니가
전서 4장 13절 이하에 보면 천사장의 나팔 소리와 함께 주님이 나타
나실 것이요, 죽은 사람들이 먼저 부활하여 하늘에 올라갈 것이며, 산
사람도 변화하여 구름을 타고 하늘에 올라가서 주님과 항상 같이 살
것이라고 했다. 이것을 부정한다면 바울의 신학체계는 완전히 무너지
고 만다. 종말이 곧 다가온다는 바울의 주장이 착각이라는 보그와 크
로산의 주장은 바울의 신학체계와 양립할 수 없다. 바울 신학에서는,
하느님이 그의 독생자를 보내주시어 십자가에 못 박혀 죽게 하신 일,
그를 부활하게 하신 일, 그리고 그가 다시 오시어 모든 나라들을 제거
하고 역사를 하느님에게 바치시는 일이 가장 중요한 세 개의 기둥이
다. 특히 예수가 재림하여 극악한 로마제국을 심판하시고 정의로운 하
느님 나라를 이룩하신다는 바울의 주장은 너무나 확고하다. 이는 로
마제국이 지나치게 악랄했기 때문이기도 하다. 데살로니가전서에 기
록된 계시록적인 종말론이 이것을 말해준다. 엘리엇Neil Elliott은 바울
이 이것을 우주적인 악령이 하는 일이라고 생각했다고 본다. 따라서
예수가 재림하시어 이 우주적인 악령과 대결을 하시는 것으로 본다.[26]
바울이 예수의 재림으로 이룩될 하느님 나라를 얼마나 간절히 대망했

26. Neil Elliott, "The Anti-Imperial Message of the Cross," in *Paul and Empire: Religion and Power in Roman Imperial Society*, ed. by Richard Holsley, p.174.

느냐 하는 것을 우리는 고린도전서 15장에서 명확히 볼 수 있다.

"만일 그리스도를 믿는 우리가 이 세상에만 희망을 걸고 있다면 우리
는 누구보다도 가장 가련한 사람일 것입니다."(고전 15: 19)

"만일 죽은 자가 다시 살아나는 일이 없다면 '내일이면 죽을 테니 먹
고 마시자' 해도 그만일 것입니다."(고전 15: 32b)

보그와 크로산이 하느님 나라라고 강조하는 공동체는 하느님 나
라를 기다리는 대망 공동체이다. 그가 오실 때까지 믿음, 소망, 사랑
을 가지고 따뜻한 한 가정처럼 살라는 것이다. 그러나 문제는 그 공동
체들이 정말 바울이 말한 사랑으로 서로 나누고 용서하고 섬기는 종
말론적인 공동체가 되었느냐 하는 것이다.

그리고 주님이 곧 오시니 깨어서 기다리라고 한 종말이 2000년이
지나도록 오지 않았다. 대망 공동체의 신앙고백이 그 후 여러 세기에
걸쳐 교회의 신앙고백에 심각하게 부정적인 역할을 했다. 이를 부인
하게 되면, 2000년간 이어져온 교회는 아무 근거도 없는 신앙고백을
한 셈이 된다. 하지만 진짜 문제는 예수가 이와 같은 종말론을 주장하
지 않았다는 것이다.

4 | 바울의 종말 공동체(교회론)

예수를 믿음으로써 하느님의 자녀가 된 자들은 하느님의 한 가족

이 된다고 바울은 선언했다(갈 1: 1, 빌 2: 11, 고전 8: 6, 15: 24, 롬 6: 4, 8: 15). 유대인이나 헬라인이나, 남자나 여자나, 주인이나 종이나 할 것 없이 그리스도 예수 안에서는 한 식구이다(갈 3: 28). 그래서 바울은 형제자매라는 말을 50차례나 사용했다. 이 공동체는 그리스도의 영으로 하나가 된 선한 몸과 같은 공동체라는 것이다.

이 선언은 바울에게 너무나 당연한 일이었다. 머리가 어떻게 몸을 경시하고, 눈이 어떻게 발을 천시할 수가 있겠느냐고 바울은 묻는다. 주 안에서 완전히 하나이다. 이 공동체에는 헬라인이니 유대인이니, 남자니 여자니, 주인이나 종이니 구별이 있을 수가 없다. 하느님의 놀라운 은혜로 하나가 된 이 예수 공동체야말로 완전한 종말 공동체로서, 대망하던 새 내일의 시작이라고 그는 보았다. 다시 말해 로마를 위시한 '이 세상 권력을 청소하는'(great cleaning of the world) 놀라운 작업의 시작이라고 바울은 보았다.

주님의 재림으로 이룩될 이런 공동체는 대망 공동체이다. 이런 공동체는 서로 나누는 공동체라고 두 저자는 강조한다. 비록 바울 자신이 서로 나누는 공동체를 말한 적은 없으나, 예루살렘의 나누는 공동체의 전통을 몰랐을 까닭이 없다고 두 저자는 생각한다. 예수 그리스도가 가르치신 기도문에는 모두에게 일용할 양식이 있게 해달라는 구절도 있다. 도시 빈민들의 삶이란 언제 어떤 일이 일어날지 모르는데, 그리스도 안에서 한 몸이 된 교회가 서로 돕지 않을 수가 없다는 것이다.

바울의 사후에 기록된 편지이기는 하나 데살로니가후서 3장 10~12절에는 교회 공동체에서 일하지 않고 얻어먹기만 한 자들을 향해 경고한 글이 있다. 또 디모데전서 5장 3~16절에 있는 과부를 돕는 이야기를 보면 원시교회가 경제적으로 서로 도우면서 지낸 것이 확실하다고 저자들은 말한다. 그러나 문제는 예수를 머리라고 하는 자들의 공동체가 그렇게 한 몸이 되지 않았다는 데 있다. 바울 당시도 그랬고, 그 후의 교회들도 그랬다. 너무나 인간적인 것이 강하게 지배하고 있었다.

넷째 마디:

바울의 선교 과정

1 | 헌신적인 선교

바울은 자신이 품은 신앙에 확신을 가지고 충성을 다한 사람이다. 그는 도시에서 도시로 옮겨가면서 자신이 믿는 복음을 성실히 전했다. 마지막에는 당시 세상의 끝이라고 생각한 스페인에 가려고 했다. 로마에까지 갔으나, 그 목적은 이루지 못하고 로마에서 순교했다. 그 과정에서 겪은 고난이 고린도후서에 기록되어 있다.

"나는 그들보다 수고를 더 많이 했고 감옥에도 더 많이 갔었고 매는

수도 없이 맞았고 죽을 뻔했던 일도 여러 번 있습니다. 유대인들에게
사십에서 하나를 감한 매를 다섯 번이나 맞았고 몽둥이로 맞은 것이
세 번, 돌에 맞아 죽을 뻔했던 것이 한 번, 파선을 당한 것이 세 번이
고 밤낮 하루를 꼬박 바다에서 표류한 일도 있습니다. 자주 여행을 하
면서 강물의 위험, 강도의 위험, 동족의 위험, 이방인의 위험, 도시의
위험, 광야의 위험, 바다의 위험, 가짜 교우의 위험 등 온갖 위험을 다
겪었습니다. 그리고 노동과 고역에 시달렸고 수없는 밤을 뜬눈으로
새웠고 주리고 목 말랐으며 여러 번 굶고 추위에 떨며 헐벗은 일도 있
었습니다. 이런 일들을 제쳐놓고라도 나는 매일같이 여러 교회들에
대한 걱정에 짓눌려서 고통을 당하고 있습니다. 어떤 교우가 허약해
지면 내 마음이 같이 아프지 않겠습니까? 또 어떤 교우가 죄에 빠지
면 내 마음이 애타지 않겠습니까?"(고후 11: 23b~29)

빌립보서에서는 그가 어떻게 그리스도와 함께 자족하는 삶을 살
았는지를 설명한다.

"나는 어떤 처지에서도 자족하는 법을 배웠습니다. 비천하게 살 줄도
알며 풍족하게 살 줄도 압니다. 배부르거나 배고프거나 넉넉하거나
궁핍하거나 그 어떤 경우에도 적응할 수 있는 비결을 알고 있습니다.
나에게 능력을 주시는 분에게 힘입어 나는 무슨 일이든지 할 수 있습
니다."(빌 4: 11b~13)

바울이 이렇게 미친 듯이 고난을 무릅쓰고 돌아다니는 것은 그가
믿는 복음의 중요성을 확신했기 때문이다. 이를 전하지 않고는 견딜

수가 없었다. 그가 복음을 전하지 않고는 견딜 수가 없는 이유를 바울은 로마서 10장에서 이렇게 말한다.

"그러나 믿지 않는 분의 이름을 어떻게 부를 수 있겠습니까? 또 들어보지도 못한 분을 어떻게 믿겠습니까? 말씀을 전해주는 사람이 없으면 어떻게 들을 수 있겠습니까? 전도자로서 파견되지 않고서 어떻게 전도를 할 수 있겠습니까? '기쁜 소식을 전하는 이들의 발이 얼마나 아름다운가!' 하는 말이 바로 그 말씀입니다."(롬 10: 14~15)

2 │　말로 전한 선교

바울은 자신이 믿는 복음을 철저히 말로 전했다. 예수가 자신을 부른 것은 이 복음을 특히 이방인에게 전하게 하시기 위함이라고 확신했다. 따라서 그는 부지런히 돌아다니면서 복음을 전했다. 복음을 전하는 자가 없으면 예수를 구주로 믿고 구원받을 수가 없다고 그는 믿었다. 그는 자기의 사도직을 그렇게 중요시했다. 그리고 나름 충성을 다했다.

그러나 아래에서 더 설명을 하겠지만, 그가 전도한 교회들에서 갖가지 문제가 일어나 바울을 괴롭혔다. 왜 그랬는가? 그가 말로 전한 복음은 복음이 아니었기 때문이다. 그는 다윗 왕조가 야훼를 다윗의 수호신이라고 한 주장을 그대로 믿었다. 그리고 로마제국이 십자가에 못 박은 예수가 메시아라고 확신했다. 야훼 하느님이 그를 다시 살리시어 그의 오른편에 앉아 있게 하시다가 때가 이르면 다시 세상으로

보내어 이 세상 나라들을 심판하시고 하느님 나라를 이룩하실 것이라
고 주장했다. 이것을 복음이라고 믿었다. 그러나 그것은 복음이 아니
다. 다윗 왕조의 망상에 불과하였다. 그런 조작된 이념이 좋은 열매를
맺을 리가 없다.

　말이란 머리로 생각한 것을 표현하는 것이다. 관념이다. 관념이란
머리로 받아들인다. 머리로 받아들이는 관념이 사람의 삶에 참된 변
화를 초래하지 못한다. 이런 관념에 몰입하면 광신자가 되기 쉽다. 참
된 삶의 변화란 생명을 살리는 삶의 경험을 통해서 이룩된다. 우리는
그것을 예수의 삶에서 명확히 볼 수 있다. 그것이 삶을 새롭게 하는
참된 교육이기도 하다. 그런데 바울은 그것을 몰랐다. 그는 예수에게
서 배운 것을 전한다고 했지만, 정말로 예수에게서 배우지는 못했다.
복음의 내용도, 그 전하는 과정도 배우지 못했다. 그는 메시아사상으
로 예수를 자기 나름으로 해석했다. 그리고 그것을 말로 전했다. 그것
은 예수를 하느님의 독생자라고 믿는 사람들의 삶에 변화를 줄 수가
없다. 제 앞가림만 생각하는 자들이 예수를 믿으면 예수를 욕되게 할
뿐이다. 우리는 교회사에서, 그리고 오늘의 교회에서 그런 신자들을
얼마든지 본다. 따라서 그의 선교는 완전히 허사가 되었다. 예수는 재
림하시지 않았고 대망 공동체는 로마제국의 국교가 되는 어처구니없
는 결과를 초래하였다.

다섯째 마디:

바울의 선교 대상

그의 선교 대상에도 문제가 있다. 그의 선교 대상은 도시에 사는 사람들이었다. 도시란 로마제국의 이념을 기반으로 한 도성이다. 그곳에 사는 대부분의 사람들은 황제를 신으로 모시고 권력을 행사하여 자기들의 탐욕과 권세욕을 추구하는 자들이다. 도시는 그들의 집합체이다. 물론 해방된 노예들처럼 천한 사람들도 무척 많았다. 그러나 대부분의 사람들은 그래도 도시에서 한몫 잡으려는 소망을 붙잡고 사는 자들이었다. 바울은 로마서 1장에서 그들의 삶을 이렇게 표현했다.

"인간은 스스로 똑똑한 체하지만 실상은 어리석습니다. 그래서 불멸의 하느님을 섬기는 대신에 썩어 없어질 인간이나 새나 짐승이나 뱀 따위의 우상을 섬기고 있습니다. 그 때문에 하느님께서는 사람들이 자기 욕정대로 살면서 더러운 짓을 하여 서로의 몸을 욕되게 하는 것을 그대로 내버려두셨습니다. 사람들은 하느님의 진리를 거짓과 바꾸고 창조주 대신에 피조물을 예배하고 섬겼습니다. 그러나 영원히 찬양을 받으실 분은 창조주이십니다. 아멘. 인간이 이렇게 타락했기 때문에 하느님께서는 그들이 부끄러운 욕정에 빠지는 것을 그대로 내버려두셨습니다. 여자들은 정상적인 성행위 대신 비정상적인 것을 즐기며 남자들 역시 여자와의 정상적인 성관계를 버리고 남자끼리 정욕의 불길을 태우면서 서로 어울려서 망측한 짓을 합니다. 이렇게 그들은 스스로 그 잘못에 대한 응분의 벌을 받고 있습니다. 인간이 하느님을 알아보려고도 하지 않았기 때문에 하느님께서는 그들이 올바른 판단력을 잃고, 해서는 안 될 일들을 하게 내버려두셨습니다. 그래서 인간은 온갖 부정과 부패와 탐욕과 악독으로 가득 차 있으며 시기와 살의와 분쟁과 사기와 악의에 싸여서 없는 말을 지어내고 서로 헐뜯고 하느님의 미움을 사고 난폭하고 거만하며 제 자랑만 하고 악한 일을 꾀하고 부모를 거역할 뿐더러 분별력도, 신의도, 온정도, 자비도 없습니다. 그런 모양으로 사는 자는 마땅히 죽어야 한다는 하느님의 법을 잘 알면서도 그들은 자기들만 그런 짓들을 행하는 게 아니라 그런 짓들을 행하는 남들을 두둔하기까지 합니다." (롬 1: 22~32)

이렇게 하느님의 분노의 대상이 된 타락한 도시에서, 그는 한몫 잡으려는 자들을 대상으로 선교를 했다. 그 선교의 목적이란 이 도시가 회개하여 구원을 얻게 하려는 것이 아니었다. 그는 이 로마의 도시들이 하느님의 청소 대상이라고 믿었다. 요나가 니느웨 성에 가서 외친 것처럼 말이다. 그는 이 망할 도성에서 빨리 부활하신 예수를 믿고 구원을 얻으라고 외쳤다. 이 도성에도 예수를 믿고 구원을 받으려는 사람들이 있을 것이라고 그는 믿었다. 예수가 자신을 부르신 것은 이 때문이라고 확신했다.

그가 바란 대로 그가 전하는 복음에 응하는 사람들이 있었다. 그들 중에는 로마제국이 자행하는 폭력정치에 수탈당하는 자들도 많았으리라. 살 길을 찾아서 헤매는 해방된 노예들도 있었으리라. 따라서 그들은 하느님이 부활하신 예수를 다시 이 세상에 보내시어 로마제국을 제거하시고 하느님 나라를 이룩하신다면 그 일원이 되어 하느님 나라의 특권을 누리려고 생각했다. 그들의 기본적인 삶의 자세에는 아무런 변화가 없었던 것이다.

바울은 그들을 중심으로 대망 공동체를 세웠다. 그런데 이렇게 모여든 많은 사람들 사이에서 계속 문제가 일어났다. 그들은 삶을 저주스럽게 만든 것이 무엇인지를 명확히 깨닫고, 이와 단절하는 결단을 하지 않았기 때문이다. 힘의 철학이 난무하는 곳에서 자기 몫을 찾으려는 생각을 버리지 못했기 때문이다. 그런데 도시에서 태어나고 자란 바울의 안목에는 로마의 도성들이 중요했다. 그에게서 농촌이란 존재하지 않았다. 로마제국에서 농촌이란 피정복자들이 노예가 되어 혹사당하는 비참한 곳이었다. 예수는 그들이 하느님 나라에 더 가깝다고 하셨다. 그들은 떠돌이들이기 때문이다. 현존 제도 안에서 아무것도 바랄 것이 없기 때문이다. 예수는 그의 제자들에게 로마 천지에 널려 있는 갈릴래아로 가라고 말씀하셨다. 그러나 바울은 그 예수의 뜻을 깨닫지 못했다.

　미친 듯이 여러 도시를 돌아다니던 그는 방황하는 교회들을 보면서 애타는 편지를 썼다. 그는 "나에게서 배운 것과 받은 것과 들은 것과 본 것을 실행하십시오. 그러면 평화의 하느님께서 여러분과 함께 계실 것입니다."라고 권유했다(빌 4: 9). 그리고 그는 "내가 그리스도를 본받는 것처럼 여러분도 나를 본받으십시오."라고 촉구했다(고전 11: 1). 그가 그리스도를 본받았으니, 자신을 표본으로 삼으라는 얘기이다. 그는 다시 강조하였다. "이미 그리스도라는 기초가 놓여 있으니 아무도 다른 기초는 놓을 수가 없습니다."(고전 3: 11) 그가 놓은 기초가 절대적이라고 주장했다. 따라서 그가 전한 복음을 믿으면 새사람이 된다고 강조했다. 이렇게 바울은 온몸과 마음과 힘과 정성을 다해 그가 믿은 복음을 전하였다. 하지만 아무런 변화도 가져오지 못했다. 바울 자신이 다윗 왕조의 그릇된 이념에 사로잡혀 있었기 때문이다.

여섯째 마디:

바울을 심려하게 한 문제들

바울은 열정을 가지고 소신을 전했으나, 자신이 세운 교회들에서 갖가지 문제가 일어나 그를 심려케 했다. 그는 교회들에 편지를 써서 성도들을 깨우치고 격려했다. 우리가 가지고 있는 바울의 글들은 이렇게 기록된 그의 서한들이다. 그 서한에서 지적하는 문제들을 살펴보자.

1 │ 유대인 교인과 이방인 교인 사이의 분열

교회 안에서 일어난 여러 문제들이, 믿는 자들은 그리스도의 몸이요 형제자매라고 강조한 바울을 괴롭혔다. 바울은 애타는 심정으로 그들에게 서한을 보냈다. 그 첫 번째 문제가 갈라디아 교회에서 일어 난 할례 문제이다.

할례를 받아야 한다는 유대인 교인들의 주장에 이방인 교인들이 동요했다. 그는 서한으로 이방인 교인들에게 복음의 원리를 깨우치려 고 하였다. 바울은 믿음의 조상 아브라함을 예로 들었다. "아브라함 은 하느님을 믿었고 하느님께서는 그의 믿음을 보시고 그를 올바른 사람으로 인정해 주셨습니다."(갈 3: 6, 롬 4: 9b~11) 하느님이 아브라 함의 믿음을 보시고 그와 계약을 맺었다는 것이다. 그리고 할례는 그 후에 받았다고 지적했다. 이 약속이 율법 때문에 무효가 될 수 없다고 바울은 주장한다. 그러면서 율법이란 인류가 아직 성숙하지 않았을 때 죄가 무엇인지를 깨우치려고 주신 것이라고 말한다. 그러니 이제 예수 그리스도를 믿음으로써 하느님과 올바른 관계에 서게 되었으므 로, 율법에 따라서 할례를 받을 필요가 없다고 그는 주장했다.

그러나 아브라함의 믿음과 바울이 말하는 믿음은 동이 서에서 먼 것만큼 멀다. 아브라함의 믿음이란 하느님이 강자들의 폭력으로 말미 암아 떠돌이가 된 자들을 통해 새 역사를 창출하시겠다는 놀라운 약 속에 대한 믿음이다. 따라서 하느님은 모든 민족의 하느님이다. 특히 떠돌이들을 돌보시는 하느님이시다. 그들을 통해 정의와 평화가 강물 처럼 흐르는 공동체를 이룩하시겠다는 약속이다. 여러 민족들이 서로 축복하면서 사는 에덴동산을 이룩하시겠다는 것이다.

이것은 율법과는 아무 관계가 없다. 오히려 율법을 무효화시키는 믿음이다. 율법이란 선민사상에 의한 종교적인 규율이다. 아브라함의 믿음은 탐욕에 사로잡힌 강자들이 쌓아 올린 바벨탑으로 말미암아 주

변으로 밀려나 떠돌이가 된 자들을 통해 새 내일을 창출하시겠다는
야훼를 향한 믿음이다. 십자가에 달리셨다가 부활하신 하느님의 독생
자를 믿으면 구원을 얻는다는 바울의 신학과는 아무 상관이 없다. 아
브라함이 할례를 받았다고 하는 창세기 17장 3절 이하의 기록은 후세
에 추가한 사제 문서(P 문서)이다. 역사적인 가치도 없는 이야기이다.

2 | 고린도 교회에 발생한 세 가지 부조화

고린도 교회에는 세 가지 심각한 문제가 일어났다. 그 첫째는 파
벌이었다. 고린도전서 1장에 보면 바울은 고린도 교회에 바울파, 아
폴로파, 게바파, 그리스도파 등으로 갈라져서 분쟁을 하고 있다는 소
식을 듣고 안타까워하며 편지를 쓰기 시작했다. 바울이 고린도 교회
를 창립했으니 그때 믿은 자들은 스스로를 바울파라고 했을 것이다.
아폴로파는 그 뒤로 물을 준 자라고 한다. 바울의 뒤를 따라서 고린도
교회를 돌본 것으로 보인다. 그들은 스스로를 아폴로파라고 부른다.
게바파란 베드로의 예루살렘 교회에서 온 사람들이리라. 그리스도파
란 이런 선교자들이 아니라 예수 그리스도만을 따른다는 자들이리라.
이것은 예수를 믿는다고 하면서도 인간적인 것을 벗어나지 못한 자들
의 전형적인 모습이다. 각자위심各自爲心을 버리지 못한 자들의 행태인
것이다.
사실 예수의 제자들 사이에서도 이런 일이 일어났었다. 이것은 오
늘날에도 마찬가지다. 예수를 믿는다고 하면서도 구교니 신교니, 장
로교니 감리교니 하면서 경쟁을 하는 모습과 똑같다. 자기 본위의 생

각을 버리지 못한 너무나 인간적인 자세이다. 예수를 믿는다는 말의
모호함을 단적으로 보여주는 모습이다. 예수를 믿으면 새사람이 된다
는 바울의 주장은 여기에서 비참하게 무너진다.

둘째로, 고린도 교회에는 예수 믿는 자들 중에 부유한 자들, 권세
있는 자들이 있었다. 그들이 주님의 죽음을 기념하는 성찬을 그릇되
게 행하여 바울의 분노를 자아냈다. 당시 성찬은 후세에 집행된 것과
같이 간략한 의식이 아니었다. 예수가 오순절 전에 행하였던 것과 같
이 공동체가 모여서 함께 식사를 하는 것이었다. 이 식사를 시작할 때
예수가 늘 하신 것처럼 떡을 떼어 축사를 하고 마지막에 잔을 들어서
축사를 한다. 우리를 위한 예수의 죽음을 기념한 것이다.

그런데 고린도 교회의 부와 권세 있는 신자들이 그들의 넓은 저택
에서 일찍 모여 먹고 마시고는 가난한 사람들이 오기 전에 산회를 해
버렸다. 가난한 사람들은 늦게까지 일을 하느라고 일찍 참여할 수가
없었다. 가난한 사람들은 제때에 성찬에 참여하지 못한 것이다. 예수
를 믿는다고 하는 부유한 자들 마음속에 가난한 자들을 생각하는 심
정이란 조금도 없었던 것이다. 바울은 먹고 마시려면 각자 자기 집에
서 할 것이지, 왜 한군데 모여서 하느냐고 질책했다. 교회에 부자와
가난한 자들로 분파가 나뉘었으니, 이는 그리스도의 몸을 분열시키는
일 아니냐고 꾸중했다. 부와 권세 있는 자들이 예수를 구주로 믿고 받
아들였으나, 그들 마음에는 아무런 변화가 없었다. 여전히 각자위심
에 사로잡혀 있었다. 여기에서 우리는 부자와 권세 잡은 자들이 예수
를 믿는다는 것의 허망함을 본다. 그들이 기득권을 버린다는 것은 낙
타가 바늘구멍으로 들어가는 것보다 힘들다는 예수의 가르침을 바울
은 몰랐을 것이다.

　셋째로 성령을 받아 방언을 한다는 자들의 오만 때문에 교회에 물의가 생긴 것도 바울의 근심을 자아냈다. 바울은 방언을 하는 것도 성령으로 말미암은 은혜라고 인정을 한다. 물론 이 방언은 성령 강림 뒤 일어난 방언과는 다르다. 그때의 방언은 여러 가지 언어를 하는 자들 사이에 기가 통하는 것을 일컫는 것이다. 그러나 고린도 교회에서 성행한 방언은 아무도 알아들을 수가 없는 지껄임이었다. 이런 방언을 하는 사람들은 흔히 기도 생활을 열심히 하여 삶의 변화가 이룩된 자로 보인다. 따라서 그들은 믿음으로 방언을 하는 은사를 받았다고 은근히 자랑하면서 물의를 일으켰다. 이렇게 자기 신앙을 자랑하는 자들은 흔히 열등의식에 사로잡힌 자들이다. 이른바 방언이라는 것을 하게 되면 은근히 그것을 자랑하게 되는데, 이 역시 각자위심의 소행이다. 이런 행태는 교인들 사이에 불화를 초래한다. 그리고 믿지 않는 자들에게 기이한 인상을 줄 것이라고 바울은 걱정했다. 바울은 방언을 번역하는 자가 없으면 교회에서 잠잠히 하라고 타이른다. 방언은 방언을 하는 자와 하느님 사이에서 생겨나는 개인적인 일이라고 치부한 것이다.

　바울은 하느님이 주시는 성령의 은혜로서 가장 소중한 것은 사랑이라며, 고린도전서 13장에 있는 아름다운 사랑의 시를 들려준다. 그런데 이 사랑의 시를 음미해보면 예수가 중시한 사랑과는 완전히 다른 것을 발견하게 된다. "내가 이제 가장 좋은 길을 여러분에게 보여드리겠습니다."라는 말로 시작한 그는 다음과 같은 사랑의 시를 읊는다.

　"내가 인간의 여러 언어를 말하고

천사의 말까지 한다 하더라도

사랑이 없으면

나는 울리는 징과

요란한 꽹과리와 다를 것이 없습니다.

내가 하느님의 말씀을 받아 전할 수 있다 하더라도

온갖 신비를 환히 꿰뚫어보고

모든 지식을 가졌다 하더라도

산을 옮길 만한 완전한 믿음을 가졌다 하더라도

사랑이 없으면

나는 아무것도 아닙니다.

내가 비록 모든 재산을 남에게 나누어준다 하더라도

또 내가 남을 위하여 불 속에 뛰어든다 하더라도

사랑이 없으면

모두 아무 소용이 없습니다."(고전 13: 1~3)

이것은 실로 굉장한 선언이다. 그러나 바울이 말한 사랑의 내용을 음미해보면 예수가 말씀하시고 삶으로 보여주신 사랑과는 완전히 다르다. 사랑은 오래 참는 것, 친절한 것, 시기하지 않는 것, 자랑하지 않는 것, 교만하지 않는 것, 무례하지 않는 것, 사욕을 품지 않는 것, 성을 내지 않는 것, 앙심을 품지 않는 것, 불의를 보고 기뻐하지 않는 것, 진리를 보고 기뻐하는 것, 모든 것을 덮어주고, 모든 것을 믿고, 모든 것을 바라고, 모든 것을 견디어내는 것을 사랑이라고 한다. 이것은 원숙한 인품을 가진 자를 그린 그림이다. 그러나 예수의 사랑은 그런 것이 아니다. 예수의 사랑은 생명 사랑이다. 특히 강자들에게 짓밟

혀서 아우성치는 사람들을 보고 아파하는 사랑이다. 어떻게 하면 그
들도 당당한 인간으로 우뚝 서서 하느님의 자녀로서의 삶을 누리게
할 것이냐 하는, 구하고 찾는 사랑이다. 죽음의 길로 치닫는 원수까지
도 껴안는 사랑이다. 나 자신의 성품이나 인격의 문제가 아니다. 모두
가 더불어 노래하고 춤추는 생명문화공동체를 창출하려는 간절한 생
각이다.

　　바울은 정의와 불의를 언급한다. 그러나 그의 삶에서 강자들이 자
행하는 불의를 보고 분개하는 것을 볼 수가 없다. 억눌린 자들을 껴안
으면서 아픔을 나누는 것을 볼 수가 없다. 그의 관심은 늘 다윗 왕조
가 꿈꾸었던 메시아왕국의 회복에 집중되어 있었다. 그러기에 그의
뒤를 따르는 자들의 삶에 변화가 오지 않았던 것이다.

3 │　　선민인 유대인의 불신

　　바울에게 가장 마음 아픈 일은 동족인 이스라엘 사람들이 예수를
통하여 주시는 하느님의 은혜를 받아들이지 않는 것이었다.

"나에게는 큰 슬픔이 있습니다. 그리고 마음으로 끊임없이 번민하고
있습니다. 나는 혈육을 같이하는 내 동족을 위해서라면 나 자신이 저
주를 받아 그리스도에게서 떨어져 나갈지라도 조금도 여한이 없겠습
니다."(롬 9: 2)

　　이렇게 번민하는 바울은 동시에 하느님은 미리 예정하여 선택하

신 자들을 버리지 않으신다고 확신하였다. 그들은 약속의 자녀들이기
때문이다(롬 9: 8). 바울은 하느님이 어떻게 이스마엘이 아니라 이삭
을, 에서가 아니라 야곱을 선택하셨는지를 말한다. 하느님에게는 선
택할 자유가 있고, 동시에 선택한 자들을 버리시지 않는다고 말한다.

그러나 이 선민사상은 야훼 하느님이 정하신 것이 아니다. 스스로
왕이 되어 그 나름의 제국을 만든 다윗이 그를 섬기는 예언자들을 통
하여 스스로를 하느님의 사랑하는 아들이라고 선포하게 하고, 그가
다스리는 유대 백성들을 그의 선민이라고 선언하게 한 것이다. 그러
다가 그들이 자업자득으로 망하게 되자 메시아사상이라는 것을 조작
해 야훼 하느님이 선민 이스라엘을 위하여 메시아를 보내시고 그가
선민 이스라엘을 방초동산으로 이끄실 것이라고 믿었다.

바울은 갈릴래아 청년 예수를 그 메시아로 믿었다. 따라서 이스라
엘 사람들이 그를 섬기고 따라야 한다. 동시에 이방인들도 이 메시아
왕국에 초청을 받았다. 바울은 이방인들을 메시아왕국에 참여하도록
초청하는 역할을 받았고 믿었으며, 그는 이 일에 정성을 다 바쳐 적지
않은 성과를 거두었다. 그런데 이 메시아왕국의 주역이 되어야 할 이
스라엘 백성들이 이 초청에 응하지 않고 있었다. 이것이 바울의 고민
이었다. 이스라엘 백성들이 대거 이 메시아왕국에 참여하지 않고는
그가 전하는 복음이 무효가 되어버릴 것이다. 그래서 그는 자신이 저
주받는 일이 있더라도 이스라엘 백성들이 참여한다면 달게 받겠다고
선언한다. 그러다가 바울은 이렇게 외친다.

"하느님께서 한 번 주신 선물이나 선택의 은총은 다시 거두어가시지
않습니다. 전에 하느님께 순종하지 않았던 여러분이 이제 이스라엘

사람들의 불순종 때문에 하느님의 자비를 받게 되었습니다. 이렇듯
지금은 순종하지 않고 있는 이스라엘 사람들도 여러분이 받은 하느님
의 자비를 보고 회개하여 마침내는 자비를 받게 될 날이 올 것입니다."
(롬 11 : 29~31)

이렇게 바울의 상상력이 날개를 편다. 본래 선택 받지 않은 이방
인들이 메시아왕국에서 축복을 받게 되면 그것을 본 이스라엘 백성들
이 질투하여 이에 대거 가담할 것이라고 믿는다. 그렇게 믿는 근거란
하느님은 한 번 약속하신 선택이나 약속은 저버리지 않으신다고 믿었
기 때문이다. 그러나 그 믿음의 근거란 하느님의 뜻이 아니라 메시아
사상을 조성한 다윗 왕조의 생각이다. 따라서 그것은 허무한 근거이
다. 이렇게 생각한 바울은 자기의 생각에 크게 감탄한다. 그리고 그것
이 진리인 양 모두를 설득한다.

"오! 하느님의 풍요함과 지혜와 지식은 심오합니다. 누가 그분의 판
단을 헤아릴 수 있으며 그분이 하시는 일을 이해할 수 있겠습니까?"
(롬 11 : 33)

문제는 예수 당시 팔레스타인에 사는 이스라엘 사람들이 예수를
이단시하여 십자가에 못 박은 것이다. 그리고 오늘에 이르기까지 유
대인들은 토라를 껴안고 제자리에서 떠나지 못하고 있다. 바울이 이
방인들을 설득하여 예수를 믿게 하려고 한 것도 다윗 왕조에 복속시
키려 한 것에 불과하다. 여기서 우리는 바울이 어떻게 자기 생각을 진
리인 양 믿고 전하였는지를 보게 된다.

4 | 육肉의 길에 대한 경고

바울은 그들 앞에 영의 길과 육의 길이 있다면서, 신자들이 육의 길에 유혹받을 것을 걱정했다. 그는 신자들에게 육의 길로 가지 말고 영의 길로 가라고 권하였다. 당시 로마제국에 널리 퍼져 있던 육의 길의 위험성을 몹시 걱정하며, 바울은 갈라디아서 5장 13~14절에서 다음과 같이 말했다.

"형제자매 여러분, 하느님께서는 자유를 주시려고 여러분을 부르셨습니다. 그러나 그 자유를 여러분의 육체의 욕망을 만족시키는 기회로 삼지 마십시오. 오히려 여러분은 사랑으로 서로를 섬기십시오. 모든 율법은 '네 이웃을 네 몸같이 사랑하여라' 하신 한마디 말씀으로 요약됩니다."

구체적으로 육체와 영의 길을 기록했다.

"육체의 욕망이 빚어내는 일은 명백합니다. 곧 음행, 추행, 방탕, 우상숭배, 마술, 원수 맺음, 싸움, 시기, 분노, 이기심, 분열, 당파심, 질투, 술주정, 흥청거리는 연회, 그 밖에 이와 비슷한 것들입니다."(갈 5: 19~21a)

앞서 우리는 로마서 1장 18절 이하에서, 하느님은 인간이 깨닫고 알 수 있는 것들을 보여주셨는데도 인간이 육체의 욕망을 좇아 하는 일들을 신랄하게 규탄한 구절을 보았다. 로마제국의 회생불능한 모습도 그렸다. 이렇게 바울은 로마사회에서 기득권자들이 흥청대고 사는 모습을 육체의 욕망에 따라 사는 것이라고 규탄했다. 악한 나무에서 열리는 갖가지 부정한 열매를 열거하며 그런 욕망으로 말미암는 행위를 하지 말라고 강력히 촉구했다.

　그런데 문제는 이런 악한 행태를 빚어내는 악의 뿌리가 무엇인지를 바울은 알지 못했다는 것이다. 문제의 근원은 바울이 숭배하는 다윗 왕에게서 시작되었다. 동시에 바울은 모든 악의 뿌리를 아담에게서 유전적으로 받은 죄 때문이라고 보았다. 문제의 뿌리는 탐욕, 권세욕, 그리고 이를 위해 하느님의 이름까지 오용하는 육으로 말미암는 각자위심이라는 것을 그는 보지 못한 것이다.

일곱째 마디:

바울의 마지막 인사

보그와 크로산은 빌립보 교회에게 보낸 바울의 편지에서 자신의 삶을 정리하는 마지막 인사를 했다고 말한다. 빌립보 교회에 쓴 편지의 아름다운 권면을 읽을 수 있다.

"주님과 함께 항상 기뻐하십시오. 거듭 말합니다. 기뻐하십시오. 여러분의 너그러운 마음을 모든 사람에게 보이십시오. 주님께서 오실 날이 얼마 남지 않았습니다."(빌 4: 4~5)

이렇게 권한 그는 이어서 확언을 했다.

"아무 걱정도 하지 마십시오. 언제나 감사하는 마음으로 기도하고 간
구하여 여러분의 소원을 하느님께 아뢰십시오. 그러면 사람으로는 감
히 생각할 수도 없는 하느님의 평화가 그리스도 예수를 믿는 여러분
의 마음과 생각을 지켜주실 것입니다."(빌 4: 6~7)

바울은 자기가 예수에게 배운 것처럼 고린도 교회의 형제자매들
도 그에게서 배우라고 호소한다(고전 11: 1). 이제 우리가 물어볼 때가
됐다. 바울이 정말 예수에게서 배운 것인가? 아니면 그 자신이 메시
아사상에 따라 그려낸 예수에게서 배운 것인가? 선민사상에 사로잡
혀 있던 그는 부활하신 예수의 환상을 본 뒤, 선민사상에 사로잡혀 있
던 예언자들이 조성한 메시아사상을 기초로 예수의 모습을 자의적으
로 그린 것이다. 그리고 그는 예수에게서 배웠다고 말한다.

넷째 마당

●

예수와 바울의 대조

이제 예수와 바울의 삶과 선교를 비교하고 평가를 시도해보자. 바울은 고린도 교회에 보낸 편지에서 예수에게서 배웠다고 말하였다. 정말 그런 것인지를 알아보자.

1 | 두 선교자가 태어나 자란 곳과 관심사

예수는 정치적으로 억압받고 경제적으로 수탈당하고 종교적으로 죄인 취급을 받는 떠돌이들의 아우성 소리가 천지를 뒤덮은 농촌 갈릴래아에서 한 목수의 아들로 태어났다. 그의 관심은 땅 위에서 고생하는 무리들에게 있었다. 예수는 목자 없는 양처럼 유리방황하는 떠돌이들을 보며 마음이 아팠다. 따라서 그는 그들을 수탈하고 억누르는 악의 뿌리는 무엇이요, 이를 극복하고 정의와 평화의 새 내일을 이룩하여 그들도 인간답게 사는 새 세상을 여는 길이 무엇인지를 구하고 찾았다.

그러나 바울은 로마 정치의 중심지 중 하나요 그리스 문화가 판치는 길리기아 다소의 부유한 바리사이파 가정에서 태어났다. 따라서 그의 관심사는 정치, 종교, 철학 등이었다. 동시에 바울의 관심은 하루 속히 메시아가 와서 스스로 평화의 신이라고 하는 로마황제를 물리치고 메시아왕국을 이룩해 주시기를 바라는 데 있었다.

2 │　　두 선교자가 가진 전기轉機

두 젊은이는 모두 그들의 삶에서 극적인 전기를 맞이했다. 예수는 떠돌이들도 즐겁게 살 수 있는 정의와 평화의 새 내일을 갈구하여 구도의 삶을 살다가 세례자 요한에게 세례를 받고 물에서 나오자 "너는 내 사랑하는 아들, 내 마음에 드는 아들이다."(막 1: 11)라는, 있을 것을 있게 하시는 야훼 하느님과 기화를 했다. 그리고 모든 악의 뿌리가 무엇인지, 그리고 새 내일을 창출하는 길이 무엇인지를 깨달았다. 그 악의 뿌리란 탐욕, 권세욕, 하느님까지 오용하는 그릇된 종교였다. 그 것은 바로 다윗 왕조가 자행한 패망의 길이요, 스스로 평화의 신이라고 자처하는 로마황제의 실체라는 것도 깨달았다. 동시에 참된 생명의 길이란, 이에 대치되는 사랑으로 나누고 용서하고 섬기는 길이라는 것도 깨달았다.

바울도 극적인 경험을 하였다. 예수를 신성모독자로 믿어, 그를 따르는 자들을 박해하는 데 앞장섰던 그가 부활하신 예수를 만나는 신비한 경험을 하였다. 그는 이 경험을, 그가 신봉한 메시아사상에 따라

서 해석했다. 그 해석의 핵심은 로마황제가 정치범으로 십자가에 못
박은 예수를 하느님이 다시 살리셨으니 평화의 주는 로마황제가 아니
라 예수라는 것이었다.

3 │　예수에 대한 다른 이해

예수는 구도자였다. 기득권자들의 억압과 수탈 속에 죄인 취급을
받는 떠돌이들을 보면서 그들이 인간답게 사는 생명의 길을 찾으셨
다. 그가 제자들에게 "구하라, 주실 것이요, 찾아보아라, 그러면 만날
것이요, 문을 두드리라, 그러면 열어주실 것이다."라고 한 것이 그가
살았던 삶의 모습을 잘 설명해준다. 그 결과 그는 야훼 하느님과 기화
하여 악의 뿌리를 발견하고 동시에 평화와 기쁨이 차고 넘치는 생명
의 길을 찾으셨다. 이렇게 각(覺)을 한 그는 멸망의 길로 치닫는 자들로
하여금 깨닫고 돌아서서 생명의 길에 들어서도록 하는 길을 성실하게
걸으셨다. 그렇게 하여 에덴동산을 회복하셨다. 생명문화공동체를 창
출하셨다.

그는 유대인들이 기다린 메시아사상을 부인하셨다. "선한 선생님"
이라는 칭호도 거부하셨다. 그는 참 생명을 찾으면서도 다윗 왕조의
전통에서 해방되지 못한 자들을 깨우치기 위해 십자가에도 달리셨다.
그야말로 하느님의 영으로 기름부음 받은 참된 메시아이다. 그는 하
느님을 아버지라고 부르셨다. 인류는 모두 하느님의 영을 받은 그의
자녀이기 때문이다. 예수는 모든 인류를 하느님의 자녀로 보시고, 그
들을 다 껴안으셨다.

그러나 바울은 예수를 다윗 왕조가 조작한 메시아로 보았다. 그는 예수를 본래 하느님과 본질적으로 같은 분이지만 우리의 죄를 위하여 사람의 몸을 입고 이 세상에 오시어 십자가에 달려 돌아가셨다가, 하느님이 다시 살리셔서 그의 오른편에 앉게 하셨다가, 다시 세상에 보내시어 이 세상 나라들을 청소하시고 역사를 하느님에게 바치실 것이라고 믿었다. 또 그를 믿는 사람은 다 구원을 얻을 것이라고 믿었다. 그러나 다윗 왕조가 조작하여 만든 메시아를 하느님과 본질적으로 동등하다고 말하는 것이야말로 야훼 하느님의 뜻을 모독하는 것이다.

예수와 바울은 인간에 대하여도 서로 다른 이해를 가지고 있었다.

예수는 인간이 하느님의 생명의 영을 품어 생명체가 되었다고 보셨다. 탕자의 비유처럼 사람은 육의 유혹에 따라서 곁길로 나가기는 하나, 고난을 통하여 자신의 속에 있는 영이 깨어나 생명의 길을 추구하게 된다고 보았다. 따라서 그는 고난을 당하는 자들을 깨우치심으로 도우시어 다시 생명의 길로 들어서게 하셨다. 그리고 그들로 하여금 생명문화공동체 창출의 주체가 되게 하셨다.

바울은 사람의 마음속에 아담의 죄가 유전되어 죄를 짓게 하므로 이에 대하여는 속수무책이라고 한탄하였다. 이를 극복하는 길이란 예수를 구주로 믿음으로써 하느님의 용서를 받는 것밖에는 다른 길이 없다고 믿었다. 따라서 인간은 완전히 수동적인 존재가 된다.

4 | 두 선교자가 전한 복음에 대한 이해

예수는 "회개하라. 하느님의 나라가 목전에 도달했다."라고 선포하셨다. 가던 길에서 돌아서면 하느님의 나라에 들어갈 것이라는 것이다. 모두가 가는 길이란 탐욕, 권세욕, 종교까지 오용하는 길로 다윗 왕조를 위시한 모든 제국이 조작한 길이다. 로마제국에 사는 자들도 그 길로 가고 있었다. 모두가 가는 그 길은 죽음의 길이기에 거기에서 돌아서라는 것이다. 그리고 찾는 자가 적은, 나누고 용서하고 섬기는 길로 들어서라는 것이다. 그래야 정의와 평화가 강물처럼 흐르는 하느님 나라에 들어간다는 것이다. 에덴동산, 곧 생명문화공동체에 들어가게 된다는 말이다. 이것은 가나안 땅과 갈릴래아에서 이미 이루어지기 시작한 일이요, 오늘날 세계 방방곡곡에서 재연되어야 할 일이다.

그러나 바울은 하느님이 그의 독생자를 이 세상에 보내시어 로마제국의 십자가 형틀에 달려 돌아가게 하시고, 부활하게 하시어 앞으로 이 세상 나라들을 청소하시고 하느님 나라를 이룩하실 터인데, 이것을 믿으면 죄를 용서받고 하느님과 화해하여 메시아왕국에 들어가게 된다고 주장했다.

5 │ 두 선교자가 가진 십자가에 대한 이해

예수가 달려 돌아가신 십자가에 대한 이해도 달랐다. 예수에게서 십자가란 각성 교육의 도구였다. 유대인들은 다윗 왕조가 조작한 그릇된 하느님 이해와 이에 따른 메시아사상을 위시한 그릇된 문화에 세뇌되어 삶의 길을 찾지 못하고 있었다. 예수는 이것을 깨우치기 위해 다윗 문화의 핵심이 되는 성전에 채찍을 들고 들어가시어 강도의

소굴이라고 외친 뒤 십자가에 달리신 것이다. 그 결과 많은 유대인들
이 다윗 왕조의 추한 진면목을 보고는 다윗 왕조의 전통이 거짓임을
깨닫고 이로부터 탈출하였다.

　바울에게서 예수의 십자가는 하느님의 독생자가 우리 죄를 대신
하여 희생 제물로 달리신 형틀이었다. 본래 그는 예수 운동의 박해자
였으나, 환상 속에 예수가 나타나자 하느님이 그의 독생자 예수를 십
자가에 달리게 하셨다가 부활하게 하심으로써 메시아왕국을 이룩하
실 메시아로 삼으셨다고 믿었다.

6 │　하느님에 대한 두 개의 다른 이해

　이와 같이 다른 두 복음의 뿌리에는 하느님에 대한 두 개의 다른
이해가 있다. 예수가 기화한 하느님은 출애굽 전통의 야훼 하느님이
시다. 그는 먼 옛날 이집트에서 오랫동안 노예생활을 하던 '하비루'
들이 아우성치자 그들을 이집트에서 구출하여 가나안 땅에서 정의와
평화가 강물처럼 흐르는, 왕이 없는 에덴동산을 창출하게 하셨다. 그
러나 그는 직접 역사에 개입하시지 않는다. 억압당하는 자들 속에 있
는 그의 생명의 영이 집단적으로 아우성치며 정의와 평화의 새 내일
을 갈망하면 그와 기화하여 득도한 선각자를 보내시고 그들로 하여금
새 내일을 창출하는 역사의 주역이 되게 하시는 영이다. 더욱이 그는
어느 한 민족의 수호신이 아니다. 그는 정의와 평화의 새 내일을 갈구
하는 모든 인류에게 똑같이 기화하시어 그들로 하여금 새 내일의 주
체가 되게 하시는 영이다. 그 영이 다시 새 내일을 갈구하는 갈릴래아

청년 예수와 기화하시어, 갈릴래아의 한 많은 떠돌이들을 삶을 통한
각성교육을 통하여 에덴동산을 재연하게 하셨다. 그가 바로 생명문화
공동체를 갈망하는 자들과 기화하시는 야훼 하느님이다.

　바울이 신봉한 하느님은 다윗이 조작한 신이다. 다윗은 있을 것을
있게 하시는 야훼의 뜻을 거스르고, 스스로 왕이 되어 자신의 탐욕과
권세욕, 명예욕을 이루기 위해 왕을 가지지 말라고 한 야훼를 그의 수
호신으로 만들고 동시에 우상화했다. 그리고 그를 역사에 개입하시는
전투의 신으로 만들어서 약소민족들과 농민들을 수탈하여 자신의 탐
욕을 채웠다. 그리고 그를 질투하시는 신으로도 만들었다. 이스라엘
백성들이 다른 신을 섬기면 야훼가 질투하여 그들을 징벌하신다는 것
이다. 그러다가 그의 왕국이 패망하자 이스라엘 백성들이 우상을 섬
김으로 하느님의 징벌을 받은 것이라고 설명했다. 그러나 하느님은
다윗 왕을 사랑하시고 이스라엘 백성들을 선민으로 삼으셨기에 앞으
로 야훼만을 섬기고 율법을 엄수하면서 이방인들과 별리하여 살면,
메시아를 보내어 다윗 왕조를 회복하시고 만국을 그들 밑에 두실 것
이라고 믿었다. 바울은 이렇게 다윗 왕조가 조작한 야훼를 믿고, 부활
하신 예수가 메시아왕국을 재건할 것이라고 확신했다.

7 | 두 선교자가 복음을 전하는 과정

　예수는 삶을 통해서 진리를 전했다. 그의 관심은 새로운 삶이기 때
문이다. 따라서 그는 사랑으로 먹을 것을 나누시고, 병을 고쳐주시고,
그들이 죄인이 아니라 오히려 그들을 죄인이라고 하는 자들이 더 죄

인이라고 언명하셨다. 고생을 겪으면서 아우성치는 떠돌이들이 하느
님 나라에 더 가깝다고 깨우쳐주셨다. 그렇게 하여 그들로 하여금 인
간으로서 당당하게 서도록 하셨다. 그런 뒤 그들이 경험한 것들의 의
미를 차근차근 깨우쳐주셨다. 그것은 그들이 경험한 것이기에 온몸과
마음으로 받아들여 새사람이 되었다.

　　그러나 바울은 그의 복음을 말로만 전했다. 그 복음의 내용이 삶
을 통한 것이 아니라 머리로 조작한 관념이기 때문이다. 그러나 말로
전하는 복음은 사람을 새롭게 하지 못한다. 말로 전하고 머리로 받아
들이기 때문이다. 삶 전체가 반응을 하지 않는다.

8 │　두 선교자가 조성한 공동체

　　예수가 이룩하려는 공동체는 지금 이 땅 위에서 사랑으로 나누고
용서하고 섬기는 생명문화공동체이다. 에덴동산의 재연이다. 이 공동
체는 어느 한 민족의 공동체가 아니다. 온 인류를 위한 공동체이다.
이것이 비록 유대 땅 갈릴래아에서 시작되었으나, 이 공동체가 자라
고 퍼져서 온 인류에게 삶의 잔치를 베푸는 동리洞里가 되어야 하는 공
동체이다. 온 인류를 위하여 촛불처럼 빛나고 겨자나무처럼 자라고
누룩처럼 확산되어 언덕 위에 세운 마을처럼 모두에게 소망을 주는
생명문화공동체운동이다.

　　그러나 바울이 조성한 공동체는 예수가 재림하여 다윗 왕조가 조
작한 메시아왕국을 조성하기를 기다리는 대망 공동체이다. 따라서 이
것은 선민인 유대인을 위한 공동체이다. 바울이 이방인들을 이 공동

체에 가담시키려 했으나, 이는 그들을 유대화하려는 것일 따름이다. 그들은 신격화한 예수께 찬양을 돌리면서 재림을 기다렸다. 이 대망 공동체는 예수의 재림을 믿는 믿음, 고난을 당하나 예수가 오고야 말 것을 바라는 소망, 그 공동체에 속하는 자들 사이의 형제애를 강조했다. 그리고 예수의 재림과 그의 가호를 기원하는 삶을 강조했다.

9 │　두 선교자가 찾아간 선교 대상

　예수는 한 많은 떠돌이들이 아우성치는 갈릴래아로 갔다. 그들의 서러움과 아픔을 아셨기 때문이다. 그들이 하느님 나라에 더 가깝다는 것을 아셨고, 뿐만 아니라 그들이야말로 새 하늘 새 땅을 창출할 역군이라고 보셨기 때문이다.

　도시에 사는 사람들은 대개가 기득권을 향유하거나 그 부스러기라도 얻어 먹으려는 자들이다. 그들은 다 강자들의 문화에 심취해 있었다. 그러나 그곳에도 새 내일을 갈망하는 자들이 있다는 것을 예수는 아셨다. 그들이 아직 다윗 왕조가 조성한 문화의 가면 뒤에 숨어 있는 흉악한 모습을 보지 못하여 그로부터 탈출하지 못한 것뿐이다. 이것을 아신 예수는 그들의 깨달음을 도우시려고 채찍을 들고 성전으로 들어가셨다. 그리고 십자가에 달려서 그들의 가면을 벗기고 흉악한 모습을 폭로하신 것이다.

　바울은 도시에서 도시로 순행을 하면서 그의 복음을 전했다. 바울은 도시 출신으로 농촌에 대해서는 아무 관심이 없었다. 그가 농촌에 관심이 없는 것은 그곳에서 억압받고 수탈당하며 아우성치는 사람들에게 관심이 없다는 것을 뜻한다. 그의 관심사는 다윗 왕조가 조작한 메시아왕국이다. 예루살렘 재건이다. 따라서 그는 도시에서 도시로 돌아다니면서 예수가 재림할 때 천국의 시민이 되려는 자들을 모아들인 것이었다. 특히 그의 사명은 이방인들을 이 메시아왕국의 시민으로 끌어들이는 일이었다.

10 | 두 선교자가 거둔 열매

바울의 선교는 아무 열매도 거두지 못했다. 대망 공동체는 오늘도 저 높은 곳을 바라보며 오직 대망만 하고 있다. 동시에 그들은 권력을 잡은 자들과 결탁하여 그들의 부귀영화를 나눈다. 이것은 로마제국 시대부터 시작되었다. 그 대망 공동체가 로마제국의 국교가 된 것이 그것을 말해준다.

그러나 예수가 이룩하신 하느님 나라, 생명문화공동체는 전혀 다르다. 그들의 공동체는 잔칫집과도 같다. 그것이 겨자나무처럼, 누룩처럼 지중해 연변에 있는 '갈릴래아'들로 퍼져나가 모두에게 소망을 주는 언덕 위의 마을이 되었다.

11 | 삶에 대한 두 선교자의 다른 자세

보그와 크로산은 바울을 진보적인 인물로 보았으나 그는 철저한 보수주의자였다. 지금까지 살펴본 바와 같이, 그의 사상과 삶은 완전히 다윗 왕조의 문화에 사로잡혀 있었다.

그러나 예수의 삶의 자세는 철저히 개혁적이었다. 그가 태어난 현실이 삶을 비참하게 만드는 죽음의 문화였기 때문이다. 다윗 왕조의 문화가 그랬고, 로마제국의 문화가 또한 그랬다. 이러한 현실에 대하여 그는 "아니다"라고 강하게 부정하고 완전히 새로운 생명의 길을 추구하셨다. 예수는 제자들에게 "새 술은 새 부대에 넣으라"고 말씀하셨다.

12 │ 　두 선교자가 창출한 문화

바울이 창출한 문화란 다윗 왕이 조성한 문화의 연장선상에 있다. 다윗 왕의 문화란 이 세상 다른 왕들과 마찬가지로 강자의 탐욕과 권세욕을 채우기 위한 힘의 문화이다. 그가 비록 출애굽의 신 야훼를 성전에 모시기는 했으나, 그 신을 자신의 뜻을 섬기는 수호신으로 모시고 야훼의 이름으로 갖가지 만행을 저질렀다. 그는 야훼를 전투의 신으로 모셨다. 그리고 그의 이름으로 주변의 약소민족들을 정복하여 노예로 삼아 부귀영화를 누렸다. 그러면서 야훼 예배를 장려했다. 그 결과 이스라엘 백성들 사이에서 이 야훼 예배가 삶의 중요한 부분이 되었다. 야훼께 제사를 드려야 축복을 받는다고 믿었기 때문이다.

그러나 이 야훼 예배가 바알 신을 위시한 여러 우상 숭배와 경쟁을 하게 되었다. 야훼가 다윗 왕조의 수호신이 되는 순간 그는 다른 우상들과 다를 바가 없이 되었기 때문이다. 이렇게 되면서 야훼 예배를 중시한 요시야 왕은 성전을 숙청하고 이방 신들을 위한 제단을 다

파괴했다. 그리고 야훼 하느님을 질투하는 신으로 만들었다. 이스라
엘 백성들이 이방 신을 섬기면 야훼 하느님이 질투하여 이스라엘을
징벌하실 것이라고 믿었다. 그러다가 이스라엘은 바벨론 제국에 정복
당해 포로의 삶을 살게 되었다. 그들은 이것을 질투하시는 하느님의
징계로 받아들였다. 그러자 다윗 왕을 숭배한 예언자들은 메시아사상
을 창출했다. 야훼 하느님이 다윗 왕을 사랑하셨기에 이제 이스라엘
백성들이 율법을 지키고 정성스럽게 야훼께 제사를 드리고 이방인들
과 접촉을 하지 않으면, 다윗의 후손에서 메시아를 보내시어 다시 다
윗 왕조를 회복시키시고 시온 성을 모든 멧부리 위에 높이 솟게 하시
어, 모든 민족들이 그 밑에 와서 살 길을 찾게 되리라는 것이다. 이것
이 예수 당시의 유대인의 문화였다.

　　바울은 이 문화를 그대로 이어받았다. 바야흐로 때가 이르러 야훼
하느님은 다시 역사에 개입하시어 그와 본질적으로 같으신 독생자 예
수를 이 세상에 보내시어 로마제국의 형틀인 십자가에 달려 돌아가게
하시고, 그를 다시 살리심으로써 앞으로 그를 통하여 로마제국을 위
시한 이 세상 권세들을 다 멸절하시고, 약속하신 메시아왕국을 이룩
하실 것이라고 믿었다. 따라서 바울은 십자가에 달리셨다가 부활하신
예수를 메시아로 고백하며 그의 이름을 높이 찬양하면서 그의 재림을
대망하는 공동체를 이룩한 것이다.

　　그러나 갈릴래아 청년 예수는 다윗 왕조의 문화를 완전히 거부하
셨다. 예수가 기화하신 야훼는 출애굽 전통의 야훼이다. 그는 역사에
직접 개입하지 않으신다. 그는 탐욕과 폭력이 조성한 바벨탑에 억눌
려서 고생하는 약자들을 보고 마음 아파하시며 그들 속에 있는 그의
생명의 영이 깨어나 집단적으로 각覺과 단斷을 하여 새 역사의 주체가

되도록 기다리시는 분이다. 그리고 때가 이르러서 그들을 이끌어내어 젖과 꿀이 흐르는 가나안 땅에서 에덴동산을 창출하게 하시는 사랑의 영이시다. 예수는 갈릴래아에서 아우성치는 목자 없는 양과도 같은 '오클로스'들을 보면서 마음이 아파 그와 같은 참극의 뿌리를 찾고 그로부터 탈출하여 새 내일을 창출하는 방안을 구하고 찾으셨다. 그러다가 억눌린 자들을 보면서 아파하시던 야훼 하느님과 기화하여 악의 뿌리를 명확히 보실 뿐 아니라 에덴동산에 이르는 길을 명확히 보시어 갈릴래아의 '오클로스'들과 더불어 기쁨이 차고 넘치는 잔칫집과도 같은 생명문화공동체를 이룩하셨다.

13 │ 두 선교자의 가르침

예수와 바울의 가르침에 일견 상통하는 것이 있는 것처럼 보이는 것들이 있다. 그러나 그 뿌리를 살펴보면 그 가르침의 내용은 완전히 다르다. 그 예를 몇 가지 들어보자.

첫째, 사랑에 대한 가르침이다. 바울과 예수는 모두 사랑의 중요성을 강조했다. 고린도전서 13장에 있는 아름다운 사랑의 찬가가 바울이 믿는 사랑을 잘 표현한다. "내가 가장 좋은 것을 여러분에게 보여 드리겠습니다."라는 말로 시작한 바울은, "내가 여러 나라 말을 하고 천사의 말을 한다고 해도 사랑이 없으면 그저 울리는 징과 요란한 꽹과리와 다를 바 없습니다." 그리고 "내가 모든 재산을 남에게 나누어준다 해도, 내가 남를 위하여 불 속에 뛰어든다 해도 사랑이 없으면 아무 소용이 없습니다."라고 사랑의 중요성을 강조한 뒤 사랑이 무엇인지를 예거한다. 사랑은 오래 참고, 친절하고, 시기하지 않고, 자랑하지 않고, 교만하지 않고, 무례하지 않고, 사욕을 품지 않고, 화내지 않고, 앙심 품지 않고, 불의를 보면 기뻐하지 않고 진리를 보면 기뻐한다는 것이다. 그리고 사랑은 모든 것을 덮어주고, 모든 것을 믿고, 모든 것을 바라며, 모든 것을 견디어낸다는 것이다. 이렇게 사랑을 사람의 아름다운 성품으로 그렸다. 정작 예수가 강조하는 사람의 성품은 마태복음서 5장에 있는 여덟 복福에 아름답게 표현되어 있다.

그러나 예수의 사랑은 생명문화공동체를 이룩하기 위한 역동적인 것이다. 그 사랑은 억눌린 자들을 위한 아픔에서 시작한다. 생명 사랑에 뿌리를 둔 것이다. 따라서 삶을 비참하게 만드는 악의 정체를 밝혀내는 일에 전력투구하는 데서 사랑이 시작된다. 그러다가 야훼와 기화하여 악의 정체를 찾자 이와 단斷하고 삶을 살리는 생명의 길을 추구한다. 구체적으로는 서로 나누고 용서하고 섬기는 일이다. 그래서 예수는 에덴동산 곧 생명문화공동체를 이룩하는 일에 전심전력을 다한다. 사랑의 심정으로 나누고 용서하고 섬기는 길로 간다. 원수까지 사랑한다. 자기 자신을 다 내주어 생명문화공동체를 창출한다. 이 사랑은 역동적이요 창조적이다.

바울은 믿음, 소망, 사랑을 가장 중요시 한다. 이것이 신앙인의 자세라고 한다. 이 역시 예수가 삶을 대하는 자세와 다르다. 바울은 예수가 하느님의 독생자로서 우리들의 죄를 위해 십자가에서 돌아가셨으나 하느님이 그를 살리시어 그를 믿는 자의 구주가 되게 하신다고 믿는 것이다. 소망이란 그런 예수가 언젠가 이 세상에 재림하여 메시아왕국을 이룩할 것을 바라는 소망이다. 그리고 예수를 믿는 형제자매들 사이의 사랑을 강조한다.

그러나 예수는 그러한 메시아사상을 강력히 거부하셨다. 메시아
사상 자체도 부정하셨다. 그가 믿은 것은 있을 것을 있게 하시는 야훼
하느님이 한 많은 떠돌이들을 깨우치시어 그의 뜻이 하늘에서 이룬
것 같이 땅 위에서 이룩되게 하실 것을 믿었다. 그리고 자신을 다 던
져서 떠돌이들을 깨우치시어 생명문화공동체의 주역이 되게 하셨다.
참된 생명의 길을 찾으면서도 다윗 왕조의 그릇된 문화에 사로잡혀
있는 자들을 위해 예루살렘의 대사제들에게 도전함으로 십자가에 달
리시어 많은 사람들을 깨우치는 각성교육까지 단행하시었다. 그럼으
로써 예수가 사시고 가르치신 길만이 생명의 길이라는 것을 믿게 하
셨다. 에덴동산의 재연을 바라면서 그의 뒤를 따르게 하셨다.

"항상 기뻐하라. 쉬지 말고 기도하라. 범사에 감사하라."(데전 5:
16~18)라는 인상 깊은 바울의 말도 그 깊이에서 음미하면 예수님의
삶 그리고 가르침과는 판이하게 다르다. 데살로니가 전서는 많은 고
초를 겪으면서 예수의 재림을 기다리는 데살로니가 교회에 쓴 바울의
서한이다. "항상 기뻐하라. 쉬지 말고 기도하라. 범사에 감사하라."라
는 말을 마냥 종말을 기다리던 교회 성도들에게 한 것이다. 따라서 "항
상 기뻐하라"는 말은 갖은 고난을 이기고 믿음을 지켜온 데살로니가
교인들에게 예수가 재림하면 크게 상 받을 것을 생각하면서 기뻐하라
는 것이다. "쉬지 말고 기도하라"는 말은 어떤 환난이 닥칠지라도 주
님의 가호가 있도록 끊임없이 기도하라는 것이다. "범사에 감사하라"
는 말은 주를 믿는 자들에게는 만사가 협력하여 유익하게 된다는 바
울의 소신 때문이다(롬 8: 28).

그러나 예수는 항상 기뻐하시지 않았다. 강자들의 억압으로 신음
하는 자들을 보고 아파하셨다. 겉치레만 하는 바리사이파 사람들을 보

고 한탄하셨다. 특히 예루살렘을 보고 진심으로 슬퍼하셨다. 깨닫지 못하는 제자들을 보면서 안타까워 하셨다. 물론 억눌린 자들이 깨닫고 일어나서 생명문화공동체의 주역이 되는 것을 보면서 기뻐하셨다.

쉬지 말고 기도하라. 물론 예수 자신도 기도하고 제자들에게 기도문을 제시하기도 했다. 그러나 언제나 기도하라고는 하지 않았다. 오히려 제자들에게 구하고 찾고 문을 두드리라고 말씀하셨다. 구도자의 삶을 살라고 깨우치신 것이다.

예수는 범사에 감사하지 않았다. 강자들이 약자들을 수탈하고 그들을 죄인 취급을 하는 세상에서 어떻게 항상 감사할 수가 있겠는가. 예수는 부자 청년을 보고 마음 아파하셨다. 깨닫지 못하는 제자들을 보면서 안타까워 하셨다. 무너질 예루살렘을 보시면서 눈물을 흘리셨다.

믿음에 대한 이해도 달랐다. 바울은 예수를 하느님과 본질적으로 같으신 하느님의 독생자라고 믿는 믿음을 강조했다. 그러나 예수는 결코 자신을 하느님의 독생자라고 하지 않았다. 반면에 그의 사랑을 신뢰하며 따르는 자들의 삶의 자세를 믿음이라고 했다. 예수는 옷자락에 손을 댄 여자를 보고 네 믿음이 너를 낫게 한다고 말씀하셨다. 이러한 믿음은 예수를 하느님의 아들이라고 믿는 믿음이(belief) 아니다. 약자를 향한 그의 사랑이 이룩하는 놀라운 능력을 보고 믿는 믿음(trust)이다. 이와 같은 차이는 수없이 많다. 두 선교자의 깨달음과 삶의 자세가 그렇게도 다르기 때문이다.

다섯째 마당

●

대망 공동체와
공권력의 쌍무곡雙舞曲

첫째 마디:

바울의 대망 공동체와
콘스탄티누스 대제

다윗 왕조의 그릇된 전통을 이어받은 바울은 갈릴래아 청년 예수를 다윗 왕조 전통이 주장한 메시아로 조작했다. 그리고 그를 하느님과 본질적으로 동등한 그의 독생자로 만들고 우리 죄를 대속하기 위하여 세상에 오셨다가 십자가에 달려 죽으셨는데, 하느님이 그를 다시 살리시어 이 세상 나라들을 멸절하시고 하느님의 뜻이 이룩되는 메시아왕국을 이룩하실 것이라는 종교를 만들었다. 그리고 그의 다시 오심을 기다리는 대망 공동체를 이룩했다. 예수가 곧 오시어 이 세상 나라들을 청소하시고 하늘나라를 이룩하실 터이니 믿음, 소망, 사랑으로 기다리면서 그를 찬양하고 그에게 소원을 빌라는 것이다. 이것은 메시아를 대망하는 유대인 종교의 변형이다.

그런데 그는 오시지 않았으며, 콘스탄티누스 대제가 로마제국의
권력을 잡고 기독교를 공인하였다. 그 뒤를 이어 테오도시우스 1세는
아예 국교로 삼았다. 이는 당시 가장 활기 있는 기독교를 국교로 삼음
으로써 아직도 혼란 중에 있는 제국을 하나 되게 하려는 것이었다. 말
하자면 바울이 조성한 대망 공동체와 로마제국이 서로 손잡고 춤을
추는 쌍무곡을 연주한 것이다. 이것은 다윗 왕조가 야훼 하느님을 자
기들의 수호신으로 삼은 것과 다를 바 없다.

그러나 원시 기독교는 둘로 갈라져 있었다. 사도로 인정받은 베드
로와 바울을 중심으로 한 교회는 예수를 하느님과 본질적으로 같으신
분으로 그에게 예배를 드리며 그의 재림을 대망하고 있었고, 소아시
아에서 이집트에 이르는 동방 지역에서는 예수를 한 인간으로 보아
인류를 하느님의 뜻(로고스)에 따라 살게 하시려고 새 생명의 길을 열
어 주신 분이라고 주장했다. 사모사타의 바울이라는 안디옥의 감독
(주교)은, 예수는 한 인간으로 태어났으나 세례를 받으면서 하느님의
로고스를 받아 하느님의 아들로서 인류의 구원을 위해 일하셨다고 주
장했다.[27] 모세도, 다른 예언자들도 모두 하느님의 로고스를 받아 하
느님의 아들 역할을 했다는 것이다. 비잔틴의 데오도투스는 처녀 탄
생설은 받아들이나 예수는 세례 때 하느님 아들로 수용되었다고 주장
했다.[28] 헤르마스의 목자Shepherd of Hermas도 예수를 거룩한 자로서 하느
님의 영으로 충만하게 된 자로 보았다.[29] 이 세 사람은 모두 동방교회

27. Williston Walker, *A History of the Christian Church* (NY: Charles Scribner's Sons,
    1918), pp.72~73.
28. *Ibid.*, p.72.

지도자로서 예수의 인성을 인정하면서도 하느님의 영을 받은 그의 아들이라고 주장했다. 그들은 신화시대에 살았던 사람들로서 당시 유포된 처녀 탄생설을 받아들일 수 있었다. 이와 같은 교회의 분열상을 본 콘스탄티누스 대제는 니케아에 있는 그의 궁전에 교회의 지도자들을 소집하여 교회의 일치를 촉구하였다. 교회가 일치되어야 로마제국을 위한 효용가치가 있기 때문이다. 이런 배경으로, 기원후 325년 제1차 니케아 공의회가 열렸다.

29. Ibid., p.39.

둘째 마디:

공권력으로 이룩된 공교회와
힘의 철학

그러나 두 상반되는 주장을 하는 지도자들이 각자의 주장을 굽히지 않아 일치란 가능하지 않았다. 결국 콘스탄티누스 대제의 압력으로 서방교회의 주장, 즉 예수는 본질적으로 하느님과 일치한다는 주장이 교회의 신조가 되었다. 이렇게 되면서 이 신조를 받아들이는 자들이 스스로를 공교회로 자처했다. 그리고 공교회는 삼위일체론을 조성하였다. 이것은 사도들의(주로 베드로와 바울) 전통을 이어받은 것이라고 하여 사도신경이라 불렸다. 그 뒤로 이 공교회의 권위가 압도적이게 되었다. 이와 생각을 다르게 하는 자들은 모두 이단으로 몰려 박해를 받았다. 예를 들면, 안디옥 전통을 이어받아 예수를 인간임과 동

시에 신이라고 하는 신학을 거부하고, 영원 전부터 인간과 신은 서로
다른 두 존재이며 그 두 개념이 예수에게서 하나가 될 수 없다고 한
네스토리우스의 주장을 이단으로 치부하고 그를 따르는 교회를 추방
하였다.[30]

　이렇게 기독교가 로마제국의 국교가 되자 로마 시민은 자동적으
로 기독교의 교인이 되었다. 그러나 갑자기 많아진 교인들을 깨우쳐
참된 교인이 되게 하는 일이란 불가능했다. 그래서 교회는 일곱 가지
성례전을 제정하여 그것이 교인들의 삶을 돕고 구원을 확보해 준다고
했다. 첫째가 영세성사이다. 세례를 받음으로써 예수의 몸인 교회의
일원이 된다. 둘째는 견신성사이다. 견신성사는 13~14세 때 그들이
받은 세례를 재확인하는 것으로, 기독교의 교리를 습득하고 수용하는
결단을 하는 예식이다. 셋째는 성체성사이다. 성례전에 참석하여 예
수의 몸과 피를 상징하는 빵과 포도주를 먹고 마시는 것이다. 이렇게
하여 예수와 하나 된다는 것이다. 넷째는 고해성사이다. 성체성사를
하기 전에 교인은 신부에게 자신이 지은 죄를 고백하여 죄 사함을 받
는다. 다섯째는 혼인성사이다. 혼인은 사랑하는 남녀가 결혼해 자식
을 낳고 거룩한 역사를 이어가게 하는 것이다. 여섯째는 신품성사이
다. 교회의 여러 직분을 맡아서 그 사명을 수행하게 하는 일이다. 일
곱 번째는 종유성사이다. 사람이 죽음에 임했을 때 가족들을 모아 예
배를 드리고 임종하는 자에게 기름을 발라 주면서 그의 일생 동안 지
은 죄를 용서하는 예식이다.

30. *Ibid.*, pp.145~146. 네스토리우스를 따르는 교회는 페르시아에 가서 오랫동안 선교
하였으며 인도, 중국, 몽고 등에 선교사를 보냈다. 그런 가운데 강력한 권력과 손잡
은 로마교황청이 기독교의 전통을 이어가게 되었다.

이 성사들을 집행하는 권한은 공교회의 신부들에게 주어져 있다. 신부들이 죄를 용서하는 권한과 하늘나라에 들어가는 열쇠를 쥐고 있는 것이다. 따라서 아무리 권세 있는 군주라도 구원을 얻기 위해서는 교회의 성례전을 따라야 했다. 하지만 기독교를 이와 다르게 전하는 자는 이단으로 몰려 사형에 처해졌다. 뿐만 아니라 성서를 읽는 것도 신부들에게만 허용되었다. 신도들은 철저히 신부들의 지도에 따라야 했고, 신부들은 교황청의 지시에 따라서 성서를 해석하고 교인들을 가르쳐야 했다. 1415년에 보헤미아의 얀 후스 Jan Hus가 라틴어로 된 성서를 모국어로 번역했다고 해서 화형을 당하기도 했다.

이렇게 절대 권력을 손에 쥔 교황들은 그 권위를 오용하여 갖가지 추태를 부렸다. 요한 12세(955~964년)는 여인들과 음행을 하기 일쑤였고, 베네딕트 9세(1032~1048년)는 간통과 남색을 일삼았다. 알렉산더 6세(1491~1503년)는 일가친척들의 치부를 위하여 수단방법을 가리지 않았고 아들 셋, 딸 하나를 두기도 했다. 급기야 자기 애첩의 오빠를 주교로 만들어 주니 그가 훗날 교황 바울 3세가 되는 일도 벌어졌다. 르네상스 시대에 시인 단테가 그 유명한 『신곡』에서, 교황을 지옥 최하층에 그려둔 것을 이해할 수 있다.

셋째 마디:

개신교회와 공권력

　　권력에 도취한 로마의 교황청이 거대한 바티칸 성당을 건설하고 그 빚을 갚기 위해 유럽 전역에서 속죄권을 강매하게 되면서, 이에 반발한 일단의 교회 지도자들이 종교개혁을 추진하여 개신교를 창출했다. 독일의 마르틴 루터와 스위스의 요한 칼뱅이 그 주도자였다. 그러나 루터나 칼뱅도 바울신학을 신봉하는 자로서 이 세상 권력자들과 손잡고 그들이 세운 교회의 권력을 신장시켰다. 그들의 신학적인 이해와 교회제도를 절대화하고 그와 다른 것은 이단시하였다. 루터는 프레데릭 영주와 손잡고 성서가 명하는 대로 살려고 하는 농민들로 구성된 재세례파를 박해했으며, 칼뱅은 자신의 절대권을 강조하면서 제네바 시의 시의원들로 하여금 그와 다른 신학을 주장하는 자를 처형하도록 하기도 했다. 다른 한편으로, 교회는 세상 나라의 정치에 대해서는 일체 간섭하지 않는다는 입장을 취했다. 정교분리를 천명한 것이다. 그 까닭인즉 이 세상의 권력은 본래 하느님이 주시는 것이기에(롬 13: 1~7) 이에 복종해야 하고 왕들은 신의 가호를 받는 존재라는 것이다.

이렇게 분립한 신교와 구교는 그들의 선교지역 확보를 위하여 정치세력과 손잡고 '30년 전쟁'이라는 무자비한 전쟁을 일으켜 유럽 천지를 초토화했다. 그런 후 산업혁명으로 기계문명이 발달하면서 상품이 홍수처럼 쏟아져 나오자 영국을 위시한 서구의 여러 나라는 치열하게 식민지 확보 경쟁을 벌였다. 이에 교회의 선교사들은 식민주의자들의 상선을 타고 전 세계에 있는 약소민족들에게 가서 성서를 나누어주며, 이 세상은 장망성이니 예수 믿고 천당 가라고 선전하면서 기독교를 확산시켰다. 기독교는 그들에게 성서를 주고 땅을 빼앗았다는 오명을 얻게 되었다.

기독교와 이 세상 정치가 함께 손잡고 춤을 춘 것을 우리는 기독교국이라고 하는 대영제국과 민주주의의 종주국이라는 미국의 국가를 읽어보면 명확히 알 수 있다. 영국에서 성공회(Anglican Church)는 공식적으로 그들의 국교이다. 왕이나 여왕이 교회의 머리이다. 따라서 나라 정치는 기독교가 그 기초가 되고 교회는 국가를 받들어야 한다. 물론 오늘 영국 시민이 다 기독교인은 아니다. 다른 종교도 선교의 자유를 가진다. 그러나 영국은 기독교 정신에 기초를 두고 있다. 그런데 영국이 정말 성서의 진리에 따라서 정치를 하고 있는가? 영국의 국가를 검토해보면 이것이 얼마나 허위인지를 알게 된다.

하느님은 인자하신 우리 여왕을 보호하시리.

고귀한 우리 여왕은 만수무강하시리.

하느님은 여왕 보존하시리라.

그녀에게 승리를!

행복과 영광을!

오래도록 저희들을 거느리게 하소서.

오, 우리들의 주 하느님

우리들의 적을 흩뜨리시고

그들을 넘어지게 하소서.

교활한 그들의 전략을 혼미케 하시고

그들의 정책을 혼란케 하소서

우리들의 소망은 당신뿐이오니

우리 여왕을 도우소서.

우리가 사는 곳뿐만 아니라

이 세상 땅 끝까지

당신의 자비를 알리소서.

나라들을 깨우치시어

인류는 한 형제자매로서

모두 한 가족임을

깨달아 알게 하소서.

둘러싼 원수들

위험한 자객의 공격에서
우리 여왕을 보호하소서.
당신의 팔을 펼치어 우리들의 어머니,
그리고 황태자와 친구들을 보호하소서.
신이여, 우리 여왕을 보호하소서.

최상의 보화들을 고르시어
그녀에게 부어 내리시고
오래 다스리게 하소서.
그녀로 우리 법을 수호케 하시고
마음과 목청을 모아 찬미하도록
우리들에게 과제를 주소서.
신이여. 여왕을 도우소서.

이 찬가는 다윗 왕조의 노래와 그렇게 닮을 수가 없다. 하느님더
러 여왕을 도와 달라고 호소한다. 하느님이 여왕의 수호신이 되어 달
라는 것이다. 다윗이 야훼를 그의 수호신으로 만든 것처럼, 그리고 그
들의 적을 쳐부수고 그들을 넘어지게 했던 것처럼 여왕을 보호하고
그의 적들을 물리쳐 달라는 것이다. 교활한 그들의 전략을 혼미케 하
고, 그들의 정책을 혼란케 해달라는 것이다. 시편 2편에 있는 유대 나
라 왕의 대관식 때 부른 시와 다를 것이 없다. 야훼를 전투의 신으로
만들어 유대 왕들을 위하여 싸워달라는 것과 같다. 그리고 가장 귀한
보화로 그녀에게 부어 내리시어 부유하게 하시고, 원수와 자객의 공
격에서 보호해달라고 한다. 이렇게 하느님을 그녀의 수호신, 전투의

신으로 만들고, 세계 방방곡곡에 식민지를 만들어서 호화롭게 살면서 그녀에게 가장 귀한 보화를 내려달라는 것이다. 그러면서 놀라운 것은 만방을 깨우치시어 온 인류로 하여금 한 형제자매요 한 가족임을 알게 해달라는 것이다. 이것을 어떻게 이해해야 하는가? 힘으로 세계 방방곡곡에 식민지를 조성한 영국이 세계만방으로 하여금 한 형제자매요 한 가정인 것을 알게 해달라니! 생각건대 전 세계에 있는 식민지 국가들에 사는 사람들이 항거하지 말고 대영제국의 뜻에 순종하게 해달라는 것임에 틀림없다. 어처구니가 없다.

물론 이것은 탐욕과 권력욕에 사로잡힌 영국의 정치가들이 지은 노래이리라. 그러나 영국의 교회들은 이것에 반발해야 하는 것이 아닌가? 그 나라의 신학자들은 무엇을 하는가? 이런 국가를 순순히 받아들인다는 것은 예수의 삶과 가르침에 위배된다는 것을 알아야 하는 것이 아닌가? 그동안 교회는 왜 잠잠했는가? 왜 정치가들이 하는 일에 동조했는가? 아니 왜 오늘도 이 노래를 부르고 있는가? 그들을 예수의 제자라고 할 수 있는가?

세계에는 기독교 국가라고 하는 또 다른 나라가 있다. 다름 아닌 오늘날 가장 강대한 미국이다. 헌법적으로는 기독교가 미국의 국교가 아니다. 그러나 실질적으로는 기독교가 미국의 국교라고 할 수밖에 없다. 대통령이 취임식 서약을 할 때 성서에 손을 얹고 서약을 한다. 대통령이 연설을 할 때도 언제나 "하느님, 미국을 축복하소서!"(God bless America)라고 끝맺는다. 국회가 열릴 때에는 국가를 대표하는 목사의 기도로 시작한다. 1달러짜리 은전에는 "우리는 하느님을 믿는다(In God we trust)."라는 문구가 새겨져 있다. 미국의 모든 교회는 미국 국기를 강단 위에 꽂아 놓는다. 목회자가 목회기도를 할 때마다 미국 대통령을 위해 기도한다. 내용적으로 미국은 기독교 국가이다. 이 미국을 상징하는 국가인 〈성조기The Star Spangled Banner〉의 가사를 읽어 보면 실로 놀라움을 금할 수 없다.

너희는 보는가? 저 빛나는 새벽 하늘을
저 사라지는 새벽 별의 빛을 향해 환성을 올리자.
위험스런 싸움터에서 휘날리는 성조기는 누구의 것인가?
저 방어진 성곽 위에 신나게 휘날리고 있는 성조기를 보아라.
불을 뿜어 대는 포화와 작렬하는 폭탄 위에
밤새도록 휘날리는 성조기를 보았느냐?
오, 보았느냐? 아직도 휘날리는 성조기를.
자유의 땅, 용사들의 조국 위에 빛나는 성조기를.

깊은 안개가 낀 해안선에 희미하게 보이누나.
겁먹은 적군의 장군이 침묵 속에 쉬고 있는데
저 치솟은 봉우리 위에 우뚝 서 있는 것은 무엇인가?
보이는 듯, 안 보이는 듯이 흔들리는 것은 무엇인가?
점차로 밝아오는 햇살에 그 영광스런 모습이 나타나는구나.
오! 저 길이 빛나는 성조기여.
자유의 땅, 용사들의 조국 위에 나부끼는구나.

전쟁의 파괴와 싸움의 공포가
우리나라와 가정에서 떠나지 않을 것이라고
오만하게 외치던 무리들은 어디 있는가?

그들의 오염된 발자국들이 그들의 피로 말끔히 씻겼구나.
그들의 용병과 노예들이 죽음의 공포를 피하여 숨을
안전한 피난처란 어디에도 없다.
자유의 땅, 용사들의 조국 위에
승리의 성조기가 휘날리리라.

싸움터와 사랑하는 고향 사이에 우뚝 선 자유인들 위에서.
하늘이 건져낸 이 땅 위에 승리와 평화가 있으라.
이 나라를 이룩하시고 보존하시는 힘에게 찬양을.
앞으로도 정의가 부르는 곳에는 필승이 있으리.
우리의 표어는 "하느님 안에 우리의 믿음 있으리."
승리의 성조기가 휘날리리.
자유의 땅, 용사들의 조국 위에.

　아무리 보아도, 기독교 국가라고 할 수밖에 없는 미국의 국가가 전투의 승리를 상징하는 성조기 찬양 일색이다. 그들의 조국을 수호하는 용사들의 전투와 승리를 찬양하는 성조기가 나부끼고 있다. 그들을 멸절하려고 침입한 적들의 발자국들은 그들의 피로 깨끗이 씻어지고 그들이 고용한 용병과 노예들은 죽음을 피해 숨을 곳이란 없을 것이란다. 그리고 정의가 위협을 받을 때는 언제든 다시 용사들이 성조기를 들고 나설 것이란다. 도대체 그들이 싸운 전쟁이란 어떤 것인가?
　사실 미국은 외국의 침략을 받은 적이 없다. 일본 공군이 한 번 진주만을 공습했던 일 밖에 없다. 그들의 조국을 지키기 위해서 싸운 싸움이란 어떤 것인가? 물론 미국의 독립을 위하여 영국 식민지군과 싸운 전쟁이 있다. 그 싸움에 수많은 농민들이 독립을 위하여 피를 흘렸다. 그러나 이 전쟁은 그들의 조국을 지키기 위한 정의로운 싸움이 아니다. 조지 워싱턴, 토마스 제퍼슨 등 당시의 엘리트들이 전취한 땅 거의 전부를 독점하였다. 그리고 목숨을 바쳐 일어났던 농민들이 반란을 일으키자 다시 군대를 동원하여 그들을 진압했다. 그 뒤를 이은 전쟁이란 미국 본토인들을 몰아내고 드넓은 대륙을 빼앗은 잔혹하고 불의한 싸움이었다. 이 싸움을 거치며 미국인들은 총기 애호가들이 되었다. 그들이 새로 이룩한 부락에 미국 본토인들이 말을 타고 활을 쏘며 습격해 올 때 총이 없으면 그 부락을 보호할 수가 없었다. 따라서 총이 그들을 보호하는 필수품이 된 것이다. 미국인들의 총기 애호란 이렇게 이룩된 전통이다.

　사실 미국인들이 그들의 부락을 보호하기 위해 싸운 싸움이란 미주 본토인들과의 전투뿐이었다. 이 싸움에서 땅을 빼앗은 백인들은 정의의 용사요 땅을 빼앗긴 본토인들은 불의한 침략자들이란다. 어처구니가 없다. 그 밖의 전투란 다 미국의 국익을 위하여 다른 나라들에서 벌인 싸움이다. 미국 독립 이후 가장 치열했던 전쟁은 오늘날의 텍사스를 멕시코에게서 빼앗은 전쟁이다. 제임스 포크James A. Pork 대통령은 멕시코를 유인하여 침략전쟁을 벌였다. 가난한 사람들에게 전쟁에 이기면 160에이커의 땅을 줄 것이라고 약속하면서 이들을 동원하여 피비린내 나는 전쟁을 추진했다. 그렇게 함으로써 텍사스는 물론 캘리포니아까지 점령했다. 그동안 수많은 무리들이 죽고 수없이 많은 무리들은 탈락했다. 살아남은 자들에게 160에이커의 땅을 준다는 딱지를 주었으나 당장 먹을 것이 없는 그들은 그 딱지를 50달러를 받고 장사꾼들에게 팔아넘겼다. 치부한 자들은 권력자들과 장사꾼들이었다.[31]

1, 2차 세계대전이야말로 미국을 강대한 부자 나라로 만든 싸움이
다. 2차 세계대전이 끝난 뒤에는 남미의 여러 나라를 위시한 약소국
들을 대상으로 한 식민지 전쟁들이 일어났다. 성조기 노래에서 말하
는 그들의 조국을 지키는 정의를 위한 싸움이 아니었다. 제2차 세계
대전 후에 소련과 맞서 싸운 냉전이 있다. 그 역시 조국을 지키기 위
해 벌어진 싸움이 아니다. 전쟁을 통하여 그들이 축적한 엄청난 국익
을 지키기 위하여 벌인 싸움이다. 물론 그 싸움도 미국 본토에서 하지
않았다. 아시아에 있는 약소국들의 땅에서 이루어졌다. 엄청난 살상
무기를 총동원해서 말이다.

　그런데 그런 그들에게 승리를 가져다준 힘을 찬양했다. 그 힘은 하
느님이라는 것이다. 그 하느님 안에 자신들의 믿음이 있다는 것이다
(In God is our trust). 탐욕을 위해 무력을 사용하고 하느님이 이를 이루
어 주었다고 찬사를 올린다. 다윗 왕조와 다를 것이 무엇인가? 위에
서 말했지만 정치인들이 그렇게 하는 것은 이해할 수 있다. 본래 정치
란 국익을 위하여 수단방법을 가리지 않기 때문이다. 그런데 교회들
이 이에 반발하지 않는다. 교회에 성조기를 모시고 대통령이 나라를
잘 지키게 해달라고 기원한다. 무자비한 식민지 전쟁을 수행해도 이
에 대하여 질책하지 않는다. 나라를 위한 전쟁에 대해서는 찍소리도
해서는 안 된다고 말한다. 잘못하다가는 국가에 반역하는 역도로 몰
린다는 것이다. 이런 종교집단을 어떻게 예수를 따르는 무리라고 할
수 있겠는가? 예수를 구주라고 하는 교회가 이런 종교집단이 되고 말
았다.

31. Howard Zinn, *A People's History of the United States* (Howard Collins e-Book, 2004).

넷째 마디:

한국 선교의 진상

이와 같은 정치와 종교의 쌍무곡은 한국에 들어와 선교한 미국 선교사들에게서도 볼 수 있다. 미국의 선교사가 한국에 와서 기독교를 전파한 것은 남북전쟁이 끝나고 산업화가 왕성하게 이루어질 때였다. 본래 미국에서 강력한 부흥운동이 일어났다가, 그들이 아시아에 관심을 돌리면서 선교운동이 시작되었다. 그들의 나라가 안전해지기 시작한 1882년부터이다.

한국은 줄곧 쇄국정책을 유지하다가, 일본이 먼저 서양 문물을 받아들여 강성해지고 큰 위협이 되는 것을 보면서 개화운동을 시작했다. 특히 한국의 젊은 지성인들은 기독교를 수용하는 것이 개화운동

에 크게 도움이 되리라고 믿었다. 그런 한국에 제일 먼저 들어온 선교
사는 의사인 알렌H. Allen으로 한국에 큰 공헌을 했고, 1885년에 들어
온 아펜젤러H. Appenzeller는 교육자로서 배재학당을 세웠으며, 다음 해
에 도착한 언더우드H. Underwood는 고아원을 세웠다. 이렇게 선교사들
은 한국의 교육과 의료, 사회사업에 크게 기여했다. 그들을 위시한 선
교사들은 명성황후가 살해당하고 1905년 을사늑약이 체결될 때까지
는 친한국적이었다.

    그러나 러시아의 남진을 저지하기 위해 미국 정부가 일본과 손잡
고, 한국을 지배하려는 일본의 정책을 지지하게 되면서 선교사들의
자세에 큰 변화가 일어났다. 감리교의 헐버트 선교사를 위시한 대부
분의 선교사들은 친일적으로 바뀌었다. 일본의 의도를 호의적으로 본
것이다. 그러나 일본 정부가 명성황후를 살해하고 을사늑약을 체결하
는 등 일본의 속살을 보게 된 헐버트는 분노해 마지않았다.[32] 하지만
'가츠라 태프트 밀약' 등 미국의 정책이 확인된 뒤 대부분의 미국 선
교사들은 미국 정책을 받아들이지 않을 수가 없었다. 그들도 미국인
들이었기 때문이다.[33] 이토 히로부미가 조선통감으로 취임했을 때 일
본을 비판했던 선교사들도 그에게 기대를 가졌다.[34] 『일본타임즈 *Japan
Times*』에 선교사를 비방하는 글이 실리자, 당시 감리교의 감독이던 해
리스M. C. Harris는 일본 『요미우리 신문』에 다음과 같은 해명의 글을 실
었다.

---

32. 민경배 외, 『세계기독교회사』 (서울: 대한기독교서회, 1972), p.175.
33. *Ibid.*, p.179.
34. *Ibid.*, p.180.

"헐버트가 미국에 간 것은 전혀 개인의 자격이었으며, 우리는 그가 왜 간지도 몰랐습니다. ……우리 유력한 세 선교사(존스, 스크랜튼, 해리스)는 한국 보호권 설정의 반대 운동을 도울 수 없다고 거절한 까닭에 죽음으로 위협을 당한 바 있으며, 소생은 자기의 직책상 한국의 재류 모든 선교사와 (함께) 일본에 호의를 가지고 있으며 극력 한국인의 안녕을 保하고 자국의 이익도 計한다는 것을 귀하에게 단언하고자 합니다. 일본 국민은 선교사들이 그들의 적이 아님을 알고, 또 그들은 가장 충실한 우인으로서 一意全心 일한 양 국민을 기독교회의 안녕과 利福을 증진할 따름임을 알아주십시오. 소생의 생각에는 伊藤 候爵의 정략에 가장 열심 잇는 지지자임을 고백합니다."[35]

한국에 온 선교사들 대부분이 자국 정부와 손잡고 일제의 침략 야욕을 얼마나 지원하며 쌍무곡을 연주했는지 명백히 알 수 있다. 그에 따라 애국충정에 불타 있던 한국 교회 지도자들과 선교사들 사이에 얼마나 강한 불신이 있었는지도 짐작하게 된다. 이 불신이 1919년 3월 1일 독립선언 사건에서 명확히 나타난다.

1차 세계대전이 끝나고 미국 대통령 우드로 윌슨이 민족자결 원칙을 제창하였다. 이에 고무된 한국의 기독교, 천도교, 불교가 손잡고 전국적으로 대한독립만세 운동을 전개했다. 이 운동은 3개월 동안 북간도에 이르기까지 전국적으로 전개되었다. 일제의 기관총 앞에서 "전투의 시대는 가고 평화의 시대가 왔다."라고 외치면서 평화적으로 시위를 했다. 이것이 온 세계를 놀라게 했다. 이 시위에 참여한 자의

35. *Ibid.*, p.190.

수가 총독부의 기록에 의하면 106만 명이나 되고 사망자 수가 7509
명이나 된다는 것이다. 이런 놀라운 사건에 기독교가 연락 책임을 맡
았다는 것이다. 그런데 이런 놀라운 사건이 진행되고 있음에도 선교
사들은 사건이 터지기까지 이것을 전연 알지 못했다. 이 거사 계획을
어떤 선교사에게도 알리지 않았던 것이다. 선교사들 자신이 3·1 독립
운동이 일어나는 것을 모르고 있었다는 것이다.[36] 그만큼 선교사들과
교회 사이에 간격이 있었던 것이다.

　나중에 알고 봤더니, 이 선교사들 뒤에는 미국 국무부의 영향이 있
었다. 미국 국무부가 선교사들에게 한국교회로 하여금 교회운동만 하
고 정치운동을 하지 않도록 지도하라고 지시한 것이다. 그들에게는
일본이 더 중요하고 한국은 중요하지 않았던 것이다. 3·1 독립운동이
끝난 뒤 캐나다 선교부 간사 암스트롱Armstrong은 한국에 와서 상세한
자료를 수집하고 의분에 차서, 미국 교회연합회 간사들에게 미국교회
선교사들이 얼마나 친일적인지 알고는 놀랐다고 말했다. 특히 연합회
간사인 시드니 굴릭Sidney L. Gulick은 3·1 독립운동에 대한 많은 자료를
가지고 있으면서도 이것을 알리지 않았다고 한다.[37] 이와 같은 미국교
회의 친일적인 정책의 배후에는, 미국이 필리핀을 속국으로 만들 터
인데 일본이 이것을 묵인하면 일본이 한국을 지배하는 것을 인정하겠
다는 '가츠라 태프트 밀약'이 있었던 것이다.

　3개월에 걸친 3·1 독립운동이 끝나자, 선교사들은 다시 교회 지도
자들에게 그런 시위가 무슨 소용이 있었느냐면서 곧 망하고 말 세상

36. *Ibid.*, p.318.
37. *Ibid.*, pp.317～318.

에는 관심을 두지 말고 교회 확장에 전력을 기울여야 한다고 강권했다. 그 후 교회는 독립운동에서는 손을 떼고 교회 확장에 힘을 모아 교세가 크게 신장되었다. 그리고 2차 세계대전이 끝난 뒤 미군이 남한에 주둔하게 되면서 교회 수가 기하급수적으로 늘어났다.

다섯째 마디:

찬송가를 통한 선교사들의 신학

미국 교회 선교사들이 가지고 들어온 신학이란 바울 신학을 따르는 보수주의적인 내세주의여서 그 후유증이 한국인들에게 큰 폐해를 남겼고 지금도 주고 있다. 그 선교사들이 전한 복음과 선교정책을 그들이 작성한 찬송가에서 읽어낼 수 있다. 이제 그 찬송가의 핵심을 정리해보자.

먼저 그들의 하느님 이해부터 생각해보자.

거룩 거룩 거룩 (찬송가 9장)

1. 거룩 거룩 거룩 전능하신 주님
　 이른 아침 우리 주를 찬송합니다
　 거룩 거룩 거룩 자비하신 주여
　 <u>성 삼위일체 우리 주로다</u>

2. 거룩 거룩 거룩 주의 보좌 앞에
　 모든 성도 면류관을 벗어드리네
　 천군 천사 모두 주께 굴복하니
　 <u>영원히 위에 계신 주로다</u>

　기독교는 하느님을 성부, 성자, 성령 3위 1체의 하느님으로 높이 찬송한다. 3위 1체의 성부는 제2이사야가 말한 창조주이다. 그가 말한 이스라엘의 수호신이 온 인류의 하느님이라는 것이다. 그리고 "선한 선생"이라는 호칭도 거부한 갈릴래아 청년 예수를 하느님과 본질적으로 같은 성자라고 하였다. 있을 것을 있게 하시는 야훼는 영이시기에 따라서 성령을 제3위로 만든다는 것은 타당하지 않다. 있을 것을 있게 하시는 야훼는 본래부터 온 인류의 근원이시다.

저 높고 푸른 하늘과 (찬송가 75장)

1. 저 높고 푸른 하늘과 수없이 빛난 별들을
　 지으신 이는 창조주 그 솜씨 크고 크셔라
　 날마다 뜨는 저 태양 하느님 크신 권능을
　 만백성 모두 보라고 만방에 두루 비치네

2. 해지고 황혼 깃들 때 동천에 달이 떠올라
　　밤마다 귀한 소식을 이 땅에 두루 전하네
　　행성과 항성 모든 별 저마다 제 길 돌면서
　　창조의 기쁜 소식을 온 세상 널리 전하네

3. 엄숙한 침묵 속에서 뭇별이 제 길 따르며
　　지구를 싸고 돌 때에 들리는 소리 없어도
　　내 마음 귀가 열리면 그 말씀 밝히 들리네
　　우리를 지어내신 이 대주재 성부 하느님

　바벨론에 잡혀간 한 지성인 욥은 요시야 왕 때 조성된 신명기 역사가들의 주장에 대하여 해명을 요구하다가 제2이사야가 조성한, 창조주가 꾸중을 한다는 논리에 당황하여 꿇어 엎드리고 말았다. 그리고 "선한 선생님"이라는 말도 거부하셨던 예수가 그 하느님의 독생자로 추대를 받는다. 그가 동정녀에게서 탄생했다는 어처구니없는 신화적인 이야기를 교회는 오늘도 부르면서 그를 신격화한다. 이 엄청나게 큰 우주를 이스라엘의 수호신 야훼가 창조했다고 오늘도 그를 찬송한다.

곧 오소서 임마누엘 (찬송가 104장)
1. 곧 오소서 임마누엘
　　오, 구하소서 이스라엘
　　그 포로생활 고달파 메시아 기다립니다

〈후렴〉

기뻐하라 이스라엘

곧 오시리라 임마누엘

2. 곧 오소서 지혜의 주

온 만물 질서 주시고

참 진리의 길 보이사 갈 길을 인도하소서

3. 곧 오소서 소망의 주

만백성 한 맘 이루어

시기와 분쟁 없애고 참 평화 채워주소서

　　교회는 다윗의 전통에 따라 유대인들이 대망한 메시아의 탄생을 찬양하고 있다. 이제 그 메시아가 오시어 만물에 질서를 주시고 인류에게 참 평화를 마련해주시기를 기다리고 있다는 말이다. 우리들이 구하고 찾고 문을 두드려 야훼와 기화해서 생명문화공동체를 이룩하라고 하셨는데 교회는 여전이 메시아를 대망하여 저 높은 하늘만을 쳐다보고 있다.

왕 되신 우리 주께 (찬송가 130장)

1. 왕 되신 우리 주께 다 영광 돌리세

옛날에 많은 무리 호산나 불렀네

다윗의 자손으로 세상에 오시어

왕위에 오른 주께 영광 돌리세

2. 저 천군 천사들이 호산나 부르니
   온 천하 백성들이 다 화답하도다
   저 유대 백성같이 종려가지 들고
   오시는 주를 맞아 호산나 부르세

3. 주 고난 받기 전에 수많은 무리가
   영광의 찬송 불러 주 찬양하였네
   이같이 우리들도 주 환영하오니
   그 넓은 사랑 안에 다 받아주소서

교회는 아직도 유대 나라 다윗 왕의 후손으로 오실 왕을 가다리고
있다. 나사렛 청년 예수를 다윗 왕 전통이 조작한 왕이라고 찬양을 하
란다. 이렇게 교인들은 모두 유대인으로 자처하는 것인가?

예수 나를 위하여 (찬송가 144장)
1. 예수 나를 위하여 십자가를 질 때
   세상 죄를 지시고 고초당하셨네
2. 십자가를 지심은 무슨 죄가 있나
   저 무지한 사람들 메시아 죽였네

〈후렴〉
예수여 예수여 나의 죄 위하여
보배 피를 흘리니 죄인 받으소서

3. 피와 같이 붉은 죄 없는 이가 없네
   십자가의 공로로 눈과 같이 되네

4. 아름답다 예수여 나의 좋은 친구
   예수 공로 아니면 영원 형벌 받네

예수는 우리 죄를 위한 속죄제물이 아니다. 야훼 하느님은 우리가
깨닫고 돌아오면 껴안아주시는 분이시다. 하느님은 자기 독생자를 십
자가에 못 박게 하시고 그 피 공로로 우리 죄를 용서하시는 옹졸한 분
이 아니다. 예수는 다윗 왕조 문화의 타락상을 폭로하시어 부자 청년
같은 자들을 깨우치기 위해 채찍을 들고 성전에 도전하신 것이다. 우
리는 악의 정체를 깨닫고 돌아서야 새사람이 된다. 그런 탐구자가 되
어야 한다.

하나님의 나팔소리 (찬송가 168장)
1. 하나님의 나팔소리 천지진동할 때에
   예수 영광 중에 구름 타시고
   천사들을 세계 만국 모든 곳에 보내어
   구원 얻은 성도들을 모으리

〈후렴〉
나팔 불 때 나의 이름 나팔 불 때 나의 이름
나팔 불 때 나의 이름 부를 때에 잔치 참여하겠네

2. 무덤 속에 잠자던 자 그때 다시 일어나
　　영화로운 부활 승리 얻으리
　　주의 택한 모든 성도 구름 타고 올라가
　　공중에서 주의 얼굴 뵈오리

3. 주님 다시 오실 날을 우리 알 수 없으니
　　항상 기도하고 깨어 있어서
　　기쁨으로 보좌 앞에 우리 나가서도록
　　그때까지 참고 기다리겠네

　예수가 돌아가신 뒤 2000년이 넘은 오늘날에도 여전히 나팔 소리와 함께 예수가 재림하실 것이요, 죽은 자들이 부활하여 그를 맞이할 것이라고 노래를 부른다니 이해하기 힘들다. 해야 할 일이 그렇게도 많은데 말이다.

　이렇게 주님의 재림을 기다리는 자들의 삶의 자세란 어떤 것인가?

너 성결키 위해 (찬송가 212장)

1. 너 성결키 위해 늘 기도하며
　　너 주 안에 있어 늘 성경 보고
　　온 형제들 함께 늘 사귀면서
　　일하기 전마다 너 기도하라

2. 너 성결키 위해 네 머리 숙여
　　저 은밀히 계신 네 주께 빌라

주 사귀어 살면 주 닮으리니
널 보는 이마다 주 생각하리

3. 너 성결키 위해 주 따라가고
　　일 다급하여도 당황치 말고
　　참 즐거울 때나 또 슬플 때나
　　너 주님만 믿고 늘 따라가라

4. 너 성결키 위해 늘 안심하며
　　네 소원을 주께 다 맡기어라
　　너 성령을 받아 주 섬겨 살면
　　저 천국에 가서 더 잘 섬기리

　이 세상에서 인생길을 가려면 악의 세력으로 갖가지 풍랑을 만날 터인데 앞으로 주님 모시고 살 것을 믿고 기도하면서 살라는 것이다. 하느님 나라를 이룩하기 위해 자기 몸까지 바치신 예수의 삶의 모습은 전혀 찾아볼 수가 없다. 예수는 제자들에게 땅 끝까지 이르러서 신음하는 떠돌이들과 더불어 하느님 나라 운동을 하라고 하셨는데 말이다.

괴로운 인생길 가는 몸이 (찬송가 290장)
1. 괴로운 인생길 가는 몸이
　　평안히 쉬일 곳 아주 없네
　　걱정과 고생이 어디는 없으리

돌아갈 내 고향 하늘나라

2. 광야에 찬바람 불더라도
   앞으로 남은 길 멀지 않네
   산 너머 눈보라 재우쳐 불어도
   돌아갈 내 고향 하늘나라

3. 날 구원하신 주 모시옵고
   영원한 영광을 누리리라
   그리던 성도들 한자리 만나리
   돌아갈 내 고향 하늘나라

산업문화가 생태계를 파괴하고 온 인류를 파멸의 수렁으로 몰아가고 있는데, 돌아갈 내 고향만 바라고 살라 한다. 예수는 악의 정체를 파악하고 이를 거부하고 새 하늘 새 땅을 창출하라고 하셨는데 말이다. 그것이 예수의 삶이며 가르침인가?

저 북방 얼음산과 (찬송가 273장)

1. 저 북방 얼음산과 또 대양 산호섬
   저 남방 모든 나라 수많은 백성들
   큰 죄악 범한 민족 다 구원 얻으려
   참 빛을 받은 우리 곧 오라 부른다

2. 주 은혜 받은 우리 큰 책임 잊고서

주 예수 참된 구원 전하지 않으랴
온 세상 모든 백성 참 구원 얻도록
온몸과 재산 드려 이 복음 전하자

3. 만왕의 왕 된 예수 이 세상 오셔서
만백성 구속하니 참 구주시로다
저 부는 바람 따라 이 소식 퍼치고
저 바다 물결 좇아 이 복음 전하자

그래서 선교사들이 서구 나라들의 상선을 타고 땅끝까지 갔다. 그리고 예수 믿는 것만이 구원의 길이라고 외쳤다. 그러나 이렇게 복음을 전하면 커다란 문제에 부딪치게 된다. 모든 민족들이 다 그들 나름의 종교가 있기 때문이다. 팔레스타인에 있는 자그마한 나라 백성들이 섬긴 신을 온 인류의 신으로 받아들일 까닭이 없다. 이것은 종교제국주의이다. 분란이 일어날 수밖에 없다.

사실 성서의 첫머리에 등장한 야훼 하느님은 그런 분이 아니셨다. 그는 있을 것을 있게 하시는 온 인류의 근원이시다. 구하고 찾고 문을 두드리는 탐구자들을 통하여 정의와 평화가 이루어지는 에덴동산을 재연하시는 영이시다. 민족이 서로 축복하면서 살도록 이끄시는 분이시다.

그러나 기독교 선교사들은 확신한다. 예수가 메시아라고. 예수만이 만왕의 왕이라고. 따라서 예수를 믿는 서구 나라들이 가장 복을 받은 것이 아니냐고. 어처구니없는 생각이다. 그들이 강한 것은 참혹한 살상무기를 만들고 탐욕을 위하여 이를 사용하기 때문이다. 예수의

이름을 오용하면서 말이다. 따라서 그들이 가는 곳마다 수탈과 착취
가 자행되고 있다. 예수의 삶과 가르침과는 정반대 현상이 벌어지고
있는 것이다. 축복을 가져오는 것이 아니라 악화를 초래하고 있다. 너
무나 염치없는 찬송이다.

여섯째 마디:

분단된 한국과 기독교

2차 세계대전이 끝나면서 미군이 상륙하자 남한에는 기독교가 방 방곡곡에서 우후죽순처럼 일어났다. 기독교국 미국이 패권을 잡았기 에 이제 모두 기독교를 따르면 미국처럼 복을 받는다고 생각하였다. 그리고 장로교회 장로인 이승만이 대통령이 되었으니 이젠 기독교 세 상이 된다고 생각을 하였다.

그 이승만이 일제에 협력해 일하던 자들을 데리고 불법으로 3선 개헌까지 하면서 나라 정치를 곁길로 끌고 가는데도 교회는 이에 대 해 아무 관심도 가지지 않았다. 축자영감설을 주장하는 보수 교회와 대립하여 진보적인 신학운동을 창출한 한국기독교장로회조차 이승만 밑에서 부통령을 했던 함태영 목사를 그들 신학교의 학장으로 모셨다. 한국기독교장로회 운동을 전개하면서 이승만 독재에 대해서는 유구무언이었다. 이에 항거해 새로운 역사를 창출한 것은 예수의 뒤를 따른다는 교회가 아니었다. 젊은 학생들이었다.

그 후 민주당의 장면 정권이 탄생했으나 일본군 장교로 활약했던 박정희의 쿠데타가 발생하여 1980년까지 한민족은 그의 철권 밑에서 신음하였다. 그러나 교회는 아직도 깨어나지 못했다. 그런 교회를 깨우친 것은 서울 평화시장의 어린 재단사 전태일이었다. 그가 자기 밑에서 신음하는 보조원들을 보면서 가슴 아파하다가 노조에 관한 책을 읽고 노조운동을 하려고 목숨 걸고 투쟁하였다. 그는 대통령을 위시한 사회의 각계각층을 향하여 호소했다. 종로5가에 있는 한국기독교협의회에도 도움을 요청했었다. 그러나 아무도 그의 호소에 귀를 기울이지 않았다. 그러자 그는 결단을 내리고 자기 몸에 석유를 붓고 분신자살을 하게 되었다. 이 사건이 온 사회에 불을 질렀다. 노동자, 농민, 언론인, 대학생, 변호사 등의 마음을 뒤흔들었다. 이를 계기로 민중신학도 탄생했다. 김재준 목사가 일으킨 한국기독교장로회를 깨우친 것도 전태일이었다. 그런데 미국 선교사들이 전한 보수신학을 견지한 교회의 목사들은 국가조찬기도회를 열고 박정희 정권과 쌍무곡을 연주했다.

그러고 보면 제도적인 종교란 본래 그 운동을 시작한 창시자의 뜻과는 멀리 이탈하는 것이 된다. 창시자의 관심은 생명에 집중되어 있었다. 강자들이 약자들을 억압하고 수탈하여 약자들이 아우성치는 것을 보고 아파했다. 그리고 왜 그런 참사가 일어나야 하는지, 모두가 서로 도우면서 평화롭게 사는 길은 없는지를 진지하게 추구했다.

그러다가 득도를 했다. 그 득도의 내용이란 첫째로 그가 속하는 강자문화에 내재된 악의 본질을 명확히 파악하는 것이다. 예수의 경우는 다윗 왕조가 만든 문화의 악한 본질을 투시한 것이다. 그것은 탐욕, 권세욕, 그리고 이를 위하여 하느님의 이름까지 오용하는 망동이었다. 예수는 이를 명확히 보시고 이와 단▯하셨다. 그리고 아우성치는 무리들과 더불어 생명을 살리는 새로운 생명문화공동체운동을 시작하셨다. 그리고 이 새 운동을 확산하는 선교를 시작하셨다. 이것은 종교가 아니다. 새로운 삶의 길을 창출하고 확산하는 생명문화운동이다. 일찍이 예수를 따르는 무리들은 이것을 '새길'(New way)이라고 불렀다.

그러나 그를 따르는 무리들은 나름의 언어와 제도를 창출한다. 그리고 그 언어와 제도는 부지불식간에 그들이 속해있던 공동체의 문화로부터 영향을 받지 않을 수 없다. 예수의 경우는 유대교이다. 새 언어와 새 제도를 만든 자들이란 베드로와 바울이다. 베드로는 예루살렘에서 예수의 재림을 기다렸다. 그러면서 열두 제자 제도를 창출했다. 예수가 재림하실 경우 열두 지파를 다스릴 자가 있어야 한다고 본 것이다. 다윗 왕조의 부활을 기대한 것이다. 그리고 바울은 메시아사상에 따라서 새 공동체의 언어를 조작했다. 그리고 스스로를 이방인을 위한 사도로 자처했다. 그것이 바울 신학이다.

이렇게 예수의 생명문화공동체운동이 본래 모습과 완전히 다른 종교집단이 되었다. 따라서 그 전통을 이어받은 교회의 지도자들은 이 강자들의 문화를 이어받아 권력지상주의자가 되어 그들과 쌍무곡을 연주하며 예수의 이름을 욕되게 하고 있다. 이것이 교회 선교의 진면목이요 오늘날 한국교회의 진상이다. 해방신학의 흐름을 타는 소수의 교회들이 목소리를 높여보지만, 신교의 앞날은 암담하기만 하다. 예수가 사신 대로 살아보려고 애쓰는 소수의 교회들이 있다. 그러나 그것은 흙탕물이 흐르는 강가의 샘처럼 그 주변에 맑은 물을 제공하는 듯하나, 도도히 흐르는 강물에 자취를 감추고 만다. 인류를 파멸로 이끄는 흙탕물을 어떻게 할 수 없다.

여섯째 마당

●

종교에서
생명문화공동체운동으로

첫째 마디:

새 술은 새 부대에

다윗 왕 전통을 이어받은 바울은 예수의 이름까지도 오용하여 종교를 조작하였다. 다윗 왕조가 조작한 신을 온 인류의 유일신이라고 주장하면서, 예수는 본질적으로 그 신과 같으니 모든 인류는 그를 믿고 구원을 얻으라고 선포했다. 그리고 이 세상은 장망성이기에 세상사에는 관심을 가지지 말고 영혼의 구원을 선포하는 대망 교회의 확산에만 전력을 다하라고 했다. 동시에 그들이 속한 나라의 정권과 손을 잡고 그 정권을 위하여 하느님의 보호를 기원하기까지 했다. 이 일은 바울의 대망 공동체가 로마제국의 국교가 된 데에서 시작되었다. 다윗 왕조의 그릇된 종교 행태를 반복한 것이다. 그러다가 마침내 강자들의 탐욕과 권세욕은 산업문화라는 괴물을 만들어냈고, 교회는 오랫동안 이에 공조해왔다.

오늘날 산업문화의 표어는 다다익선多多益善이라고 할 수 있다. 상품이 많을수록 이윤이 많아서 좋고, 그 이윤이 부유한 사람들의 손에 들어가서 좋다는 것이다. 그래야 공장을 많이 건설하고 일터를 많이 창출해서 모두에게 일자리를 제공한다는 것이다. 이것을 산업문화라고 부른다. 이 산업문화의 능수能手는 기업가들이기에 정부는 그들이 마음껏 활약하도록 지원해야 한다고 주장한다. 그들이 마음대로 국경을 넘나들도록 허락하고 재원의 유통도 막지 말라는 것이다. 그리고 그들의 활동에 지장을 주는 노동운동은 억압하라는 것이다. 이러한 신자유주의를 제창하고 조장한 나라는 위에서 말한 두 기독교 국가인 영국과 미국이다. 구체적으로 영국의 대처 전 총리와 미국의 레이건 전 대통령이다. 이에 따라 세계의 거부들은 이웃 나라들을 마음대로 드나들면서 각종 공장을 짓고 도시를 건설하고 자원을 낭비하면서 농민들을 도시로 불러 모아 인류의 역사에 일대 변화를 가져왔다.

가는 곳마다 고층 건물들로 채워진 도시는 네온사인으로 휘황찬란하고, 거리에는 신형 자동차들이 줄을 이으며, 거리는 유행에 따른 옷을 입고 활보하는 사람들로 가득 찬다. 도시 구석구석에 있는 쇼핑센터들에는 고객들로 붐빈다. 네온사인으로 장식된 극장들엔 손님들이 줄서서 표를 사려고 기다리며, 좁은 골목에 들어서면 갖가지 문화를 자랑하는 식당들과 주점들이 손님을 끌어들이기에 분주하다. 외곽에는 산업문화의 역군들을 기르는 대학들이 자리해 수많은 젊은이들이 오가고, 조금 언덕진 곳에는 그 나라와 도시의 정치를 이끄는 청사와 국회 건물이 우람하게 서 있다. 이 모든 것의 주변에는 주민들이

살아가는 아파트가 숲을 이루고 있다. 그리고 이곳저곳에 십자가를
높이 세운 거대한 교회당들이 치솟고 있다. 실로 엄청난 변화이다. 여
기에 도전한다는 것은 생각할 수 없어 보인다.

　그러나 이런 외부적인 거대함에 비하여 그 내면에는 치유할 수 없
는 중병이 도사리고 있다. 날이 갈수록 빈부격차가 심화되고 환경과
생태계는 파괴되어 인류 앞에는 엄청난 수렁이 기다리고 있다. 2014
년 스위스의 다보스에서 열린 세계경제포럼에서 발표된 보고에 따르
면, 세계에서 가장 부유한 85명의 재산을 합친 금액이 전 세계 70억
인구가 가진 재산의 2분의 1이나 된다고 한다. 그리고 전 세계 인구
의 1퍼센트에 드는 부유층은 인류의 절반인 35억 명 빈곤층의 재산을
합친 것보다 65배나 된다고 한다.[38] 세계은행의 보고에 의하면, 전 세
계 70억 인구의 30분의 1이 되는 2억 4000만 명은 하루에 2달러로 연
명한다.[39] 산업문화는 이렇게 놀라운 빈부격차를 조성하고 있다. 그리
고 이 격차는 날로 심화되고 있다. 미국이나 한국을 보아도 부유한 자
들보다 중산층이 비율적으로 세금을 더 많이 내고 있다. 중산층이 날
로 빈민층으로 추락하고 있는 것이다.

　이렇게 되면 산업문화 자체에 위험이 불어 닥친다. 대량으로 생산
되는 상품이 소비되지 못하기 때문이다. 이에 따라 기업들은 날이 갈
수록 산업생산을 자동화하고 노동력은 감소시킨다. 상품도 날로 신예
화하여 새것을 사게 한다. 그러나 이 모든 것은 더욱 빈부격차를 조장
하여 산업문화가 지속되기 어렵게 한다. 이에 더해 환경은 날로 파괴

38. Jim Buzzanghera, "World Income Gap" January 20, 2014.
39. 2014년 통계.

되어 인류 생존기반을 위협하고 있다.

　이러한 자본주의의 모순을 학자들은 이렇게 정리한다. (1) 엄청난 생산과 소수의 지배자, (2) 극소수의 생산자와 다수의 소비자, (3) 독과점과 치열한 경쟁, (4) 극대 개발국과 미개발국, (5) 전 세계적인 경제개발과 치열한 국가 간 경쟁, (6) 자본축적과 이에 따르는 위기, (7) 과잉생산과 소비 격감, (8) 노동자 억압과 노동자 의존, (9) 노동자 고용과 노동자 해고, (10) 증가하는 생산과 환경 파괴.

　최근에 이런 산업문화에 대해 종말론이 대두되었다. 최근 마이클 하트Michael Hardt와 안토니오 네그리Antonio Negri는 그들의 저서 『제국 Empire』에서 자본과 사람들이 온 세계를 마음대로 오가게 되면서 이때까지 세계를 들볶던 영토적 식민지주의가 무의미하게 되었다고 주장한다. 국경 없는 세계야말로 하나의 새로운 제국empire이라면서, 전 세계를 자유로이 드나들며 부를 독점하는 자본주의의 억압이 심해질수록 대도시 구석구석에서 이에 항거하는 다중multitude의 각성과 반발이 심해져서 결국 식민지주의는 종말을 고하고 말 것이라는 주장이다. 그리고 다중이 새 내일의 주역이 될 것이라고 주장한다. 두 저자는 17세기 영국의 지성인들이 다중은 의식이 없는 군중들로 어떤 집단적인 역할을 할 수 없다고 치부한 것은 잘못이라면서, 그들도 억압이 심해질수록 의식화되어서 새 내일을 위하여 행동할 것이라고 보았다.

　그리고 후속편으로 출간한 『공통체Commonwealth』에서 그들은 "만일 다중이 산업사회를 운영하는 능력을 기른다면 정치도 자동적으로 이에 따를 것이다."(If the multitude is developing capacity to manage society in production, then the politics will look after itself.)라고 말했다. 그러면서 노동자, 농민, 흑인, 여성 등 이 사회에서 억압받고 소외당하는 자들이

사회의 여러 방면에서 공동의 목표를 향해 어깨를 나란히 하고 발전
할 것이라 하면서 여기에 소망을 둔다. 그들의 업적이 결국 하나로 집
대성되리라는 것이다.[40] 그러나 이것은 거저 오는 것이 아니며, 하나
의 정치적인 주체로 결합하여 새 내일을 향해 투쟁해야 한다고 본다.
그리고 그 투쟁을 하는 과정에서 그들의 평등사회를 이룩할 수 있도
록 스스로를 변화시켜야 한다고 주장한다.[41] 이를 사랑의 투쟁이라고
한다.

　이 두 저자는 본래 노동운동을 하던 사람으로서 공산주의가 주장
한 대로 세계 노동자들이 하나 되는 것이 불가능함을 보면서 도시의
대중들이 하나가 되어 새 내일을 창출할 것이라고 본 것이다. 그러나
마르크스주의를 신봉하는 다른 학자들도 하트와 네그리의 주장은 현
장을 모르는 학자들의 공론이라고 논평한다. 자본주의란 그렇게 쉽게
무너질 적수가 아니라는 것이다.[42] 그들의 이론은 일견 구약의 예레미
야나 에스겔의 사고와 통하는 것 같다. 억압과 고난을 당하는 자들을
통하여 새 내일이 온다고 보기 때문이다. 그러나 성서가 깨우쳐주는
진리와는 거리가 멀다.

　첫째, 하트와 네그리는 강자들의 문화에서 무엇이 문제인지 명확
하게 말하지 않는다. 성서에서는 각자위심各自爲心으로 말미암는 탐욕
과 권세욕, 그리고 하느님까지를 오용하는 욕망이 문제의 핵심이라고
보았다. 그리고 이를 각覺과 단斷으로 극복해야 한다. 그러나 두 저자

40. Michael Hardt & Antonio Negri, *Commonwealth* (Belknap Press, 2011), p.341.
41. *Ibid.*, pp.31~39.
42. Book Review on Commonwealth by Alex Callinicos, March 2010 and By Jim
　　Buzzanghera, January 20, 2014.

는 그것을 보지 못한다. 두 저자도 새 내일을 위하여 투쟁하는 자들의
삶의 자세가 변해야 한다는 것은 알고 있다. 그러나 그 투쟁하는 과정
에서 변화되어야 한다고 말한다. 하지만 산업문화로 병든 자들이 투
쟁하는 과정에서 삶의 내적인 변화를 일으킨다는 것은 불가능하다.
억눌린 자들의 투쟁이란 분노와 폭력을 동원한 투쟁이기 때문이다.
더욱이 자본주의자들은 엄청나게 큰 폭력을 가지고 있다. 그들은 정
치, 경제, 문화, 교육까지를 완전히 장악하고 있다. 노동자, 농민, 흑
인, 여성 등이 모두다 이 문화에 깊이 세뇌되어 있다. 그 문화의 악을
명확히 이해하지 못한 채 이를 거부하고 새 사회를 이룩할 수가 없다.

　둘째, 강자들의 문화가 악한 것이라고 고발한다고 해도 말로만 그
것을 비판해서는 그 문화가 변화되지 않는다. 구약의 이사야, 미가,
예레미야 등이 얼마나 명확하게 다윗 왕조의 악을 고발하고 이에 도
전했던가? 그러나 다윗 왕조의 문화에 아무런 변화를 초래하지 못했
다. 대중이 단합하여 자본주의를 물리치고 새 내일을 창출한다고 하
지만 이것은 허사임이 이미 증명되었다. 과거 수세기 동안 노동자 농
민들이 희생적으로 투쟁하여 그런 투쟁이 일시 성공한 것처럼 보이기
도 했다. 그러나 그것은 악순환을 초래했을 뿐 새 내일을 창출하지 못
했다. 도전자들에게 새로운 가치와 새 내일에 대한 청사진이 없었기
때문이다. 그들의 삶에는 새로운 변화가 없었다.

　따라서 오늘날 산업문화는 여전히 도도하게 흘러가며, 힘에 의한
악순환만 되풀이되고 있다. 미국의 오바마 대통령이 재선을 위한 선
거운동을 할 때 미국 노조운동의 총책임자가 오바마를 지원하는 연설
에서 "오바마가 다시 대통령이 되면 우리는 모두 주택 두 개씩 가지
게 될 것입니다."라고 목청 높이는 것을 필자는 친히 목격했다. 산업

문화 속에 사는 이들의 가치관이 어떠한가를 명확히 보여주는 예이
다. 이것은 김대중 대통령과 노무현 대통령 시대의 경험을 보아도 알
수 있다. 민중신학을 한 젊은이들을 위시한 많은 사람들이 군사정권
을 물리치면 새 내일이 올 것이라고 믿고 김대중을 도와서 민주정부
를 수립했다. 노무현 대통령의 선거도 마찬가지였다. 그러나 그들이
다스린 10년 동안 산업문화 속에서 여전히 빈부격차가 지속적으로 확
대되지 않았는가?

하트와 네그리는 둘 다 바울과 같은 망상을 하고 있다. 바울은 한恨
많은 갈릴래아에서 나온 예수가 메시아가 되어 로마제국을 물리치고
새 내일을 창출하리라고 확신하고 대중이 모여 있는 도시에서 선교를
했다. 그러나 그가 전한 복음이란 망상에 불과했다. 하트와 네그리도
역시 대중을 메시아로 보는 것 같다. 그러기에 우리는 바울에게서 예
수에게로 돌아와야 한다. 남아메리카에서 시작된 해방신학부터 흑인
신학, 여성신학, 그리고 한국의 민중신학이 모두 바울 신학에서 돌아
서서 예수에게서 생명의 길을 찾으려고 한 좋은 예이다.

그러나 우리는 또다시 반문하지 않을 수 없다. 해방신학이 생겨난
지 70여 년이나 된다. 그동안 수많은 해방신학자들이 그들의 깨달음
을 책으로 출판했다. 그리고 서구의 많은 신학자들도 이에 동조했다.
그러나 그것이 산업문화를 극복하고 새로운 생명문화공동체를 창출
하는 데는 별 기여를 하지 못했다. 노동운동은 물론 흑인신학, 여성신
학 등이 세차게 일어났던 미국에서도 대자본의 횡포는 여전하여 중산
층의 몰락과 함께 온 사회에 경고음이 울리고 있다.

한국의 경우도 그렇다. 1970년 서울 평화시장의 재단사였던 전태
일 열사가 수탈당하는 보조원들을 도우려 노동운동을 하려고 했다.

그래서 노조를 만들고 그들의 정당한 주장을 펼치려 했으나, 기업들을 뒷받침해주는 박정희 정부의 정책 때문에 아무것도 이룰 수가 없었다. 그는 마침내 노동법 화형식을 하고 분신자살을 했다. 그러자 노동자와 농민을 위시한 한국의 민중들이 벌떼처럼 일어나 박정희 군사독재에 항거했다. 이 놀라운 역사적인 사건을 보면서 안병무, 서남동, 김용복 등이 민중신학을 제창하여 전 세계적인 호응을 얻기도 했다. 그리고 젊은 목사들이 민중교회를 설립하여 민중신학적인 봉사를 하려고 애를 썼다. 그 세력들은 민주화운동에도 참여하여, 김대중과 노무현이 정권을 잡기도 했다.

그러나 그것 역시 한국에서 산업문화를 극복하지 못했다. 대기업들을 중심으로 한 신자유주의 세계화의 물결은 더욱 세차게 밀려와 민중신학을 하던 이들도 아연실색하게 되었다. 그러다가 대기업과 연계된 이명박과 박근혜가 대통령이 되면서 대기업들이 크게 활개를 펴고 있다. 왜 이렇게 되었는가? 문제는 바울과 그를 따르는 서구의 교회 지도자들이 조성한 종교적인 틀에 있는 것 같다. 예수가 사용한 용어를 빌리자면 그 옛 부대가 문제이다. 그들은 한자리에 모여서 삼위일체인 하느님에게 찬양을 올리고, 그들의 죄를 고백하고, 그들의 간절한 기원을 올린다. 그런 뒤에 바울 신학으로 복음을 해석하면서 설교하고는 이 세상으로 나아가는 그들에게 삼위일체 하느님이 함께하시기를 축원한다.

해방신학과 민중신학이 전개된 뒤로 일부 교회의 예배에서 설교의 강조점이 적지 않게 달라졌다. 이 세상에 존재하는 악의 세력을 열거하면서 그들로 하여금 뜻이 하늘에서 이룬 것같이 땅 위에서도 이루는 일에 교회가 적극적으로 참여해야 한다고 강조한 것이다. 그리고 이 세상으로 나아가는 교인들이 예수의 뒤를 따라서 새 내일을 이룩하려고 노력할 때 성부, 성자, 성령이 그들과 함께해 달라고 축사를 하였다. 그러나 그들 역시 압도적인 산업문화의 물결 속에서 속수무책이었다.

교회는 이따금 강자들만을 위한 권력의 일방통행을 규탄하는 성명서를 낸다. 그리고 촛불시위도 한다. 최근 한국의 종교들이 연합하여 군사독재자 박정희의 딸이 불법적으로 대통령이 되어 역사를 그녀의 아버지 시대로 후퇴시키려는 것을 보면서 하야하라고 선언하고 시위도 한다. 그러나 산업문화와 이를 섬기는 정부는 요지부동이다. 왜 그런가? 그것은 지금 그들이 가지고 있는 종교제도로는 새 것을 창출할 수가 없기 때문이다. 세월호 침몰이라는 엄청난 참극에 직면하여 일부 종교인들이 단식을 하면서, 철저한 조사를 거부하는 정부를 규탄한다. 그러나 대다수 교회는 이에 무관심하다. 오로지 교인을 많이 모으는 데만 관심을 둔다. 그들은 교회당을 크게 짓고 좋은 목사를 청빙하여 더 많은 신도들을 훈련하고자 한다. 그러려면 재정적인 여유가 있어야 한다. 돈이 있어야 무엇이고 할 수 있기 때문이다. 그러기에 목회자는 숫자에 관심을 가지지 않을 수가 없다. 교회에 나오는 교인 수에 관심을 가질 수밖에 없는 것이다. 그리고 교인들은 무한경쟁을 피할 수 없는 산업문화 속에서 여전히 허우적거린다.

예수 당시 거의 모든 유대인들이 메시아왕국의 도래를 대망하였다. 야훼 하느님의 행동 개시를 기다렸다. 우리 기독교도 새 내일을 대망하면서 기도한다. 삼위일체 하느님이 우리의 기도를 들으시고 행동해주시기를 열망한다. 교회의 찬송가들을 보라. 모두가 하느님이 행동해주시기를 대망하는 찬송이다. 교인들은 완전히 수동적인 존재이다.

그런데 예수는 다윗 왕조가 조성한 종교의 틀에서 탈출하셨다. 그리고 그는 구하고, 찾고, 문을 두드리셨다. 각覺과 단斷을 하신 뒤 야훼와 기화하여 새 내일의 꿈과 경륜을 선물로 받았다. 그리고 주체적으로 생명문화공동체 창출을 위해 행동하셨다. 그는 모여서 예배드리고 기원하고 대망하는 공동체를 조성하지 않았다. 갈릴래아의 '오클로스'들과 더불어 에덴동산 재건운동을 하셨다. 그리고 이 운동을 땅끝까지 확산하라고 제자들에게 부탁하셨다. 그러면서 새 술을 새 부대에 넣으라고 하셨다. 이 새 술은 다름 아닌 정의와 평화의 에덴동산이다. 생명문화공동체이다. 새 부대란 대망 공동체가 아니다. 운동이다. 예수가 스스로의 삶과 깨우침으로 밝혀주신 생명문화공동체 창출의 운동체이다.

둘째 마디:

생명문화공동체를 위한 교육
─성서적 입장에서

    날로 더 풍성해지고 환희에 찬 생명문화공동체를 창출하고 육성하는 것이 성서가 우리에게 깨우쳐준 진리이다. '드디어 나타났구나!' 하며 찬가를 부른 아담의 노래가 진동하는 에덴동산을 회복하는 것이 인류에게 주어진 과제이다. 성서는 이를 이룩하는 교육적인 과제와 과정을 보여준다. 특히 예수의 삶과 선교에서 그것을 명확히 볼 수 있다.

1 | 교육의 목표와 그 과정

교육이란 사람의 삶에 변화(becoming)를 초래하는 행위이다. 물론
변화라고 다 좋은 것은 아니다. 변화에는 좋은 변화도 있지만, 사람을
파멸로 몰고 가는 나쁜 변화도 있다. 우리가 바라는 것은 생명을 살리
고 자라게 하여 많은 열매를 맺게 하는 좋은 변화이다. 예수가 세상에
오신 것은 우리로 하여금 삶을 살되 더욱 풍성하게 살도록 하시려는
것이다(요 10: 10). 이 말씀대로 우리가 이룩해야 하는 교육은 인류가
환희에 찬 풍성한 삶을 살게끔 하는 변화이다.

그렇다면 우리의 삶에 이런 변화를 초래하는 것은 무엇인가? 그것
은 삶의 경험이다. 삶의 경험과 그것이 깨우치는 깨달음이 우리의 삶
에 변화를 초래한다. 문제는 그 경험이 어떤 것이요, 그 경험에 대한
깨달음이 어떤 것이냐 하는 것이다. 그것이 우리의 삶을 더욱 풍성하
게 하느냐, 아니면 우리의 삶을 더욱 피폐하게 하느냐를 결정한다.

이런 경험들에서 가장 중시해야 하는 것은 문화이다. 문화란 물고
기들이 그 속에서 헤엄치는 물을 마시고 자라듯이 우리는 우리가 처
해 있는 사회의 문화를 마시면서 성장한다. 태어나서 죽을 때까지 우
리가 속한 사회의 문화를 마신다. 유치원에서 대학을 졸업할 때까지,
졸업한 뒤에는 죽는 날까지 우리가 몸담고 있는 사회의 문화를 호흡
하면서 살아간다. 그 문화가 우리의 가치관, 지향하는 삶의 목표, 우
리의 삶의 자세를 조성해준다. 그 문화가 약육강식을 조장하는 문화
일 경우, 그 문화 속에서 사는 자들의 삶은 오도되어 강도 아니면 희
생양이 되게 한다. 그러나 그 문화가 삶을 소생케 하는 문화일 경우,
그 속에 사는 자들의 삶은 나날이 성장하여 기쁨과 보람에 찬 삶을 살

게 한다. 참된 교육행위란 피교육자들을 도와서 생명을 살리는 문화
공동체를 이룩하는 것을 궁극의 목표로 삼아야 한다. 예수가 갈릴래
아에서 하신 것처럼. 이를 위해서 교육자는 그들이 돕고자 하는 자들
이 호흡하면서 사는 문화를 주시해야 한다. 그 문화를 주시하면서 거
기에서 인간을 파괴하는 것이 무엇인지, 그들을 새롭게 하는 길이 무
엇인지를 찾아내야 한다. 탐구자 예수가 하신 것처럼.

　여기서 한 가지 더 짚고 넘어가야 할 것이 있다. 그 교육과정의 도
구는 구체적인 삶에 뿌리를 내린 교육이어야 한다. 구체적인 삶의 과
정에서 얻어진 교육원칙에 따라 행한 교육이 삶에 영향을 줄 수 있다.
머리로 만들어낸 관념에 따른 교육과정은 사고의 유희를 할 뿐 실제
삶이 원하는 변화를 초래하지 못한다. 그런 관념이란 인간을 미로에
빠지게 한다. 하트와 네그리의 저서 『제국』과 『공통체』도 그런 관념의
조작이다. 그들은 관념으로 세상을 바라보는 철학자들이다. 삶의 경
험을 통한 깨달음만이 우리의 삶에 도움을 준다. 삶을 통한 교육의 원
론을 우리는 창세기와 출애굽기에 나오는 J 기자가 쓴 출애굽 사건에
서 명확히 볼 수 있다. 그리고 이에 역행하는 관념론으로 뒤범벅된 역
사를 다윗 왕조의 문화와 그 뒤를 따른 메시아사상에서 볼 수 있다. 그
리고 메시아사상으로 예수를 해석한 바울 신학에서 다시 그릇된 문화
와 이로 말미암는 삶의 파괴를 발견할 수 있다. 우리는 결단코 관념이
조작한 전통을 따라서는 안 된다. 그리고 J 기자가 그렸던 에덴동산으
로 상징되는 생명문화 창출의 주체가 되게 하는 참된 교육의 원칙을
예수의 삶과 가르침에서 찾을 수 있다. 이제 그것을 생각해보자.

2 │ 성서의 교육적인 목표

1) 성서가 말하는 생명문화공동체 창출의 비결

성서의 교육적인 목표란 죽음의 세력이 온 누리를 덮고 있는데 어떻게 이 세력을 물리치고 다시금 환희가 넘치는 생명문화공동체를 창출할 것이냐 하는 그 과정을 밝히는 일이다. 성서는 이것을 우리에게 밝혀 보여준다.

창세기 2~11장에 있는 창조설화가 이것을 명백하게 암시해준다. 아담과 이브가 각자위심各自爲心으로 선악과를 따 먹고 생명나무가 있는 에덴동산에서 추방을 당한다. 그의 아들 중 강자 가인이 약자 아벨을 돌로 쳐서 죽인다. 그러자 힘의 상징인 거인족이 나타나 사회에 일대 혼란을 일으키더니 홍수로 다 망하게 된다. 이후 살아남은 자들이 시날 광야에서 바벨탑을 쌓고 하느님에게 도전하려다가 서로 말이 통하지 않아 분열되어 흩어진다. 그런데 야훼 하느님은 약자 아벨 대신에 아담과 이브에게 셋Seth을 주신다. 그리고 그 셋의 후손이 야훼께 예배를 드릴 것이라고 한다. J 기자가 적은 이 창조설화에 벌써 죽음을 초래하는 악의 세력과 야훼의 뜻에 따라 새 내일을 창출하려는 세력이 암시되어 있다.

출애굽기도 마찬가지다. 힘의 상징인 이집트 제국이 강자들에게 밀려난 '하비루'들을 노예로 사용하여 번영을 누렸다. 그러나 그 노예들이 아우성을 치고 들고 일어나 이집트를 탈출하여 가나안 땅에서 과부, 고아, 떠돌이들이 안심하고 사는 가나안 복지를 조성했다. 말하자면 환희의 에덴동산을 재건한 것이다. 여기에서 주목할 점은 노예들이 힘을 동원하여 이집트를 물리치고 새 제국을 만들지 않았다는 것이다. 그것은 첫째로 불가능하다. 예수님이 말씀하신 대로 칼을 쓰는 자는 칼로 망한다. 설사 성공한다고 해도 힘으로 이룩한 공동체는 그 힘의 철학으로 인해 새 내일을 창출할 수가 없다. 다윗 왕조가 그 좋은 예이다.

예수가 이룩하신 하느님 나라 운동도 그렇다. 힘의 철학에 사로잡힌 다윗이 예루살렘을 점령하고 유대 왕국을 세우더니 야훼 하느님을 그의 수호신으로 삼고 그의 이름으로 자기의 탐욕을 채우고자 했다. 그는 힘의 문화를 창출해 갖가지 악행을 자행하며 거짓 성전종교까지 장려하여 백성들을 오도함으로써 나라를 파국으로 몰아넣었다. 이렇게 하여 백성들이 바벨론에 포로로 잡혀가는 수모를 당하게 되자 다시 메시아사상이라는 허위에 찬 이념과 문화를 창출하여 또다시 백성들을 오도했다. 그리고 이 오도된 메시아사상을 견지한 이스라엘 백성들의 지도자들은 로마제국과 손을 잡고 종교 자유를 향유하는 동시에 분열된 로마제국이 하나 되어 천하를 지배하는 일을 도왔다.

이렇게 오도된 문화에 사로잡힌 지도자들로 말미암아 수탈당하고 죄인으로 몰려서 신음하는 한 맺힌 갈릴래아의 '오클로스'들과 더불어 청년 예수는 뜻이 하늘에서 이룬 것처럼 땅 위에서도 이룩되는 생명문화공동체를 이룩하셨다. 어둡고 혼란에 빠진 터널을 통과하여 깨닫고 새로운 생명문화공동체를 창출하는 것이야말로, 성서가 보여주는, 인류 역사가 지향해야 할 목표이다.

2) 성서의 인간 이해

올바른 교육이 되려면 교육의 주체인 인간이 어떤 존재인지를 명확히 알아야 한다. 성서는 사람이 어떤 존재인지를 명확히 보여준다.

이것을 우리는 창세기 2장에 있는 인간 창조의 설화에서 명확히 볼 수
있다.

  야훼 하느님은 진흙으로 아담의 육체를 만들었다. 그리고 그의 입
에 야훼의 생명의 영을 불어넣어서 산 사람이 되게 하셨다고 J 기자는
말한다. 이 육체와 영이 하나가 되어 산 사람이 되었다는 것이다. 그
런데 이 육체는 언제나 생존을 위하여 자기중심적이 된다. 최제우의
용어를 빌린다면 각자위심이 생긴다는 말이다. 그러나 이 육체 안에
는 야훼의 생명의 영이 있다. 이 영은 언제나 생명 지향적이다. 생명
이 피어오르려면 서로 위하고 아껴야 한다. 서로 용서하고 섬기며, 서
로 위하고 아끼는 공동체를 갈망한다. 따라서 자기만을 생각하는 각
자위심을 타일러 이웃도 자기 몸처럼 사랑하게 해야 한다. 생명을 죽
이는 악의 세력에 항거한다. 그리고 있을 것을 있게 하시는 생명의 영
의 인도로 마침내 죽음의 문화에서 탈출하여 생명문화공동체를 이룩
한다. 출애굽 사건이 바로 그런 것이다.

  이 생명의 영은 약자들이 강자들의 각자위심으로 말미암아 조성
된 고난의 골짜기를 통과하는 과정에서 깨어난다. 그리고 아우성친
다. 노예살이를 한 '하비루'들이 그랬고, 갈릴래아의 '오클로스'들이
그랬다. 그 소리를 들으면서 모세의 영도, 청년 예수의 영도 깨어난
다. 그리고 아픈 심정으로 묻는다. 무엇이 이런 고난을 초래했는지를
말이다. 끈질기게 구하고 찾는다. 삶을 풍성하게 하는 길은 무엇이냐
고 말이다. 그러다가 있을 것을 있게 하시는 생명의 근원과 해후를 한
다. 그리고 깨닫는다. 무엇이 삶을 사지死地로 몰고 가는지를 말이다.
그리고 발견한다. 환희에 찬 새 내일을 창출하는 길을 말이다. 그러고
는 자신을 온통 던져서 생명문화공동체를 이룩한다. 진흙과 하느님의

생명의 영으로 이룩된 인간이 이런 일을 한다.

우리는 이와 같은 인간성을 이해하고 생명문화공동체운동을 해야
한다. 강자들이 힘으로 횡포 부리는 것을 보고 실망할 필요가 없다.
억눌린 자들이 아우성치는 것을 보고 그냥 지나가도 아니 된다. 이렇
게 하여 사회가 아수라장이 되는 것을 보고 체념해서도 아니 된다. 구
하고 찾고 문을 두드리면 생명의 근원이 되시는 그 영과 해후하여 생
명문화공동체를 이룩할 수 있기 때문이다.

3) 각자위심으로 말미암는 죽음의 문화 공동체

인간의 역사에는 사람들 속에 있는 각자위심各自爲心으로 말미암아
죽음의 문화 공동체가 탄생한다. 새 내일을 창출하려는 자들은 이것
을 명확히 보아야 한다. J 기자의 창조설화에서 거인족으로 말미암아
생겨난 혼란이 죽음의 문화 공동체를 이룩하였다. 그리고 대홍수로
멸망을 당했다. 이렇게 탐욕에 사로잡힌 강자들의 특징은 있어야 할
것을 있게 하시는 창조의 영에 항거하는 바벨탑을 쌓는다는 것이다.
이집트의 바로 왕이 이룩한 제국 역시 야훼에게 반항하는 바벨탑이었
다. 이 바벨탑이란 죽음의 문화 공동체이다.

그러나 강자들의 각자위심으로 쌓은 죽음의 문화 공동체가 어떤
것인지를 가장 명확히 보여주는 것은 다윗 왕이 조성한 왕국이다. 각
자위심에 사로잡힌 다윗은 힘을 길러서 예루살렘을 정복하고 왕이 되
었다. 이 왕이 되는 것부터 그는 그릇된 길로 들어선 것이다. 힘을 길
러서 통치자가 되는 자들은 약자들을 정복하고 수탈하여 자기의 탐욕
을 채우기 때문이다. 그는 자기가 하는 일들을 정당화하기 위해 수호
신을 조작하고 자신이 그 신의 총애를 받는 자로 만들어야 했다. 말하

자면 자신을 신적인 존재로 만든 것이다. 그런데 다윗은 다른 신을 가지지 말라는 야훼를 그의 수호신으로 만들었다. 그리고 모든 잔혹한 일을 그 수호신의 이름으로 자행했다.

이렇게 수호신의 이름으로 모든 것을 자행하는 그는, 그에게 제사를 드리는 종교제도를 만들었다. 그리고 그 신이 임한다고 하는 성전을 세웠다. 그리고 백성들더러 그 신에게 제사 드리라고 명하였다. 그 신께서 다윗 왕이 하는 모든 일을 축복해주시고 그의 나라를 영속하게 하실 것이기에 제사 드리라는 것이다. 이와 동시에 그 야훼는 다윗이 통치하는 백성들을 그의 선민으로 삼는다고 말하였다. 이렇게 하여 야훼를 그의 뜻을 받드는 신으로 격하시키고 백성들로 하여금 그 신을 섬기게 함으로써 모든 것을 그의 수중에 넣었다. 종교와 권력이 동전의 양면이 된 것이다. 야훼에게 항거하는 바벨탑을 쌓은 것이다. 그리고 그 야훼를 전투의 신, 질투의 신으로 만들어서 백성들이 찍 소리 못하게 만들었다. 이것이 바로 다윗이 만든 죽음의 문화이다. 그리고 그 문화가 백성들의 마음을 완전히 장악하여 모두 꼭두각시가 되어 춤을 추었다. 이 문화란 기득권자들을 위한 문화요, 연약한 서민들에게는 감당할 수 없는 무거운 짐이었다.

이 문화의 특징들은 모두 다윗 왕조가 조작한 관념임을 잊어서는 아니 된다. 야훼가 다윗 왕의 수호신이라는 것도, 그가 전투의 신, 질투의 신이라는 것도 역사적인 근거가 전혀 없는 다윗 왕조가 조작한 관념일 뿐이다.

이 문화의 극악함을 보는 예언자들이 없었던 것은 아니다. 이사야, 미가, 예레미야 등이 그런 예언자들이다. 그들은 위험을 무릅쓰고 다윗 왕조의 악을 폭로했다. 그러나 이것은 넓은 들판에서 외치는 외로운 함성에 불과했다. 바벨탑의 악한 문화의 힘은 실로 막강했다. 이스라엘 백성들이 야훼가 사랑하는 선민이라고 하는 것도 아무런 역사적 근거가 없다. 성전에 와서 야훼께 제사를 드리면 야훼가 그들을 보호하고 축복하신다는 것도 조작된 말이다. 따라서 예언자들은 그 바벨탑이 무너질 수밖에 없을 것이라고 경고했다. 바벨탑이란 스스로 분열되어 무너질 수밖에 없기 때문이다. 그리고 예언자들이 예언한 대로 다윗 왕조는 망하고 만다. 질투하시는 야훼의 질투 때문이 아니다. 그들 자신들의 분열 때문이다.

그런데 예레미야와 에스겔 선지자는 거기에 새로운 언어를 부가한다. 다윗 왕조가 멸망하고 그 백성들은 오랫동안 이방 나라의 포로가 되어서 고생할 것이라고 하면서 그 고생을 통해 그들 속에 있는 생명의 영이 다시 살아나 새로운 마음의 소유자가 되리라는 것이다. 새로운 생명문화공동체의 주역이 되리라는 말이다. 이것은 이집트의 '하비루'들의 영이 고난을 통하여 깨어나서 정의와 평화가 강물처럼 흐르는 생명문화공동체를 이룩한 것을 회상했기 때문이다. 이 예언은 새 내일을 갈망하는 약자들에게는 한 가닥 소망의 실마리가 된다.

그러나 이 죽음의 문화 공동체의 악령은 그리 쉽게 자취를 감추지 않는다. 이 공동체는 메시아사상이라는 어이없는 관념을 조작해내었다. 그리고 이 관념이 바울을 통하여 갈릴래아 청년 예수를 하느님과 본질적으로 똑같은 신이라고 하면서 그가 다시 세상에 오셔서 이 세상 나라들을 청소하시고 메시아왕국을 이룩하실 것이라는 어처구니없는 종교를 탄생시켰다. 참으로 어이없는 관념이 기독교라는 종교를 탄생시키고, 이 기독교가 권력에 도취한 이 세상 나라들과 손잡고 쌍무곡을 연주하며 인류를 죽음의 골짜기로 몰아간다. 생명문화공동체를 이룩하려는 자들은 강자들이 조작한 이 바벨탑의 악랄한 허위를 똑똑히 보고 이를 거부해야 한다.

4) 생명문화공동체를 이룩하는 과정

성서에서 가장 중요한 것은 죽음의 문화를 물리치고 생명문화공동체를 창출하는 과정을 바르게 찾는 일이다. 창세기 설화에서 이에 대한 암시를 받는다. 이집트라고 하는 바벨탑에 짓눌려서 수탈당하던 '하비루'들이 모세의 이끄심을 따라 이집트를 탈출하여 정의와 평화의 에덴동산을 창출한 설화에서 생명문화공동체 창출의 과정을 암시받을 수 있다. 그러나 이 과정을 우리는 예수의 삶과 선교에서 더 명확히 발견할 수 있다.

예수의 삶은 아픔에서 시작되었다. 목자 없는 양처럼 두루 헤매는 농토에서 밀려난 '오클로스'들을 보면서 예수는 아파하셨다. 이 아픔이 그의 영을 깨우치셨다. 그리고 이 아파함이 그의 구도생활의 동력이었다. 이 아픔은 생명 사랑에서 시작되었다. 생명 사랑과 아픔이 그의 속에 있는 하느님의 영을 불러일으켰다. 이 사랑과 아픔이 없으면 생명문화공동체가 이룩될 수가 없다. 이 생명 사랑과 아픔이 그로 하여금 구도의 길에 나서게 하였다. 그의 구도의 정신은 철저했다. 이를 위하여 가출을 하기까지 했으니 말이다. 마음과 뜻과 정성을 다하여 생명을 살리는 길을 찾지 않고는 삶이 피어나는 새벽을 맞이할 수가 없다. 인류를 위하여 새로운 것을 찾은 사람들은 다 이와 같은 아픔으로 말미암는 구도의 삶을 살았다. 그러다가 있을 것을 있게 하시는 영과 기화를 했다. 득도를 했다고 말해도 좋다.

그렇게 하여 그는 죽음의 문화의 악한 뿌리를 발견했다. 다윗 왕조가 조작한 죽음의 문화의 실체를 발견한 것이다. 그것은 탐욕, 권세욕, 신의 이름까지를 도용하는 망령된 행위였다. 모든 바벨탑에는 다 이 세 가지 악의 뿌리가 뻗어 있다. 이 뿌리에서 갖가지 악의 열매가 열리고 이것을 정당화하는 그릇된 관념이 탄생한다. 그러면서 자체를 미화하는 종교제도가 조성된다. 따라서 우리는 이를 명확히 보고 이와 단斷을 해야 한다. 이 단이 없이 새것이 태어날 수 없다. 그런 다음, 이에 대응하는 삶의 길을 찾아야 한다. 그리고 그 길에 들어서야 한다. 그 길이란 소유가 아니라 나눔, 권력이 아니라 섬김, 그리고 하느님의 이름을 오용하는 종교에서 탈출하여 생명문화공동체를 이룩하는 일이다. 예수는 이와 같은 각覺과 단斷을 하셨다.

이것은 굉장한 삶의 변화이다. 우리의 삶의 방향을 완전히 바꾸는 것이기 때문이다. 그러나 그렇게 해야만 죽음의 문화에서 탈출할 수 있다. 생명문화공동체의 일원이 될 수 있다. 환희의 에덴동산에 들어갈 수 있다. 예수는 이것을 회개라고 말씀하셨다.

그러나 이 회개란 쉬운 일이 아니다. 우리는 죽음의 문화에 포로가 되어 있거나 멍이 들어 있기 때문이다. 예루살렘에 있는 무리들은 다윗 문화에 포로가 되어 있었다. 갈릴래아의 떠돌이들이라고 해서 이 그릇된 문화에서 자유로웠던 건 아니다. 그들은 이 강자들의 억압과 수탈로 말미암아 멍이 들어 있었다. 시기와 질투, 원한과 복수심, 죄의식과 열등의식으로 만신창이가 되어 있었다. 이렇게 멍든 그들을 돌아서게 하는 일이란 쉬운 일이 아니었다. 그러나 예수는 힘들다고 가만히 앉아 있을 수가 없었다. 그래서 행동을 개시하셨다.

그는 예루살렘으로 가시지 않고 갈릴래아로 가셨다. 그는 멍이 든 갈릴래아의 '오클로스'들이 하느님 나라에 더 가깝다고 보셨다. 멍이

든 그들의 아픔을 이해하고 껴안아주면 된다고 보셨다. 그래서 갈릴
래아로 가신 예수는 그들을 껴안고 그들의 이야기를 들어주면서 굶주
린 자들에게 먹을 것을 주시고, 병든 자들을 고쳐주시고, 외로운 사람
들의 친구가 되어주시고, 죄책감에 사로잡힌 자들에게 죄의 용서를
선포하셨다. 그리고 열등의식에 사로잡힌 자들에게 그들이 하느님 나
라에 더 가깝다고 깨우쳐주셨다.

그러자 그들은 새사람이 되어 직립하게 되었다. 죄책감으로 전신
불수가 되었던 사람이 침구를 들고 춤추듯이 집으로 돌아갔고, 목구
멍에 풀칠하려고 몸을 팔던 여인이 감격의 눈물로 예수의 발을 적시
고 머리털로 그 발을 닦았다. 복수심에 가득 찼던 난쟁이인 세리장 삭
개오가 예수 앞에서 가진 것의 반을 가난한 사람들에게 나눠 주고 토
색질한 것이 있으면 네 배나 갚겠다고 고백을 했다. 상상할 수 없는
새로운 경험을 했기 때문이다. 새로운 경험을 한 그들은 새사람이 되
었다. 그러자 예수는 그들이 경험한 것들에 대하여 명쾌하게 깨우쳐
주셨다. 그들은 무엇이 그들을 비참하게 만들었는지, 어떻게 그들이
새사람이 되었는지를 깨달은 것이다. 예수의 사랑의 섬김과 사려 깊
은 깨우침이 그들을 새사람이 되게 했다.

이후 그들의 삶에 놀라운 변화가 일어났다. 그들 사이에 하나의 새
로운 환희의 식탁 공동체가 탄생한 것이다. 그것을 보신 예수는 너희
들 사이에 하느님 나라 잔치가 벌어졌다고 선언하셨다. 그리고 그 공
동체가 등경 위의 불꽃처럼 빛나고, 소금처럼 삶에 새로운 맛을 주고,
겨자나무처럼 자라고, 누룩처럼 확산되어 언덕 위에 이룩된 마을처럼
모두에게 새 소망을 주었다. 이것이 하느님 나라 창출의 과정이다. 예
수는 그들에게 땅 위에 있는 수많은 갈릴래아로 가라고 부탁하셨다.

그러면 그의 영이 그들과 함께하시어 갈릴래아에서 이룩된 하느님 나라 잔치를 재연할 것이라고 말씀하셨다. 생명문화공동체운동은 확산되어야 한다는 것이다.

그는 그들에게 타이르셨다. "새 술은 새 부대에 넣으라." 다윗 왕조가 그들의 탐욕으로 창출한 악한 종교문화에서 탈출하여 사랑에 의한 새로운 생명문화공동체를 이룩해야 한다. 이것은 철저히 삶의 경험에 의한 환희에 찬 에덴동산을 회복하는 과정이다.

5) 이 운동 근저에 있는, 있을 것을 있게 하시는 야훼

이와 같은 생명문화공동체운동의 근저에는 야훼가 계시다고 성서는 증언한다. 이 야훼는 신의 이름이 아니다. 이 야훼는 있어야 할 것을 있게 하시는 신비한 힘이다.[43] 고대인들은 그것을 '영'이라고 생각했다. 이 영(힘)은 온 우주를 통하여 있어야 할 것을 있게 하시는 능력이다. 따라서 어느 한 민족의 신일 수가 없다. 그리고 출애굽 설화나 예수의 이야기를 보면 이 영은 있어야 할 것을 구하고 찾아 전심전력을 다하는 자와 해후하여 새로운 내일을 창출하신다. 모세와 예수가 그런 분이시다. 인도의 석가여래도 그런 분이시다. 조선조 말에 동학을 창출한 최제우도 그런 분이시다. 모두가 삶을 비참하게 하는 악을 보고 이를 극복하는 새로운 삶을 찾아 구하고 찾고 문을 두드린 분들이다.

그러다가 깨달은 삶의 진리도 같은 것이었다. 석가여래도, 예수도

---

43. Norman K. Gottwald, *The Hebrew Bible: A Brief Socio-Literary Introduction* (Philadelphia: Fortress Press, 1985), p.212.

모든 악의 뿌리를 탐욕이라고 보았다. 최제우는 이를 각자위심이라는 말로 표현했다. 그리고 이를 극복하고 새 내일을 창출하는 길을 석가는 대자대비大慈大悲라고 했고, 예수는 원수까지 사랑하는 사랑이라고 했고, 최제우는 이웃 속에도 하느님이 계시니 이웃을 하느님 섬기듯이 섬기라고 했다. 이웃 속에 하느님의 영이 계시다는 것이다. 그러기에 그들을 따르는 자들이 만든 종교를 절대화하여 서로 대립할 일이 아니다. 모든 사람의 속에 생명의 영이 있다는 것을 알아, 서로 존중하고 아끼며 더불어 사는 생명문화공동체를 이룩해야 한다.

맺는 말   새 술은 새 부대에

"새 술은 새 부대에 넣으라."는 예수의 말씀은 성서 전체를 관통하는 복음의 핵심이다. 돌을 들어 동생 아벨을 죽인 강자 가인의 행위는 자기의 탐욕만을 채우려고 폭력을 자행한 낡은 술이요, 스스로 분열하여 패망한 바벨탑 문화가 바로 이 술을 담은 낡은 부대이다. 그러나 놀랍게도 약자의 후예로 태어난 셋이 창출하는 공동체야말로 새 술에 취하는 환희의 찬연이었고, 왕이 없는 정의와 평화의 가나안 복지는 이 새 술을 담는 새 부대였다.

하지만 가인의 후손 다윗이 자신의 탐욕을 채우기 위하여 나약한 약자들을 억압하고 수탈하여 참극을 창출하면서 야훼의 이름을 오용하여 선민사상이라는 어처구니없는 부대를 조작하고 민족을 패망의 수렁으로 몰고 갔다. 그들이 포악한 로마제국과 손잡고 약자들을 짓밟으면서 죄인 취급을 할 때, 갈릴래아 청년 예수는 그 악의 뿌리를 박차고 나와 원수까지를 껴안는 새로운 찬연을 마련하고 새 내일을 갈망하는 자들을 껴안는 사랑의 생명문화공동체를 이룩하셨다. 그리고 제자들에게 부탁하셨다. "새 술은 새 부대에 넣으라"고 말이다. 새 술이란 사랑으로 엉킨 삶의 찬연이요, 새 부대란 이 찬연을 담는 새로운 생명문화공동체이다.

그러나 바울은 이 예수가 지극한 사랑으로 빚어 만든 새 술을 다
윗 전통을 이어받은 대망 공동체라는 낡은 부대에 담아 로마제국 전
역에 확산시켰다. 기원후 325년 니케아의 콘스탄티누스 궁전에서 열
린 제1차 공의회에서 예수님이 하느님과 본질적으로 동등하다는 어
처구니없는 교리를 정함으로써 교회를 완전히 그릇된 길로 오도했다.

동방교회 주류는 갈릴래아 전통에 따라서 예수를 한 인간으로 하
느님과 기화하여 그의 뜻을 이룩한 자로 신앙고백을 하면서 선교를
했었다. 그러나 니케아 회의에서 바울신학이 교회의 신학으로 정립되
자 저들은 박해를 받았음에 틀림없다. 이렇게 되어 갈릴래아 전통은
지하로 숨어들 수밖에 없었다. 그런 후 로마교회가 극도로 타락함에
따라 루터와 칼뱅 등이 종교개혁을 하면서 종교적인 자유가 움트기
시작해 갈릴래아 예수의 가르침이 다시 솟아나게 되었다. 이 운동이
스위스 취리히의 츠빙글리로 말미암아 강력하게 제창이 되었으니 이
운동을 강력하게 밀고 간 것은 농민들이었다. 그들을 재세례파
Anabaptist라고 불렀다. 그들은 로마교회가 어린이들에게 세례를 주는
것이 예수님의 뜻과 위배된다고 본 것이다. 예수님은 성년이 된 자들
에게 그들이 가는 길은 멸망의 길이기에 이를 명확히 보고 돌아서서
생명에 이르는 길로 들어서라고 외치셨다. 그가 "회개하라. 하느님 나
라가 가까웠다."라고 외치신 것이 그것을 말하는 것이다. 그래서 가
던 길이 죽음의 길이라는 것을 깨닫고 그 길에서 돌아 나와 생명의 길
로 들어서는 자들에게 세례를 주어야 한다고 주장한 것이다.

그러나 그들의 주장은 이보다 훨씬 더 광범위하고 적극적이었다.
산상복음을 중심으로 예수님이 사시고 가르치신 대로 살자는 것이었
다. 사랑으로 더불어 사는 공동체를 이룩하고 힘의 철학이 난무하는

국가와는 인연을 끊고 절대로 군무에 종사해서는 아니 된다는 것이
다. 재세례파란 주변에서 그들을 부른 이름일 뿐, 그들 자신은 철저히
예수님의 뒤를 따르려는 것이었다. 따라서 그들은 이 세상 권력과 손
잡고 힘을 행사하는 루터나 칼뱅 등이 세운 교회와는 아무런 관계를
가지지 않았다. 동시에 그들 공동체의 독립성을 주장함으로써 박해받
았다. 그들의 목회자도 그들 자신이 결정을 하고 교인의 헌금도 교회
만을 위하여 사용했다. 이렇게 되자 루터도 이에 반발해 이 세상 권력
을 향해 그들을 제어하라고 했다. 이렇게 박해를 받으면서도 그들은
그들의 신앙을 지켜 이곳저곳으로 전전하면서 이 운동을 확산시켰다.

　메노나이트Mennonite는 재세례파와 동일한 신앙고백을 하는 교파
로서 1537년 네덜란드에서 메노 시몬스Menno Simons가 시작했으며 80
여개 국가에 확산되었다. 아미쉬Amish는 1693년 메노나이트에서 갈라
져 나온 분파다. 후터라이트Hutterits는 야콥 후터Jacob Hutter가 1529년
오스트리아에서 시작한 공동체로 재세례파와 같은 신앙을 가지며, 오
늘날 캐나다와 미국 서북부에 널리 퍼져 있다. 브루더호프Bruderhof 공
동체는 1차 세계대전이 끝난 뒤인 1920년 에버하르트 아놀드Everhard
Arnold라는 청년에 의해 독일에서 시작되었으며, 나중에 후터라이트 공
동체의 영향을 받아 재세례파 운동에도 가담했다. 현재 미국에서 널
리 확산되고 있다. 이렇듯이 갈릴래아 청년 예수의 생명문화공동체운
동은 일시적으로 역사 안에 잠복해 있었지만 조직 교회가 이 세상 권
력과 쌍무곡을 연주하는 사이에도 끈질기게 되살아나고 확산되었다.

　이와 같은 예수 운동으로 돌아가려는 움직임이 오늘날에도 세계
방방곡곡에서 활발하게 일어나고 있다. 남미에서 생겨난 해방신학이
대표적인 예이다. 2차 세계대전이 끝난 뒤 남미의 민중들은 미국의 신

식민지주의에 항거하는 운동을 치열하게 벌였다. 바로 그곳에서 선교하던 가톨릭 신부들이 이를 목격하고 마음이 열려서 약자들 편에 서시는 야훼 하느님을 만나게 되었다. 이렇게 시작된 것이 해방신학이라는 새 술이다. 이 새 술의 영향이 회오리바람처럼 도처에 불어 닥쳐 다양한 해방신학이 창출되었다. 흑인신학, 여성신학 등, 그리고 한국의 민중신학도 그중 하나이다. 그러나 이러한 신학운동은 소기의 열매를 맺지 못했다. 산업문화가 기세를 부리자 갈 바를 알지 못하고 두루 헤맸다. 그 까닭은 이 신학운동이 바울이 창출한 대망 공동체의 틀 안에 머물러 있었기 때문이다. 새 부대를 찾지 못한 것이다.

그러자 남미에서 또 다른 운동이 일어나기 시작했다. 이 흉포한 산업문화로 말미암아 갖은 수난을 당해온 사람들이 이 문화의 정체를 꿰뚫어보고 이 죽음의 문화에 대치되는 길은 없는가를 묻고 또 묻고, 찾고 또 찾았다. 그러다가 그들 나름대로 새로운 길을 찾았다. 존 커버나프John Cavanagh와 제리 맨더Jerrey Mander가 편집한 *Alternative to Economic Globalization: A Better World is Possible*(경제세계화에 대한 대안: 더 나은 세계는 가능하다)라는 책이 이를 말해준다. 이 책은 먼저 산업문화의 해악을 명명백백하게 폭로한다. 그러면서 세계 방방곡곡에서 일어나는 대안 공동체들에 관해 이야기한다. 이 책은 산업문화로 말미암아 가장 비참한 경험을 하게 된 아르헨티나에서 시작된 대안 공동체부터 소개한다. 그리고 세계 방방곡곡에서 일어난 갖가지 대안공동체 이야기를 들려준다. 그들은 27개의 사례를 들었는데, 그 가운데 기독교와 관련이 있는 곳도 있으나 대부분 다양한 문화와 다양한 종교적 배경을 가진 공동체들이다. 그들의 시도는 산업문화의 판도 안에서 나름의 생활권을 마련해 삶을 새롭게 개선하려는 것이다. 즉 세계

화의 덫에서 벗어나려는 것은 확실하나 여전히 산업문화의 틀 속에서
새것을 만들려고 하는 것이다. 이와 같은 운동은 기독교권 안에서도
일어나고 있다. "예수 따라 살기 운동" 등이 그렇다.

그러나 이런 운동들이 산업문화를 변화시킬 수는 없다. 이런 운동
은 마치 홍수 뒤 흙탕물이 범람해 흐르고 있을 때 강 주변에서 솟아나
는 맑은 샘물이 이에 흘러 들어가는 것과 같다. 샘물이 흘러 들어가면
주변 물에 다소 영향을 주리라. 그러나 그 흙탕물에 변화를 초래할 수
는 없다. 유대 랍비 아키바의 이야기가 그 좋은 예이다. 그는 예수 당
시의 저명한 유대 랍비였다. 본래 그는 천민 출신으로, 입에서 신물이
나도록 랍비들을 미워했다. 그를 사랑하게 된 한 랍비의 딸이 그와 결
혼 한 후 그를 위대한 랍비로 만들었다. 그는 저명한 랍비가 된 뒤 제
자들에게 그가 천민으로 있을 당시에 랍비들을 얼마나 미워했는지를
이렇게 말했다. "그때 나는 당나귀가 되어서 랍비들을 꽉 물어주고 싶
었다." 그러자 제자들이 "개가 되어서 물어주고 싶었다는 말이겠지
요?" 하고 물었다. 이에 대해 그는 "아니야. 개가 되어 물면 살점이나
물어뜯겠지. 당나귀가 되어 물어야 뼈까지 바짝 물게 돼."라고 말했
다는 것이다. 하지만 그런 그가 랍비가 되어 유대인들의 문화라는 부
대 속으로 들어갔지만 유대교에 아무런 변화도 초래하지 못했다, 유
대교라는 부대는 그대로 지속되어갔다. 그래서 예수는 새 술은 새 부
대에 넣으라고 하신 것이다.

그 후 1960년대 후반에서 1970년대 전반까지 자본주의 제도에 반
발하여 강하게 있어났던 전 세계적인 청년들의 저항운동에서 생명지
향적인 새 운동이 분출되었다. 이 운동은 특히 자본주의의 총본산이
라고 하는 미국에서 더 세차게 일어났다. 이것을 보면서 예일대학의

찰스 라이히Charles Riech 교수는 *The Greening of America*(미국의 녹색화)
라는 책을 저술했다. 그는 다다익선의 철학에 심취해 인류와 지구생
태계를 파멸로 이끄는 자본주의 산업문화의 횡포를 보면서 미국 청년
들 마음속의 제3의식이 역사에 큰 변화를 초래할 것이라고 주장했다.

그가 주장한 미국인의 제1의식이란 미합중국이 탄생한 이후 그들
앞에 펼쳐진 무한한 가능성을 보면서 누구든지 열심히 일하면 크게
성공할 것이라는 의식이다. 그래서 모두가 미친 듯이 노력을 했다. 그
러나 이 의식은 가인의 뒤를 따르는 약육강식의 투쟁을 유발하며 빈
부격차를 극대화했다. 사람들 속에 있는 각자위심이 이런 약육강식의
결과를 초래한 것이다. 그러자 프랭클린 루즈벨트 대통령을 위시한
유능한 지식인들이 정부의 기능을 강화하여 이를 제어하는 제도를 창
출했다. 삶의 평준화에 필요한 부처들을 정부에 신설해 강자들의 횡
포에 대한 제어에 나섰다. 여기에서 제2의식이 생겨났는데, 정부의 기
능을 강화하여 각자위심으로 말미암는 악을 억압하고 정의와 평화를
이룩할 수 있다는 의식이다. 악의 힘을 정부의 더 큰 힘으로 막는다는
것이다. 얼마 동안은 이것이 주효했으나 이 역시 실패하고 말았다. 대
기업들이 정부 요직에 있던 유능한 인사들을 매수해 정부를 무력화시
키고 기업체들의 횡포를 다시 조장했기 때문이다. 이 기업체들은 엄
청난 전쟁을 일으키면서까지 끝없는 그들의 탐욕을 추구했다. 탐욕을
위해 힘을 오용하던 거인족의 횡포가 재연된 것이다.

이런 상황에 처한 젊은이들 가운데서 새로운 의식이 탄생했다. 이
것이 바로 제3의식으로, 그들은 "생명이 소중하다. 우리는 모두 형제
자매다. 생태계도 우리와 똑같이 소중하다. 생계를 소중히 여기면서
우리 모두 함께 폭력을 물리치고 평화롭게 사는 공동체를 이룩해야

한다."라고 외치면서 그들 나름으로 사랑의 공동체 운동을 전개했다.
이것이 전 세계로 확산되어 인류에게 큰 소망을 주었다. 라이히 교수
는 이 의식이 중산층에 확산되면 참된 인류의 평화가 온다고 목소리
를 높였다. 그러나 이 운동은 맥없이 주저앉고 마는 듯했다. 그들이
창출했던 수없이 많은 공동체들이 자취를 감추고 말았기 때문이다.
그들에게 경제적인 힘이 없었고 라이히 교수가 호소한 중산층이란 완
전히 경쟁적인 산업문화에 세뇌되어 이를 받아들일 수가 없었기 때문
이다. 결국 산업문화는 자멸의 국면에 접어들고 있었다.

  그러나 이렇게 캄캄하기만 할 것 같은 오늘날, 한 새로운 소망의
싹이 두드러지게 보인다. 완전히 자취를 감추었다고 생각되었던,
1960년대 후반에 생겨난 젊은이들의 제3의식이 인류의 역사 속에 깊
숙이 뿌리내려 자라나고 있었던 것이다. 그들은 자신들을 '디거스 앤
드리머'Diggers & Dreamers라고 부른다. 그들은 자신들이 바라는 새 내일
을 향하여 끈질기게 생명문화공동체운동을 확산시키고 있다. 그런 공
동체가 영국에만 150개 이상이 된다. 그리고 유럽 전역에 걸쳐 확산
되고 있다. 그밖에도 다양한 공동체 운동이 전 세계에 걸쳐 확산되고
있다. 북미 평등공동체 연합Federation of Egalitarian Community in North America,
독일에 본부를 둔 가이아 환경공동체 연합Gaia Ecovillage's Network in
Germany, 국제 공동체연구 협회International Communal Studies association, 지속
가능 공동체운동 네트워크Sustainable communities Network 등이 새 내일을
위하여 활동하고 있다. 일본에서도 이런 운동이 벌어지고 한국에서도
싹트고 있다. 1970년대에 일어났던 많은 공동체가 소멸된 것 같지만,
자본주의의 악폐를 철저하게 바라보고 새 내일이 와야 한다고 열망하
는 무리들이 끈질기게 새 내일을 여는 이런 운동을 확산시키고 있다.

이것은 무엇을 말하는가?

　이 물음에 대한 대답을 우리는 J 기자가 말한 야훼라는 이름에서 찾아야 한다. 야훼란 있을 것을 있게 하시는 불가사의한 영이다. 그는 누구나 구하고 찾고 문을 두드리면 이에 응해주신다. 그리고 이렇게 진지하게 묻고 찾는 자들은, 강자들의 세력이 그 극에 이르러 고통을 겪는 약자들이다. 재세례파 운동은 중세의 약자인 농민들 사이에서 일어났고 산업문화가 광기를 발하며 전쟁을 일으킬 때 그 희생양이 되는 젊은이들 사이에서 일어났다. 오늘날 세계 각처에서 일어나는 공동체 운동도 산업문화가 극에 이르러서 온 인류와 생태계까지 멸절하려는 엄청난 횡포를 보면서 일어나는 각성이다. 우리는 이 역사의 흐름을 주시하고 삶의 자세를 정해야 한다.